虚无主义批判译丛

刘森林 主编

Stanley Rosen

The Question of Being: A Reversal of Heidegger

存在之问：颠转海德格尔

[美] 斯坦利·罗森 著
李昀 译

华东师范大学出版社

华东师范大学出版社六点分社 策划

总　序

虚无主义是现代性的精神本质。

按照尼采的说法,虚无主义是一位站在现代社会门口的"最神秘的客人",也应该是"最可怕的客人"。长期以来,这位神秘客人已多次来敲门,我们或听不见她起初并不大的声响,或不知晓这位神秘客人的来意,因而听不出敲门声的寓意,判断不出它的来源,也推敲不出它在现代时空中能传到多远,能有怎么样的影响与效果。直到它以猛烈的力量推开现代性的大门,制造出忧人的声调,刺激甚至伤害着我们的身心,危及我们的各项建设,我们才不得不仔细聆听着它奇怪的声调,不得不严肃认真地开始凝视它。

她起初是一位来自现代欧洲的神秘客人。随着现代文明的世界性传播,她的幽灵游荡于世界的角角落落。时隐时见,久而久之,她俨然像个主人似的,开始招摇过市、大摇大摆,甚至开始被视为见怪不怪的存在。然而,面目似乎熟悉的她,其身世、使命、影响、结局,我们都还不甚清楚。至于其来源、发展脉络、各种类型、表现形式、在各国的不同状况、甚至在中国的独特情况等,我们了解得也明显不够。要看清她的面目,了解她的身世,明白她的使命,周遭可用的有效信息甚少。翻译外文文献,对于深入研究这一思潮应当是一项必需的基础性工作。因为随着中国现代化成就的不断取得,现代性问题的日益展现,虚无主义在当今中国受到的关注不断提升,新世纪以来更是如此。但中国学界对其研究显然不足。原因之一应该就是资料和资源的短缺。

现代虚无主义思潮是外来的,作为现代性问题伴随着现代化沿着亚欧大陆由西向东传播而来。按照我的理解,现代虚无主义尤其对于后来、因为外部原因被迫启动现代化的国家至关重要,这些国家在急迫引入的现代文明与原有传统之间感受到了明显的张力,甚至剧烈的冲突,引发了价值体系调整、重构所产生的动荡、空缺、阵痛,促使敏锐的思想家们作出艰辛的思考。这样的国家首先是以深厚思想传统与西方现代文明产生冲突的德国与俄国,随后是日本与中国。德国思想家从1799年雅各比致费希特的信开始(起初个别的法国思想家差不多同时),俄国思想家从19世纪上半叶开始,日本和中国思想家从20世纪初开始,英美思想家从20世纪特别是二战结束之后开始,哲学维度上的现代虚无主义问题的思考积累了大量的思想成果,值得我们予以规整、梳理和总结。

人们关注现代虚无主义问题,首先是因为它带来的价值紊乱、失序、低俗。它表现为尼采所谓"上帝之死",诺瓦利斯所谓"真神死后,魔鬼横行",德勒兹所谓"反对超感性价值,否定它们的存在,取消它们的一切有效性",陀思妥耶夫斯基笔下伊凡·克拉马佐夫所谓"既然没有永恒的上帝,就无所谓道德,也就根本不需要道德,因而就什么都可以做",或者艾略特的"老鼠盘踞在大厦底"、"穿着皮衣的暴发户",加缪的"荒诞",穆齐尔的"没有个性的人"。但是,现代虚无主义是诞生于自由主义的平庸和相对主义,还是源自于关联着全能上帝的人的那种无限的意志创造力量?现代虚无主义是存在于平庸、无聊、僵化的制度中,还是存在于撇开既定一切的无限创造之中?现代技术、机器、制度之中蕴含着一股虚无主义力量,还是蕴含着遏制、约束虚无主义发生的力量?人们对虚无主义忧心忡忡,对如何遏制虚无、避免虚无主义结局殚思竭虑,重心该放在那里?

然而,现代虚无主义问题不仅仅是意味着价值体系的危机与重构,同时也伴随着哲学思考的转型,伴随着思维方式的调整。如果说,以前人们对世界和自身的思考是基于完满之神,人的使命及其所面对问题的解决在于模仿这种神灵,那么,在"上帝之死"的背景下,基于大地的"现实的人"的思考如何合理地展开?使"现实的人"成为"现实"的"现实"包含着哪些规定性?"存在"、"大地"、"天空"、"内在现实"如何在其中获得自己的地位?形而上学死了,还是需要重构?什么样的"形而上学"死了,什么样的"形而上学"必须重构?甚至于,"上帝"真死了吗?能真死了吗?什么样的"上帝"会死,而且必死无疑?什么样的"上帝"并没有死,反而转化为另一种方式活得挺滋润?上帝之死肯定是一个积极事件吗?如果是,我们如何努力确保将其推进成一个积极事件?

自从现代中国遭遇虚无主义问题以来,我们已经对其进行了两次思考。这两次思考分别发生在刚经历过的两个世纪之初。20世纪初是个理想高扬的时代,在那个靠各种"主义"、理想的张扬消解苦闷的时代,现代虚无主义问题多半并不受重视,反而很容易被埋没。这"埋没"既可以采取朱谦之那样视虚无主义为最高境界的少见形式,也可以采取鲁迅兄弟隐而不露的隐晦方式,更可以采取不予理睬、以多种理想覆盖之的常见形式。在那一次思考中,陈独秀立足于经日本中介的俄国虚无党和德国形而上学,并联系中国传统的"空"、"无"对中国虚无主义的分析思考就显得较为宝贵。这种宝贵因为昙花一现更加重了其分量。如果说现代中国初遇虚无主义问题的第一次思考先天不足,那么相比之下,进入21世纪,中国再次思考在中国现代化成就突出、现代性问题凸显的时代应该是一个更好的展开时机。早已经历了道德沦陷、躲避崇高、人文精神大讨论、现代犬儒主义登台之后,经历了浪漫主义、自由主义的冲击以及对它们的反思之后,思考、求解现代虚无主义的中国时刻已经到来。现代虚无主义的中国应对方案,将在这个时刻被激活、被孕育、被发现。伴随着现代虚无主义问题的求解所发生的,应该是一种崭新文明的建构和提升。

希望本译丛的出版有助于此项事业。

作为编者、译者,我们满怀期待;

作为研究者,我们愿与同仁一起努力。

刘森林

2019 年 6 月 9 日

于泉城兴隆山

目 录

导言 /1

第一部分　柏拉图主义

第一章　柏拉图主义即亚里士多德主义 /3
第二章　苏格拉底的假说 /48
第三章　出场与缺席 /95

第二部分　颠倒的柏拉图主义

第四章　尼采的柏拉图主义 /135
第五章　存在问题 /177
第六章　形而上学的终结 /212
第七章　虚无主义 /248
第八章　大存在史 /294

附录 /319
索引 /325

导　言

　　本书旨在研究马丁·海德格尔的这一观点：从柏拉图到尼采的欧陆哲学即形而上学史，或海氏所谓的柏拉图主义史。我关注的是这段历史的开端和结尾：柏拉图这一公认的形而上学的源头，以及尼采这一形而上学的终点。这需要大量的文献分析，但我意在哲学而非语文学的分析。摆在我们面前的问题是：存在是什么？海德格尔率先提出了这一问题，但是答案，如果真能找到的话，却需要另辟蹊径。我对海德格尔的"颠转"也是对柏拉图主义精神的重构，这种精神需要与时俱进，在批驳中涅槃。

　　我所选取的文献是为了帮助我们理解海氏的基本观点，以及海氏诠释柏拉图和尼采的基础，而不是为了全面展示海氏的思想及其发展历程。① 我以海德格尔为指引，当然是因为他在我们时代的显要地位，他重复着尼采的命运，用越来越花哨的华丽修辞和新鲜语汇，华而不实地取代了黑格尔无限的精神劳动。不过，我选

---

① 英语世界此类研究的典范一直都是 W. J. Richardson, *Heidegger: Through Phenomenology to Thought*, The Hague: M. Nijhoff, 1963。另有两则完全殊异的研究，都完整覆盖了海氏的整个哲学生涯：Arion Kelkel, *La Légende de l'être*, Paris: J. Vrin, 1980; Dieter Thomä, *Die Zeit des Selbst und die Zeit danach: zur Kritik der Textgeschichte Martin Heideggers* 1910—1976, Frankfurt: Suhrkamp, 1990。

择专门研究海德格尔,却不完全是因为他的虚名或影响力,也不想制造任何新的华而不实。在我看来,海德格尔对柏拉图以及形而上学的解读,是当前我们理解形而上学及哲学之本质的最大障碍。当然,这是因为他超凡卓绝的智力和学识,尽管他对这些的运用极尽乖张和怪异。

尤其是,他的权威和思想为一种广为流传的判决做了背书,这种观点甚至在各种自封的"分析"哲学家之间都很盛行:哲学史走到了尽头,我们已经进入了一个后哲学的时代。更准确地说,这种看法的幕后人是尼采,而海德格尔对尼采的解读已经成为这个时代的典范。海德格尔的巨大影响力已经彻底扭曲了当下各种哲学流派之间的争论,带来了分析哲学和欧陆哲学之分,进而遮蔽了问题的真实本质。

分析哲学和欧陆哲学之分造成了一种荒谬的印象,即准确、明晰的概念和严格的体系是分析哲学的特征,而欧陆哲学则沉湎于思辨形而上学和文化诠释学,或者说,完全取决于个人喜好、随心所欲和急转而下的平庸。有识之士不再接受可以扭转局面的"多元化"建议。然而,超越学术会议和研究资助的层面去看,随心所欲者和诠释学家们的影响已经稳步填补了分析哲学的 technē 周围的空隙。大约 25 年前,我就预言必然会出现这种情形,因为分析哲学再也无法捍卫分析。① 从当下时髦的政治和文化的角度捍卫分析,已经让分析学家在欧陆哲学的攻击面前颜面尽失。攻击之一源自尼采,认为逻辑学和数学都是诗歌,或者强力意志的视角建构,另一种则源自海德格尔,认为逻辑和逻辑哲学或分析哲学不过是技术的化身,以及柏拉图主义形而上学死后的遗毒。

扫清石子好走路,惟有如此,专业哲学的社会学才会有意思。本书关心的是清扫石子的手段,而非石子本身。重申一遍,本书意

---

① 参见本人的 *Nihilism*, New Haven and London: Yale University Press, 1969。

在重构，而非反驳。用尼采的话说，我的根本意图是主动出击，而非被动反应：我提出的东西涉及哲学未来的发展。精确的术语和思辨形而上学必须联合起来向下行，跳下飞行浮岛的薄雾，或者当代思想名家悬挂的热气球，回到日常生活的丰富氧气中。大家很快就会看到，我认为这一步相当于正当运用真正的柏拉图主义。我们没有走出洞穴，是因为我们迈开的第一步没有把我们带向光明，而是带向了失明和眩晕。这并不是说我们就该待在洞穴里，而是说我们需要重新发现地表和地平线，进而把洞穴和天堂区分开来。

真正的柏拉图主义永恒却不保守。我赞同海德格尔的看法，认为柏拉图主义带来的是启蒙，而不是日耳曼人向主神沃登的祷语，以及通往黑森林的林间路之类的蒙昧主义。海德格尔曾批判柏拉图把善之型比喻为太阳，理由是太阳形象表达的是存在者的功用，而非存在-过程的祛弊。

为了回应这一点，我要借用黑格尔的警告，即哲学要竭力避免说教；纯粹的说教只会让人变得呆滞。我并不想否认海德格尔的这种解读，但我想说用乃善的基本成分。不过，我说的善与传统形而上学中的柏拉图主义的型说毫无关系。作为下行的一部分，我将证明苏格拉底的型说其实来自对日常经验的性质的常识性反思。

我可以自称为常语形而上学家，只要读者们不将此称谓误解为一种独门秘说即可。无论我们讨论的是 phronēsis 或常识，还是（海德格尔说的）Vorsicht 和 Umicht，都会走近亚里士多德的实践说，以及柏拉图对话集中苏格拉底的实践。① 这种实践的许多结果都超越了常识，但超越的姿态各异，并不都是飞行浮岛。不

---

① 关于这一问题，参见 Franco Volpi, *Heidegger e Aristotele*, Padua: Daphne Editrice, 1984。

过，无论如何，在本书的开头需要澄清的就是，我并不是呼吁大家回归亚里士多德意义上的形而上学，他认为形而上学研究作为存在的存在。

晚期现代对形而上学的评价毁誉参半，原因出在形而上学的内部以及经典古籍的源头上。亚里士多德并未提到"形而上学"这一术语，却为形而上学创始人的盛名所累。本书并不想重提"形而上学"一词漫长的起源史，及其包含的内容在过往2500年里的发展和演变。无论"形而上学"一词的意思是"物质之后的事物"，还是"超越物质的事物"，与我们当下的研究都毫无关系。①

就我们的目的而言，关键是海德格尔的这一看法：柏拉图从揭示之真转向揭示内容之真（大概是受大存在的影响，而非出于个人癖好），带来了研究作为存在的存在，以及思考存在物的存在而非大存在的形而上学。

当然，海德格尔没有简单地说形而上学就是柏拉图主义。他宣称自己正在积极为"新的开端"做准备，回归大存在对古希腊思想家和诗人们的初次显现，但是他的回归不会重蹈先前开端几乎是直接的错误，这些错误是大存在本身的错误，它遮蔽了自己在存在物的面具下的遮蔽。他表达了一种被动却掷地有声的使命感。也许形而上学的终结就是未来拯救的信号。它以奇特的黑格尔的方式发展出自己的各种基本形式，在尼采成熟的学说中到达终点，又在海德格尔那里发出了再度降临的信号。我们不应该因为海德格尔给自己披上了先知的长袍就愤愤不平，毕竟任何伟大的人类思想家都无法抵御这件外衣，但是我们也要警惕假的先知。用尼采的话说，我们的任务就是用锤子讨论哲学；再给这一形象添点海

---

① 关于"形而上学"一词的历史，参见 Pierre Aubenque, *Le problème de l'être chez Aristote*, Paris: Presses Universitaires de France, 1962; André de Muralt, *Comment dire l'être?*, Paris: J. Vrin, 1985; J. F. Courtine, *Suarez et le systèm de la métaphysique*, Paris: Presses Universitaires de France, 1990。

德格尔的调子,我们必须撞一撞这一先知的学说的钟,听听它是真的,还是不堪一击。

奇怪的是,我们能从海德格尔那里学到的,就是如何剥去哲学的学术外壳,让它变得鲜活。不幸的是,我们还可能学到的就是如何用意欲保存哲学的术语捂死哲学。让我先详细介绍一下海德格尔对形而上学史的总体看法,来阐明这一点。在《形而上学导论》中,海德格尔强调"哲学是对非-常事物的非-常追问"。① 其中的连字符(来自德文原版)是为了强调要思考哲学,就必须跳出或者超越日常的思维和说话方式。由此可以预料,海氏的著作中充斥着新的术语和晦涩的表达,他对重要哲学术语的词源学分析,把我们带回了古希腊,偶尔还带入了梵语和古德语。不过,这些分析的目的不是要用术语把我们砸晕,而是为了揭示(严格地说,祛弊)包含在语言中的源初经验,尚未被各种派生的表达包裹的经验。

研究海德格尔的词源学,我们很快就会发现,在海氏看来,古希腊出现过一次真理的显现,比其后的显现要纯粹得多。② 分析"自然"(phusis)、"真"(alētheia)、"光"(phōs, phaos)或"照亮"(phainō)③等关键词,就可以看出这种显现。海德格尔在分析哲学术语时,大量引用了当时的思想家,其中有诗人,也有哲人。我们可以断定他想用古代的术语替代现代的,或者用一套卓绝的思想替代另一套。海德格尔对这些表达的原文内容进行了释意,

---

① *Einführung in die Metaphysik*, Tübingen: Marx Niemeyer Verlag, 1953, p. 10(下文略写为 *Einführung*)。

② 海德格尔的全部著作中,最为详细有力的系列词源学分析都献给了罗马和基督教意义上的 falsum, verum 和 rectitudo 对 alētheia 的覆盖或遮蔽。参见 *Parmenides* in *Gesamtausgabe*, Bd. 54, Frankfurt: Vittorio Klostermann, 1982,其中包含1942—1943年在弗莱堡大学的一个课程讲座。下文所有来自 *Gesamtausgabe* 的引用都会给出独立卷册的标题,初次引用时,会给出卷号和发表日期。

③ 参见 *Heraklit*(Seminars from 1943/1944), *Gesamtausgabe*, Bd. 55(1987), p. 17。

让当代的读者觉得非常拗口。这是因为它们并非现代的术语,即这些术语是为了阐明语言是如何对应真理在日常经验中的显现的。

以海德格尔对"phusis"一词的本意的诠释为例。词根 phu 的意思是"生长"或"浮现",与 phaos 和 phainō 等的词根 pha 有着概念上的联系,phaos 和 phainō 等都含有光、可见性或者显露或出场的意思。因此,海德格尔把 Phusis 解释为"从自己中浮现的"或者"自我敞开的展开"。这让我们想到了植物从泥土中生长出来,在阳光下舒展着枝叶和花朵,从而变成了人类可见的东西。到此为止的描述都非常直接,并不需要非-常的哲学理论。这是为了表明早期古希腊人是如何经验自然尤其是活的现象的。然而,在这个节点上,海氏的分析却意外地发生了突变。就是在这段话中,他继续说道:"phusis 即大存在,因为它,物初次变得可见,而且一直可见。"①

海德格尔的意思是,自柏拉图(也许更早)的时期开始,哲人们就把"大存在"视为一般术语,表达一切物所共有的东西。"物"指一切确定的或可辨的实体。海德格尔在此毫不经意地模糊了 phusis 和古希腊表达技艺和习俗的词之间的区别。他当然知道这种区别,还多次讨论过它。他甚至把人类历史囊括入了 phusis 的领域。② 这种延伸的用法遮蔽了 phusis 的本意,即"生长"或"浮现",它是生命的特征。ta phusika 在海氏哲学中的用法也很含糊,包含了非生命的物体,无论是人间的,还是天国的。海氏的基本观点是 ta phusika 或"自然存在物"就是那些从一个显现过程中浮现的物,这个过程本身是完整的,并不取决于人类的发明或

---

① *Einführung*, p. 11. 我在此把 das Seiende 译为"物"。就目前的语境而言,"存在"或"实体"等词太沉重。其他地方我也会用"实存物",以此将 das Seiende 和 Sein 进行对照。

② 同上。

生产。

因此，海德格尔认为 phusis 是浮现过程，而非浮现的物、存在物或者 ta phusika。然而，浮现过程不仅不同于浮现的物，还不同于所有物共有的属性——如果有这类属性的话。在海德格尔看来，柏拉图因为把我们的注意力引向了可见之物，以及可见性或出场，即为物所共有并且定义物的属性，遮蔽了浮现过程，或者让我们无法看见。柏拉图把我们的注意力从大存在误导向了存在物，而且因为他关注存在物可见的相（look），即型说，把我们的注意力转移到了"物之存在"上。因为存在物或物更容易直接接触，所以我们总是按照存在物共有的属性，而非按照浮现过程本身来定义它。

海德格尔并不否认大存在让自己"出场"为被物遮蔽。恰恰相反，他十分强调这一点，但他认为主要是前柏拉图的思想家，尤其是赫拉克利特，认识到了这种遮蔽。比如，他在分析"自然总是遮遮掩掩（phusis kruptesthai philei）"这句话时说道："Phusis 是浮现自我隐藏的游戏，隐藏在浮现至敞开（emerges into the open）的解放行为中，这是一种自由的行为。"① 柏拉图率先把我们的认知注意力从作为出场或缺席的游戏的大存在，转向了作为纯粹或本真的（ontō on）出场的大存在，本真的出场也即相的出场，我们通过它识别物：型。② 从此以后，哲学都是按照柏拉图的标准定义

---

① *Heraklit*, p. 139. Werner Marx 的 *Heidegeer and the Tradition*(Evanston: Northwestern University Press, 1971)在重新审定自己 1961 年的研究时强调：在早期海德格尔那里，"光明王国"和"黑暗王国"旗鼓相当，但在晚期海德格尔那里，遮蔽重于祛蔽（xl）。不过，作者可能没有见过海德格尔的赫拉克利特讲演录，他写此书时，该讲演录尚未出版，海氏在其中表明祛蔽发生在遮蔽范围内。Ernst Tugendhat 的 *Der Wahrheitsbegriff bei Husserl und Heidegger* (Berlin: Walter de Gruyter, 1970)在讨论 Entborgenheit 时，详细地捍卫了上一位的观点，尤其是在第 389 页。

② *Beiträge zur Philosophie*, *Gesamtausgabe*, Bd. 65(1989), pp. 208ff. （下文略写为 *Beiträge*）；*Einführung*, p. 138f.

的。我还会回来详述海氏此言的含义。不过,首先让我来概述一下海德格尔的分析过程。

从 phusis 转向大存在,无疑是从日常的思言之道转向了非常的思言之道。希腊语中没有与海德格尔所言的大存在(Sein)相匹配的语汇,这一点已经得到了证明。海德格尔把小品词 on、系词不定式 einai、抽象名词 ousia 等明确地区分开来。① 准确地说,古希腊语中与海德格尔的 Sein 近似的词不是"存在"或"是",而是 phusis。可以说,大存在隐藏在其作为 phusis 的源初出场中。这不是文字游戏;海德格尔的说法是:"语言是大存在的家园,人类居于其中。"②还有:"物形成并存在于语词中、语言中。"③大存在向我们显现的方式决定了我们的言说方式:"思想家的语言只能符合语言判给他的东西。"④语言在此并非 logos 的本意即 legein,"收集":"一直在内部占主导的原本具有凝聚力的凝聚。"⑤因此,logos 与 phusis"是一回事"。⑥ 故而,成为人的意思就是在思维中凝聚诸存在物的存在。⑦

对于海德格尔而言,大存在的意思当然不是纯粹的语言表达。词源学的练习是武断的,除非我们能看见那些古词语对应的事态(Sachbereich)范围。⑧ 海德格尔在《尼采》研究的第二卷结尾处提

---

① *Einführung*, pp. 49ff.
② *Brief über den "Humanismus"*, in *Wegmarken*, Frankfurt: Vittorio Klostermann, 1967, p. 145.
③ *Einführung*, p. 11.
④ "Die Frage nach der Technik", in *Vorträge und Aufsätze*, Pfullingen: Günther Neske, 1954, p. 25. 在德语中,动词 entsprechen(符合)和 zusprechen(判给)都包含着动词"说"(sprechen),翻译中必须带出来,来表达海氏的思想。
⑤ *Einführung*, p. 98.
⑥ 同上,第 100 页。海德格尔在此正在讨论赫拉克利特,认为他表达了这些哲学核心词汇本真或原初的意义。
⑦ 同上,第 136 页。
⑧ "Wissenschaft und Besinnung", in *Vorträge und Aufsätze*, p. 48.

到:"追溯大存在的历史可以重现它无声的表达和发声方式……思想者无法说出其最深处的东西。那必然是未曾说的,不可说的决定了我们说出的语汇。"① 大存在的本意是 phusis,它就是语言,本意是 logos,并非说出的话语,而是一个凝聚过程,一种被遮蔽的自我出场;人乃此过程被揭示的"场所",而海德格尔对人的定义是被 logos 占有的动物,而不是占有 logos 的动物。②

总之,给予或显示给我们的东西决定了我们的言说。因此,哲学的根本问题在于:"什么被给予了我们?"这是我的观点,不是海德格尔的。对于他而言,一个什么就是一个存在物或者确定的物,而不是大存在或浮现过程。另一方面,海德格尔也会承认大存在不是直接给予我们的,呈现为赤裸的自己。它无法做到这一点,因为"为"涉及一个具体的物:这被给出为那,所以我们用述谓话语称一物"为"另一物(即其属性之一)。③ 因此,海氏思想由始至终贯穿着一种歧义,与那个基本的问题对应。我们无法说出"什么"被给予了我们,因为被给出的并非一个"什么",所以海德格尔说希望为我们准备一个"新的开端",或者形而上学的替代品。"不再讨论'有关'某物或者展示某种客观之物的问题,而进入源-生(E-vent)的问题。"④

海德格尔认为,"源-生"(Er-eignis)一词"自 1936 年以后是我思想的引导词"。⑤ 这个词很难被直截了当地翻译成英文,海德格尔对其进行了广泛的解释和阐释,其中最简单明了的解释是"大存

---

① *Nietzsche* II, Pfullingen: Günther Neske, 1961, p. 484(下文将把这两卷标注为 *N* I 和 *N* II)。这是影响了整整一代人的著作,而不是 *Vorlesungen*,后者出版于 *Gesamtausgabe* 之后。
② *Einführung*, p. 134.
③ 参见 *Sein und Zeit*, Tübingen: Max Niemeyer Verlag, 1977, pp. 158ff. (下文标为 *SZ*)。
④ *Beiträge*, p. 3.
⑤ 参见 F. W. von Hermann, *Nachwort* to *Beiträge*, p. 512。

在之道"。① 要更加完整地解释此词,需要充分论证此处被译为"道"的词:Wesung,"道的发生"或者"前进方式",而非传统意义上的"本质"或"自然"。简单地说,Wesung 先于自然或本质,因为后者是由大存在(海德格尔在此拼写为 Seyn)自我显现的方式决定的。严格地说,源-生并非事件,如果后一表达指的是确定的东西,可识别的事件或物。就源-生而言,什么都未发生,源-生带来结果。②

如果我的思路是正确的话,还可以更加直接明了地重申这里的核心观点,尽管仍然十分晦涩。其实,我在(追随海德格尔)区分 phusis 和柏拉图的型时,已经道出了本书的宗旨。型呈现给我们的是自显的"什么"的自然或本质,它是基础,是界定存在物的标准,物则展现出某种相。Phusis 却不是可以用来定义本质,或者某物的"本真"存在的基础。Phusis 是道,而非道之本质;它是自由或无法预料的发生,不是我们可以利用的一种标准,而是诸标准的神秘呈现,也是标准变化的过程,此起彼伏的标准不断被"给出"。

换一套词汇就是,我们可以把"自然"定义为"某物就其构造而言所是的样子"。这样,自然是标准,更是必需或基础的标准。尽管我们常常说"不自然的行为",但是我们无法违背自然而活动。顺带提一下这一点的主要含义。我们在说"不自然的行为"时,都有意无意地认为自然是可以与自己分离的,只是这种分离被自然法则和自然目的之分给遮掩了,但是任何自然法则都无法阻止我

---

① *Beiträge*, p. 7. 这段话让 Marlène Zarader, *Heidegger et les paroles de l'origine*, Paris: J. Vrin, 1986, p. 129 中的一段话显得极为可疑或不准确。这位优秀的作者说道:Ereignis 不是重新限定大存在,"而是尝试触及本源领域,存在属于此领域……它也在此基本得到'复生'"。在其哲学生涯中,海德格尔用了许多词汇来替代标准的 Sein。只有在海氏想将自己的术语和形而上学传统中的术语区分开来时,这才显得重要,尤其是当他影射超越古希腊传统的"其他道路"时。其他道路涉及的不是大存在,而是"本源",出场又缺席的大存在从"本源"中建构了形而上学史。海氏认为我们依然停留在古希腊传统中。

② 亦可参见 Zarader, *op. cit.*, p. 282。

们违背自然目的的行动。

有了这样的定义,"自然事件"必然是按照总是或基本(如亚里士多德所言)相同的过程发生的事件。在相同条件下,火燃烧的方式是不变的。人类性交只会繁衍人类,而不会生出兔子或猴子。"自然的"一词因此可以延伸来描述人类实践;比如,如上所述,如果某行为可以让人类变得完美,我们就可以说它"合乎自然"。另一方面,假设我们不知道或者否定了"自然"这一概念,在谈论人类之"道"时发现人类行为根本没有标准,人类存在的构造中也没有表达任何的基础,人类只是偶然是这样的,那就不可能有完美的人类,只有各种偶然产生的人。

"自然"与"道"的显著差异,让我们看到了海德格尔的"源-生"的基本含义。抛开 phusis 的本意不谈,"道"先于"自然"。所发生的背后并无意义或基础。另一方面,发生的"什么"就是 Seinsgeschichte 的某个阶段,Seinsgeschichte 并非一般的历史,而是我们具体经验、思考和谈论大存在之道的历史。标准因此变成了绝对意义上的"什么发生"。标准繁多,却无一能够成为其他阶段的权威。对源-生的"源生"(eventing of the E-vent)的理解也无需遵从任何标准,除非是约定俗成的。更详细地说,要么我们必须接受给予我们的一切标准,因为它是给定的,要么我们随心所欲。这是我的观点。海德格尔不是这样解释这两种选项的。他根本没有阐释清楚任何选项,他只是把一切都弄得晦涩无比,却无法捍卫这两种完全不同的推论中的任何一种。① 他认为源-生的发生即人类的自由;无原则,无基础,无标准,只有我们自由接受的那些标准。不过,我们为什么要接受这些标准是不清楚的,除了说它们是被给予我们的。

至此,我们已经认识到了海氏思想中最深最真的模棱两可的地方。一方面,他不断呼吁用新的思考,即对源-生(作为浮现过程的

---

① 参见上文引用的 W. Marx, *Heidegger and the Tradition*, p. 9。

大存在)的思考,"克服"形而上学或者物导向的思考。另一方面,这里却无对象可以思考。难怪海德格尔总是声称自己"在通向语言的途中",或者在为"新的开端"做准备,却从未真正言说,即回答问题或者表达学说。与之密切相关的是另一种含糊不明,即海氏从未提出"消灭"形而上学,让其在地表上消失,或者将其清除出人类的记忆。另一方面,他希望而且坚信我们必须保存形而上学,尽管也要摆脱其限制。同样,他也没有说要消灭传统,比如资产阶级文明,尽管他也热爱农夫和森林,而且对技术时代充满了忧虑。①

不可否认,海德格尔是个极端的保守分子,他反对把自己的源-生理论用于政治、社会或者道德活动。② 简而言之,海氏接受了尼采对现代民主和自由主义的批判,对欧洲文明的庸俗化的不满,以及对"大众"的到来的担忧,总之,对虚无主义在发展和启蒙之力中的终结的批判。海氏本人及其崇拜者常常解释说,海氏在纳粹时代的政治活动不是为了让欧洲摆脱"标准"或"传统",而是摆脱美国和苏联的野蛮,它们具有同样的形而上学的支配力量。③

---

① 在这一点上,纯正的(echt)海德格尔主义和德里达领导的法国解构主义之间有着明显的分歧,德里达显然认为 1968 是 1830 和 1848 的幽灵的"复生"。
② 海氏在自己思想的不同阶段,都在不断强调现代时代,尤其是 20 世纪,远远不及古希腊,尤其是前苏格拉底的古希腊。一个典型的例子就是 1931/1932 弗莱堡大学的讲座中的这段话:"柏拉图已经开始酝酿的是,消减基本的经验,即消减人类成为存在者的一种特定的基本立场,并使'无蔽'这个词在其基本意义上变得无力,这只是那段历史的开端,而西方人为了结束如今的无根状态,在这段历史丧失了作为存在者的根基",参见 *Vom Wesen der Wahrheit*, *Gesamtausgabe*, Bd. 34 (1988), p. 120。
③ *Einführung*, p. 28. "被解放的技术同样的绝望的奔驰和正常人无根的组织";再想想他有关纳粹的内在真理和伟大性的说法:第 29,38,96,152 页。海德格尔的纳粹思想本身值得关注,于本书的主题却无关紧要,对其的研究可参见 Hugo Ott, *Martin Heidegger: Unterwegs zu seiner Biographie*, Frankfurt and New York: Campus,1988;还有一本非常管用的书:Tom Rockmore, *On Heidegger's Nazism and Philosophy*, Berkeley: University of California Press, 1992。必不可少的还有:Karl Löwith, *Heidegger, Denker in dürftiger Zeit*, Göttingen: Vandenhoeck und Ruprecht, 1960。

海德格尔希望德国能够主宰欧洲,带领德国和欧洲重返那种把德国人变成形而上学家的传统。

这是1934/1935年的霍尔德霖系列讲座的主题之一。海德格尔不断号召德意志"民族"重拾自己伟大的传统和使命,但是在怎样做的问题上,他却一直言辞含糊,并未把历史活动和开放面对大存在区分开来:"'祖国'即大存在,自下而上地承载和支配着一个民族的真实历史。"① 他还说道:"一个民族之真即大存在的敞开,该民族从中认识自己的历史使命,认识到它渴望自己,渴望成为自己。"② 总之,霍尔德霖必须成为"我们民族的历史力量"。海氏进一步强调说:"为此使命献身乃是最高最真的'政治',能实现什么的人无需谈论'政治'。"③ 要实现的是什么? 当然不是激进的自由,即完全接受任何行为,而是真正的行动,坚定不移地接受历史或传统赋予的使命。然而,为何要这样,海氏的解释却不甚了了。

辞去弗莱堡大学校长职务后不久,海德格尔经历了一次"转向"(Kehre),这是众所周知的事情,也是神秘莫测的事情。在此可以简单地把这种"转向"描述为接受Gelassenheit,"敞开面对大存在",用海氏自己的话说,敞开面对"场化活动"(Gegnet),场化活动打开了大存在发生的场域。④ 正是这一主题表明了海氏对源-生的源-生(e-venting of the E-vent)的态度。我们必须等待大存在的下一次馈赠,或者众神的回归,霍尔德霖说他们逃离了世事维艰的当下。然而,在等待期间,我们该做什么? 海德格尔的后现代追随者说得很清楚:他们要抛弃一切基础,解构布尔乔亚文明,甚

---

① *Gesamtausgabe*, *Bd.* 39(1976), p. 121.
② 同上,第144页。
③ 同上,第214页。
④ *Gelassenheit*, Pfullingen: Günther Neske, 1959, pp. 40ff.

至主张无政府主义。①

简单地说,敞开面对大存在或者场化,基本相当于无为。无政府主义既符合海德格尔言辞模糊的学说,也符合极端的保守主义乃至专制主义。在这个幽微的时代,不再有任何内在于源-生的根据、基础、根由或原则可以指导或约束我们。因此,我们始终无法明了为何海氏解决虚无主义问题的方案不是更大的虚无主义。②我再重申一遍:此处并不局限于政治或道德上的虚无主义。源-生要么是可思的,要么不是。如果它是可思的,就必须有可思之内容,这样我们就可以把源-生思想"为"这样或那样,但这完全违背了海德格尔的意图。反之,如果要避免"思考"源-生,即为源-生本身赋予具体的内容,因为大存在中并无可思之物,我们能做的就只有思考其造成了什么,即思考存在者。③

---

① 最著名的无政府主义者是 Reiner Schürmann,参见他的 *Heidegger. On Being and Acting: From principle to Anarchy*, Bloomington: Indiana University Press, 1990;他对 Ereignis 的评价是正确的:"留下诸历史时代及其原则的东西,'源生',本身即无,既非一个人性或神性的主体,也非一个可用或可分析的客体"(第57页)。作者也由此推论现代性终结之时不再有规范话语。"我们顺应出场的经济变化进行思考。我们也这样行动"(第78页)。
② 海氏一个细心的学生最近在一篇论文中指出:"认为海德格尔只能等待新时代无法预料的爆发是不正确的:他已经准备好了一切变化,转折点在于'与技术世界的自由关系'"(句中的引用来自 Spiegel 与海氏的访谈),但是作者接下来说道:"思维让可能事物的范围保持敞开,就可以保护我们免遭意外",像该作者一样,把这称为一种"极简主义"思维的政治任务,显然是一种美化的说法,参见 Michel Haar, "The Ambivalent Unthought of the Overman and the Duality of Heidegger's Political Thinking", in *Heidegger and the Political*, *Graduate Faculty Philosophy Journal* 14/15(1991):132。
③ 这些评论说的都是海德格尔转向(Kehre)之后的思想。抛开有关海氏性格和行为的问题不谈,其在不同的人生阶段也有不同的政治参与;《存在与时间》中的修辞影射的东西与1930年代霍尔德琳讲录中的修辞影射的东西不同,这些又与战后时期的论文和讲座中的不同。总的来说,辞去弗莱堡大学校长职位后,海德格尔强调人类必须等待大存在的馈赠,思想者不为大存在给与他思考的东西负责。这是我在批判的观点。我见到的有关海氏思想变化的呈现,尤其是政治思考如何影响了他的思想,是在上文引用的 Thomä 的书中。

关于海德格尔的"新开端"我最想说的是,它提炼或者激发了我们有关存在者的思考。然而,它对这种思维的实质或内容并未做出任何积极的贡献——反而让我们觉得我们思考的存在者,以及我们对其的思考,都是短暂的、"自由的",也即无根据、无原则的发生——开放面对源-生或者场化附带产生的教化必然会迅速退化为懒散地思考纯粹偶然、随机和任意的东西。海德格尔当然会认为新的思维会重新认识存在物,将其置于浮现过程或者源-生中。然而,所得即所失,其中所得的是让存在者摆脱了主体性,以及对意志的意志(will to will)对其的扭曲,失去的则是祛弊导致的无根据和无意义。剥去形而上学的价值也让一切再无价值;剥去形而上学的实质也让一切再无实质。这是我对虚无主义的最佳总结。

回到给予了我们什么的问题。海德格尔并非完全错误的,而是部分正确的。他的词源学考据恰好证明了哲学思考不是来自浮现-过程,而是日常思维。不过,他错误地认为我们应该重回古希腊,去揭示 phusis 原初或本真的显现。他认为其后的哲学史用绵延的术语生产垃圾学说,遮蔽了许多古希腊的原初洞见,这是对的。然而,即便希腊人的原始经验确实是原初而本真的,我们生活在欧洲虚无主义晚期的现代人如何认识这种本真性?尤其是海德格尔本人是如何认识的?即便他真是传达神意的工具或者先知,我们又如何能够理解他的预言?除非把他对希腊关键词的本意的揭示与我们对自身经验的理解进行对比。

赫拉克利特(暂且不提其他人)并不是坐在火炉前,突然神灵附体,远离繁多的世界发明了 phusis, alētheia 和 logos 的本意。他"晦涩的"言说来自 phusis 对希腊人的显现,以及在希腊语中的驯化。当然,这些语言都是日常语言,不像赫拉克利特的言说那样,对日常语言进行了非常的改造。这并非说古希腊人都是哲人,但是如海氏所言,希腊哲学来自希腊人讨论日常事件的方式,比如花草的生长,农作物的丰收,工匠的活计,或者集市上有关对错的讨论。

无疑,赫拉克利特提炼了日常语言,极度精炼地提升了其揭示问题的能力。然而,他提纯的依然是古希腊的日常语言。海德格尔在提出自己的"术"语时,同样也提炼了日常的日耳曼语。无论是赫拉克利特,还是海德格尔,这种提炼都未曾跳出日常语言,创造出一种只有创造者才能懂的全新的语言。

诚然,Er-eignis 是一个极为特别的词,它的多义性是日常德语无法定义的,但它还是来自日常德语中的"Ereignis"一词,也可以用 eignen("属于")和 äugen("当心")等日常词汇加以解释。Gegnet 可以根据 Gegend("场")以及 Offenheit 和 versammeln("敞开"和"聚集")来解释。所以,海德格尔在极力阐明难以捉摸的"大存在问题"时,也是从思考存在者开始的:一支粉笔,演讲厅隔壁的教学楼,天空与大地,神与人。

这些就是给予我们的东西:粉笔、花朵、建筑、树木、男人或女人、星星等等,无穷无尽,变化万千,和无尽的独特性或"什么性"(whatness)一样。当然,给予我们的东西都处于无尽的组合或关系模式中,产生自然后消失在我们十分熟悉却无法言喻的"场"或"敞开"中;但场或敞开只能作为物之场给予我们,作为物浮现或消失于其中的敞开出现。海德格尔说大存在的出场是隐蔽的,这是对的。他错在劝说我们脱离其隐蔽的形式来思考大存在。我们也无法脱离显现或消失的什么来思考祛弊和遮蔽的"辩证法",这只会落入黑格尔的逻辑。①

---

① 此观点是我的学生 Paul Gallagher 的博士论文的基础。在上文提到的著作中,Dieter Thomä 证明了黑格尔(和狄尔泰)对青年海德格尔的影响(第 68 页及以下)。我们从海德格尔最意气风发的学生的作品中也可以间接看出这种影响:Heribert Boeder, *Topologie der Metaphysik*, Freiburg/München: Verlag Karl Alber, 1980。

海德格尔主要想获得一种有关大存在(还用了其他的词)的思考,这种思考可以质疑和怀念,但不能定义、说明或计算,即避免通过存在者思考大存在,而不是相反。由存在者指引的思考即形而上学或者柏拉图主义。在晚期尼采的学说中,柏拉图主义已经完成了自己的历史使命。我想引用海德格尔的一篇法语论文,这篇论文1964年动笔,两年后才发表,德语版发表于1969年,标题为《哲学的终结与思考的任务》。在文中,海德格尔回答了当代哲学是否完成了其使命的问题,说道:"纵观整个哲学史,各种衍生的柏拉图思想一直都是标准。形而上学即柏拉图主义。尼采称自己的哲学为颠倒的柏拉图主义。随着形而上学的颠倒——马克思完成了此任务——哲学实现了自己的最高可能性。它到达了终点。不过,人类还是会进行哲学思考,所以它只会通向随后的复兴和不断的变化。"①

海德格尔认为,我们正处在过渡期间,需要重新挪用形而上学,"摆脱"其控制,准备迎接新开端,思考大存在或者进入源-生。不过,我们并不清楚这个过渡阶段究竟是大存在的一种馈赠,由海德格尔传递给人类,所以是必然会发生的"源-生",还是我们必须主动行动,确保进入那个应许之地。和许多预言性的历史学说一样——马克思主义除外,海德格尔的学说无法自洽地解决使命与自由的关系问题。

馈赠也好,自由行动也罢。按照海德格尔的看法,我们都必须摆脱柏拉图主义的控制。我的看法完全相反。我会首先指出海氏所谓的柏拉图主义其实是亚里士多德主义,这将为阐明柏拉图和

---

① "Das Ende der Philosophie und die Aufgabe des Denken", in *Zur Sache des Denkens*, Tübingen: Max Niemeyer Verlag, 1969, p. 63. 在其他地方(《尼采》讲演录),海德格尔提到黑格尔时是与尼采而不是马克思联系在一起的。对哲学终结的确切呈现显然很含糊。对此亦可参见 Alexandre Kojève, *Introduction à la lecture de Hegel*, Paris: Gallimard, 1947.

海德格尔在提问方式上的差别扫清道路。差别并不在于两人选择了不同的哲学道路,而在于他们提出的看风景的方式不同。重构柏拉图不会把我们带回品达和赫拉克利特,而是让我们看到眼皮子底下的东西,它既在、也不在那些日常用语的含义中。

在本书的第二部分,我将转向海氏对尼采的基本观点的解读,尤其会关注他于1961年发表的两卷大学讲义和论文。重申一遍,我的目的不是要全揽海氏的解读,只是要充分理解和评价海氏以下三个观点:(1)尼采是颠倒的柏拉图主义者;(2)他的柏拉图主义即形而上学的终点;(3)形而上学的本质即虚无主义。目的是为了展示一副不同却更准确的柏拉图主义的图景,让形而上学摆脱海德格尔及其门徒的无端指控。这幅图当然也能容纳尼采和海德格尔的突出特征。如果西方哲学史即形而上学史,我的目的就是保护形而上学不受海德格尔新思想的侵害。

最后,本书的目的不是为了对海德格尔的哲学生涯进行学术报道。我将埋头于柏拉图和尼采的文本,也会埋头于海氏的文本,不是出于对历史的兴趣,而是为了澄清哲学的不断追问在当下的表现:该怎么做?海德格尔、卢卡契等追随柏拉图到了叙拉古,却忽视了柏拉图有关行动失败的论述的重要意义。我们可以赞同海德格尔的说法,认为理论是最高形式的活动。然而,理由却是理论华而不实。

第一部分　柏拉图主义

第一章　柏拉图主义即亚里士多德主义

柏拉图的型

提到柏拉图主义,海德格尔主要甚至几乎完全指的是型说。海氏在前后跨越50余年的大量文本中都讨论过这一学说。仔细研究海氏对柏拉图的解读,便会发现从早期到晚年发生了显著的变化。阿兰·包拓(Alain Boutot)曾指出,海氏起初是在柏拉图和康德的著作中寻找自己的先驱,晚年却急于与哲学史断绝关系。① 他还指出,在准备撰写《存在与时间》时,海氏认为诸型的先天属性基本是时间性的,但还不是虚无的。② 后来的发展变化似乎与海德格尔在1930—1940年代大量的尼采研究有关;此研究产生的解读是本书的主要兴趣所在,但并非唯一的兴趣。在本

---

① *Heidegger et Platon*, Paris: Presses Universitaires de France, 1987, p. 40. 另见 J. F. Courtine, "Le platonisme de Heidegger", in *Heidegger et la phénoménologie*, Paris: J. Vrin, 1990, pp. 129—160;还有我早期的研究:(1) "Heidegger's Interpretation of Plato", reprinted in *The Quarrel between Philosophy and Poetry*, New York and London: Routledge, 1988, 第八章;(2) *Nihilism*,尤其第五章。

② *Heidegger et Platon*, pp. 149ff.

章中，我将逐一概述海德格尔在对柏拉图的型说的逐步认识中表现出的四个主要特征。前两点只是简短地介绍；第三点会展开讨论；第四点将证明海氏对柏拉图主义的解读中带有亚里士多德的视角。

1. 柏拉图偏离了希腊原有的大存在即 phusis 的概念，这是具有某种相的物进入视线的过程，柏拉图感兴趣的是"相本身的展露（shine forth），视线提供给观察的东西"，即"持续的在场，型，相或者面孔本身"。① 换言之，柏拉图关注的是相，即 phusis 的显象；相的浮现过程则被放逐到背后，比如《国家篇》中的洞穴影像。"无弊（uncoveredness）的诸阶段各有其名，但现在对其的思考落脚在它如何让自显之物在相（eidos）中得到把握，以及如何让这种自显［型］变得可见。"②原先的遮蔽与无弊之分现在表现为洞穴与地表之分，这种区分取决于火与阳光的职能，正是火与光让表显的东西展露在可见性中。③ Alētheia 的本意是无弊，现在则受型的支配，真之概念也从无弊变成了对人类认知可把握的相的精确测量或计算：变成了描述与本源的符合或相似。④

2. 让诸型变得可见的光本身变成了一种型，即善之型，《国家篇》中代表它的是太阳的影像。作为浮现过程的大存在也变成了有关人类知性如何把握显体，以及物如何为话语性、计算性的理智所用的表达。善"使得物（das Seiende）有用，或者适合（tauglich）成为一物。大存在表现为促成和限定事物的特征。这是整个形而上学中关键的一步"。⑤ 海德格尔这最后一句话的意思是，该型即现代的 Sollen 概念的原型，Sollen 即该存在物追求

---

① *Beiträge*, pp. 208f.
② *Platon Lehre von der Wahrheit*, in *Wegmarken*, p. 131; *Einführung*, pp. 138f.
③ 同上，第 131 页。
④ 同上，第 136 页及以下。
⑤ *N* II, p. 226.

的理想的或完美的原相(the original),也是尼采的作为价值的大存在说的前身。① 换言之,物相的"有用性"让物变得有价值,成为满足人类意志的工具。是(to be)即被看见,呈现给精于计算的理智,最终变成任由人类意志操纵或生产的东西。

3. 如前两点所示,在海德格尔看来,柏拉图有关型的讨论可以分为两层,底层是大存在的原初显现,它被有关确切显现的东西的可把握性和有用性的新学说遮蔽了。这里又多了一层新学说本身的含糊性。柏拉图认为诸型永远是起源的世界中的各种版本或案例的先决条件,因此根本不受把握它们的过程的影响。同时,他又是按照工匠的模型来解释诸型的。诸型是神匠在建造具有相应的相的存在物时所参照的蓝图。神匠模型的涵义在于:该蓝图也是绘制的,确切地说,是想象力的产物。所以,神匠变成了现代版的大存在概念,即大存在是认知过程的产物的原型,这有违柏拉图的初衷。它还把一种可谓是实用主义的技术生产成分融入了柏拉图的本体论。

海德格尔在柏拉图的学说中看到的这种语义含糊的地方,也让他对柏拉图主义的批判性分析变得模棱两可。他在这两者之间摇摆不定:一是通过词源考证"解构"他要攻击的学说,一是把哲学史的后期发展"投射"回柏拉图的明文解释中。柏拉图因此变成了一个面目模糊的混合体,其中既有原始希腊的观点,又有失败的创新,正是大存在出场方式的难以把握导致了那些失败的创新。因此,有时很难判定海氏是在批判有关型说的公认解释,还是把自己"原创的"理论埋进了柏拉图著作的基本结构中。

我想分析一下海德格尔有关生产论的两个评论,分别出现在1927年和1936、1937年。前者出现在海氏在马堡大学举办的一

---

① *Beiträge*, p. 72.

个题为《现象学的基本问题》的研讨班中,①背景是为了澄清本质与实存之分的现象学基础。总体而言,海德格尔描述了从古希腊的大存在即生产说到现代的我们只能认识我们的造物说的发展。其中有一个章节与我们相关。② 海德格尔一开始就列举了中世纪的 essentia 背后的一系列希腊概念,包括 morphē, eidos, to ti ēn einai, genos, phusis, horos, horismos 以及 ousia。在此,我们可以看到,海德格尔暗中把柏拉图和亚里士多德的术语混为一谈。型变成了本质的原型,型是面对或者站在我们面前的东西,本质则在所观实体的诸属性之下(hupokeimenon)。

接着,海德格尔澄清了 morphē 和 eidos 的关系,morphē 是"形状"或"形式",海氏译为 Gepräge,"标志"、"特征"、"印刻"(硬币上的印记),eidos 的字面意思即"相"(Aussehen)。"morphē"本意是所见实体的形状。"它指的不仅是一物的空间构造,还有一物的印刻,我们从中读取它是什么。"③根据海德格尔对古希腊语常用法的解释,工匠的生产活动是我们理解所见实体的模型:印刻活动赋予所产实体特有的相,即 eidos,我们通过它看见该产品。广义地说,就感知觉而言,"一物的 eidos 或相的基础是其的 morphē 或印记"。④ 因此,海德格尔认为,古希腊对感知觉的认识中已经出现了工匠范例,以及作为生产的大存在范例;然而,果真如此的话,柏拉图的生产论形而上学就是真正的古希腊哲学了。还是我们需要认为荷马、品达以及赫拉克利特对所见物的 morphē 和 eidos 有不同的理解?

海德格尔并未回答此问题,只是声称在古希腊的本体论

---

① *Die Grundprobleme der Phänomenologie*, in *Gesamtausgabe*, Bd. 24(1975)(下文略写为 *Grundprobleme*)。
② 第 11 段,(b)部分,第 149 页及以下。
③ 第 149 页(引用都出自 *Grundprobleme*,除非另有说明)。
④ 同上。

中——他指的主要是柏拉图主义，eidos 与 morphē 在感知觉模型中的基本关系被颠倒了。在知觉中，我们通过 morphē 或形状把握 eidos（即相）；我通过其现象形态——它主要（但不完全）是物理的——把一只狗或一只猫识别为诸如此类的物。然而，在柏拉图的本体论中，这只狗或猫具体的现象形态或"印刻"是由 eidos 解释的，因此也以 eidos 为基础，eidos 是先于且独立于具体的猫狗的，有如蓝图先于且独立于根据它产出的制品。在海德格尔的解释中，我们通过一种建设性的认识（Auffassen）从所见物的原相（蓝图）转移到所见物的生产（Herstellen）①上。工匠范例的焦点也从感知转移到思维上。

海德格尔以制陶匠为例来阐明自己的观点。被"刻印"的是想象力（Gebilde）的一种创造。制陶匠用粘土塑造（bildet）一个水罐。"整个创造塑形（Alles bilden von Gebilden）都是按照一个影像（Bild）或模型（Vorbild）的指引和标准执行的。"②换言之，eidos 和型的本体论意义是由生产或技艺的范例派生而来的。"依照模型"（工匠脑中的影像或"型"）"塑造的东西因此就是先前的影像相似物（Ebenbild）"（我在此把"Vorbild"译为影像）。因此，柏拉图的型，其原型是工匠脑中的样图，他根据这个样图预见了自己想要生产的东西："预见的相或者前影像（Vor-bild）在生产之前就指出了该物是什么，以及生产出后该是什么样子。"③这段话中多次出现了"Bild"一词，强化了型或相的图画或视觉特征；柏拉图认为，思维首先是通过灵魂之眼看见，而且视觉（如亚里士多德在《形而上学》开头所言）④这种官能最能辨别差异，即确定形式或属性。这一点非常重要，有助于我们理解海德格尔为何认为型是范畴的

---

① 第 150 页。
② 同上。
③ 同上。
④ A1,980a25—27。

原型。

然而,更为重要的是海德格尔把蓝图(我的用语)或模型同化为了 Gebilde。工匠范例中的模型或前影像是想象的影像(fantasia)。"该 eidos 是想象中那个将被刻印(在合适的物质上)的预期的相,它按照该物过去或现在的所是呈现该物,先于一切的实现。"① 工匠范例的首要功能是让想象活动迂回进入柏拉图的本体论,这完全违背了柏拉图的本意。这里我们看到了解构的早期影子。海德格尔把亚里士多德的学说——即想象(fantasia)是知觉中联接感觉和认识的中项——移植到了柏拉图主义的本体论中,预示了现代哲学中知性从先是与意志和想象力结合到最终服从于后两者的转变。

同样,柏拉图的型也被视为莱布尼兹的知觉或视点和尼采的视角的原型。被柏拉图视为存在物的相的其实是该存在物呈现给人类认识的东西。而且,型现在被解释为一种可能性而非现实性,并不完全符合安排给想象力的功能。海德格尔称型为"预期的相",巧妙地把其同化为亚里士多德的本质,或 to ti ēn einai("该物过去或现在的所是");而后又认为它"先于一切现实性",这是现代的意义,而非古希腊或亚里士多德的本意。这个绝佳的例子很好地证明了海德格尔的癖好,把自己的观点嵌入自己解读的文本中,谎称它们偏离了真理的原初显现。

最后,与颠倒现实性和可能性密切相关的是,我们正在研究的这句话还把那个先天因素(the a priori)的本源归因于形式说,即形式即理想,因此也是让该物得以生产的"可能性"。eidos 或 to ti ēn einai,即该物产出之前的存有以及生产该物的力(power),"产出了该物的价值,它的后代,它的 genos"。② 我发现,对于海德格

---

① 第 150 页及以下。
② 第 151 页。

尔而言，柏拉图的型和亚里士多德的 eidos 根本就是同一个概念；亚里士多德只是在有关 ousia 的学说中把柏拉图没有明说的东西明示了出来。

　　海德格尔对 phusis 也作了类似的分析，phusis 是"生长"、"生成"、"自我生成"，即根据该相生产该物，该相即该物应该的所是。换言之，柏拉图想强调的是与工匠不同，自然按照完美的模型工作，它的诸相即诸范例，先于工匠想象的模型，而且是永恒的，而不是构建出的该物应该的所是的表达，只不过工匠模型在他想建立的学说中占了上风。柏拉图认为，该自然的相或型即该物的真，是真实的或本真的该物（柏拉图会称之为 on ontōs on）。它是该物的完善即 to teleion，而且因为是先在的、永恒的和完全的，它也是我们在其定义（horismos，另一个亚里士多德的术语）①中要捕捉的。然而，如上所述，工匠模型的使用斩断了柏拉图的意图。

　　现在，我们认识到海德格尔的解读中存在的困难了。工匠用本身并不含有产品的形式或自然的物质生产一件制品；我们可以说工匠生产或建造了该产品，产品是无生命的，并无属于自己的生长原则。比如，一张床并不会生出另一张床；如果木匠确实"揭示"（uncover）了这张床的存在，或者让其得以显现，那么他手中呈现的也不同于自然生长或长出的东西。phusis 是从与自己一类或完全同类的实体中生长或长出的东西的原则，因此也就是 natura 的内在涵义，我们从 natura 中推导出的都是似是而非的古希腊"自然"概念。"nascor"的意思是"生出"，而不是"被组装或制造"，②我们说艺术家"生出"了自己的艺术作品，这是一种比喻或派生的用法。同时，艺术家置换了作为生成原则的自然，揭示了某种附着在艺术作品上的东西，即人类灵魂或创造活动。不过，创造活动不同

---

① 第 152 页。
② 这是我的学生 Alfredo Ferrarin 提醒我的。

于 phusis 的活动，它"揭示"的是不同的相。海德格尔遮蔽了词根 phu-蕴含的生长之意，更热衷于谈论浮现的问题，必然会把 phusis, technē, poiēsis 这三种完全不同的情况混为一谈。然而，生长与制造是两回事。

我们将在下文剖析海德格尔是如何分析《国家篇》卷十中有关床型的讨论的，届时会把此问题看得更清楚。现在，还是让我集中总结一下海德格尔的核心观点：实在物（realitas）的概念起初在古希腊的本体论中就已确定，是贯穿哲学史的标准，它包含着表达人类生产活动的诸关系，更确切地说，包含着与产出物的可生产性相关的一切。① 产品躺在人的面前（也就是说，是一种 hupokeimenon）以供使用；这包括人造的工具以及自然的产物。物被视为 ousia；即常语的"属性"，可供上手、使用或者处理的东西。"ousia"的哲学意义直接来源于此，并且将某物的存在方式定义为"可用性"（Verfügbarkeit），也即在手（Vorhandenheit）。因为是产品，所以有此属性。②

同样，"essentia"的各种意义也随着生产活动和结果的概念而浮现。"ousia 的本义则更强调产品——即已经在手可供处理的东西——的生产完成。"③也就是说，它从生产活动转移到结果状态，即成果或在场的东西。我们只能跟着海德格尔的分析行到此处；我发现，在后面的一段话（14）中，海德格尔就把对大存在的这种理解归给了康德："对处于其大存在中的实存物（Seienden）的本真认识只会呈现给此物的创制者（creator-being/Urhebersein）。生产中有着对一物的大存在基本而直接的参照。这意味着：一物之大存在只是生产完成。"④

---

① 同上："zur Herstellbarketi eines Hergestellten überhaupt"。
② 第 153 页。
③ 同上。
④ 第 213 页。

这里先点评一下，再过渡到下一问题。早期的生产论形而上学以两种方式定义了作为产品的存在物及其大存在。其一是可生产，对应的是实存；其二是生产完成，对应的是本质。古希腊语中，两种方式分别对应的是 on 和 ousia。将我们当前的分析与《形而上学导论》中对动词"einai"的分析联系起来，更有助于我们看清问题。海德格尔在此指出，根本不存在一个为该词的分词、系词和不定式形式所隐含的各种意义所共有的或者把它们统一起来的单一意义上的大存在。① 下文我们将看到，海德格尔把"共有的"(koinon)理解为"普遍的"，即为其所有实例所共有的型或 eidos。② 换言之，海德格尔把型与其实例的结合混同为实质与其他范畴的统一，得到了一种普遍的或一般的大存在概念，并且认为它就是柏拉图提出的概念，而且是整个柏拉图主义发展史中的标志。这与海氏本人的这一（正确的）观点相矛盾，即柏拉图那里根本没有统一的大存在说，而且整个希腊哲学中也没有。下文我们会详述这一问题。

现在，我可以转向海德格尔对柏拉图的生产论形而上学的第二个解释了。它出现在《尼采》讲演录的卷一中。③ 海德格尔在此谈及柏拉图尤其是《国家篇》中阐述的艺术与真理的关系，但是与《柏拉图的真理说》不同，海氏并未选择洞穴寓言来指导自己，而是选择了《国家篇》卷十中关于木匠与床型的讨论。我会对此进行详细的分析，指出工匠的生产这一范例把这里的讨论与上文提到的海氏在 1927 年的分析联系了起来。应该指出，海德格尔从未提及

---

① *Einführung*, pp. 48—56.
② 参见"Vom Wesen und Begriff der *Phusis*. Aristoteles' *Physik* B, 1", in *Wegmarken*, p. 345。
③ N I, pp. 198—127. 该节题为"Platons Staat: Der Abstand der Kunst (Mimesis) von der Wahrheit (Idee)"，是 1936/1937 年在弗莱堡大学研讨会的一部分，引文来自此卷，除非另有说明。

《国家篇》的戏剧结构与其哲学意义之间的关系,自然也只字未提其与古希腊的大存在即无蔽的观点之间的联系。尤其是他从未拷问这两者之间的关系:一是《国家篇》中间几卷中关于诸型的对话,洞穴寓言是其中的一部分,还有对数学之重要性的强调,一是卷十中关于床型的对话,它是柏拉图有关哲学-诗学之争的一部分。

更确切地说,海德格尔从未拷问过貌似真实的床型的可疑地位,也从未担心过将此篇章作为理解柏拉图思想的权威文本所冒的风险。至少,如果苏格拉底真的看重床型的例子的话,型说就会遇到麻烦,我们在解释"phusis"和"technē"的差别时已经指出了麻烦所在。海德格尔认为诸型即可能性,而非现实性,从而压制或者遮蔽了这一麻烦。如果真有床型,那么一切可能的产品都会有其型,包括那些人类无法发明的东西。因此,要正确地理解《国家篇》以及柏拉图主义,就需要弄清楚苏格拉底为何会在卷十中以床为例。这也许与这种转变有关:中间几卷讨论的是数学与辩证法的关系,最后一卷则转向了对诗歌的政治意义的再思考。

海德格尔从现实性转向可能性,消解了柏拉图对话集中本真存在物(ontōs on)和自然存在物(phusei)之间的联系。这与从生长到浮现的转变密切相关;现在产品和自然存在物的浮现方式被混为一谈。发现和制造之间的区别也消失了。海德格尔也可以把型说视为现代主体性的原型了;工匠模型成为了生产性的我思主体(ego cogitans)的原型。让海德格尔偷梁换柱的是这一观点:真与大存在原本就应该被理解为无弊。① 现代性的产生,也许正是因为把"technē"误解为制造,把自然生长误解为技术生产。换句

---

① 在上文提到的一部著作中,即 M. Zarader, *Heidegger et les paroles de l'origine*, p. 75,作者提到:自 1946 年以后,"真"(alētheia)取代"大存在"(Sein)成为海德格尔思想中的第一词。这听着不太严谨;可以这样说:海氏不再讨论大存在的"意义"(Sinne),开始讨论作为大存在的无蔽或祛蔽的"真"。真也显示了遮蔽和揭示之间同样的二元结构,这是大存在的特征。

话说,它源自柏拉图带来的从无弊(uncoveredness)向祛弊(uncovering)的转变,前者是存在物的属性,后者是思想者-制造者的活动。

海德格尔把 technē 或 poiēsis 混同为 phusis,又把两者都理解为生产,不是制造而是从无蔽中产生,这种倾向是他解读古希腊哲学的基础,以及柏拉图主义或西方形而上学史的关键。① 他对柏拉图的解构,就是似是而非地演证祛弊如何揭示无弊。这种解构其实是一种建构,把从柏拉图的文集中截取的片段东拼西凑地组装起来,他的建构与柏拉图主义的关系有如床型与型说的关系。不过,海氏确实认识到柏拉图此时对型的思考未至臻境,②也许是因为它还涉及那些有关城邦的对话,但是我们却不明白,为何不能把这种认识用于洞穴比喻,而且在分析中,海氏也未提到我们可以忽视他想建立的结果。

现在,让我们来看看其中关键的细节,在简短地提到了模仿之后,海德格尔意味深长地引用了苏格拉底(他在括号中提到苏格拉底即柏拉图)的一句话:"我们习惯于为多种多样的同类物确定(pose/tithesthai)一个类型,并用这个类型的名称来称呼这些物"(569a5—8;我是直接从古希腊语而非海氏的德文翻译译过来的)。稍后,我们还会详细分析苏格拉底在《裴多篇》中解释他是如何得出关于诸型的"假说"的,彼时我们将意识到"tithesthai"这一动词非常关键。当它被用作中动语态来表示思维活动时,这个词常常被译为"假定"或者"设定"。hupothesis,即我们设定的基础,用于支撑其他的东西。

---

① "Die Frage nach dem Technik", in *Voträge und Aufsätze*, p. 19. 将 technē 解释为 wissen 与此有关,参见 *Einführung*, p. 132。"艺术作品首先不是作品,假如它是被创造出的,被制造的,那是因为存在在存在者中起作用"。将 technē 视为"menschliches Wissen"(*N* I, p. 96)更普遍。
② *N* I, p. 199. 引用再次来自此卷,除非另有说明。

海德格尔正确地认识到 eidos 并非一个概念,而是一个相(Aussehen),这一点他在 1927 年的文本中已经做到了。相即杂多的出场,是每个实例中的一,实例的大存在因为该相而出场并得到确定。每个给出的杂多都是通过参照其统一的相的单子才被确认的。① 展现相同的相的实例变化万千,该单子(我把其译为"das Eine")却始终不变;② 正是相中的一指出了我们遇到的物"是"什么。因此,"不变"或"持续"(Beständigkeit)是柏拉图所言的大存在的属性。③ 为了阐明这一点,苏格拉底举了大量的例子,船、用具、行李、传动装置等等;此处则把这个词集中用在床、桌子等家具上。

为何苏格拉底举了床和桌子为例,而不是植物或动物等自然存在物?不深挖文本,你可能会说显然苏格拉底想贬低诗人的境界,在努力教育城邦公民的问题上,诗人是哲人的天敌。因此,苏格拉底认为诗人只是生产了工匠生产的日常用品的影像(fantasm),或者拙劣的仿品。他忽略了诗与画的区别,且忽视了这一事实:模仿艺术家,尤其是诗人和音乐家,模仿人类灵魂,而非制品。《国家篇》中引用的诗歌常常如此。将神视为匠人,苏格拉底让 poiētēs 脱离了其传统的与神的关系;从诗歌移到绘画又让他忽略了一个事实:艺术模仿是人类灵魂的表达,而不是自然或人造实体的复制品。

海德格尔忽略了苏格拉底讨论床的政治学背景,从而将自己的本体论解读强加在一段看似适用的文字之上。我们将看到,苏格拉底的比喻,主要是为了将神与工匠或制造区分开来,而不是如海德格尔所言,将神确立为制造者。而且,如果《国家篇》卷十中的

---

① 第 199 页。
② 第 200 页。
③ 第 201 页。

讨论能帮助我们正确地理解柏拉图主义,在某个关键的层面,苏格拉底对神匠的解释与海氏自己对本真的或原本的古希腊的大存在说的理解是可以相容的。神的技艺是园艺师的技艺(phutourgos：597d5),而非木匠的技艺。在生长出床型时,神展示了海氏对古希腊的大存在意义的理解：大存在即 phusis 或浮现。然而,床型通过自然的浮现与床通过制造的浮现不是一回事。即便我们同意存在一个自然的床型,它所显示的也不可能是木匠的床显示的相。海德格尔把生长与浮现混为一谈,又认为柏拉图主义中的浮现就是制造,从而掩盖了这里的区别。

在这段文字中,最让海德格尔感兴趣的是匠人范例的作用,可以让他(如在上例中一样)将大存在即"所造物品的生产"的说法归给柏拉图。① 肯定是这样的：柏拉图认为相是精于计算的理智可以把握的,这样可以把拥有该相之物变成任由人类意向处置的,聚焦在这种相上,柏拉图不仅将 technē 从揭示或祛蔽贬为生产或创造；还认为存在物都是诸如床、桌子等的"用具",是某个神匠设计给人类使用的。老调重弹,海德格尔断言柏拉图创立了一种学说,用误解的铜绿遮蔽了真正的希腊思想；他认为柏拉图创立的这种学说将发展成为"功利主义"生产论,其中的神匠不复为神,而是变成了人,无论是他自己(in propria persona),即先验的自我或者绝对的我,还是强力意志,即对意志的意志。

dēmiourgo 或工匠为 dēmos 或民众,也即为日常生活,制造了床、桌子等用具。然而,即便是工匠也必须"看着型"才能制造这些用具,②但是任何工匠都无法建造型本身,它是"先定的",而他则是"服从的"。换言之,海德格尔承认或者始终强调这一事实：柏拉图无意创立一种关于主体生产的本体论。在他的解读中,柏拉图从未

---

① 第213页。
② 第203页。

意识到自己举的工匠例子会产生什么样的后果,就像他(难以理解地)不清楚自己提到诸如床之类的制品的型意味着什么,就此而言,没有纯粹的实践活动;就连工匠也是个理论家,因为他要看着型。对此,我持相反的看法:根据海德格尔的解释,根本没有纯理论活动。大存在以及认知都是制造。海德格尔缄口不提那个重要的问题,即政治活动,亚里士多德称之为"praksis",它既非理论,也非生产。海德格尔的沉默是有道理的,因为柏拉图那里没有可以与亚里士多德的 praksis 相匹配的概念。不过,柏拉图并没有区分 praksis 与 poiēsis,这对于尼采的柏拉图主义却十分关键,也是海德格尔解读形而上学的关键,忽略了这一点对于海德格尔来说没什么好处。

海德格尔接着讨论了 poiēsis 和 mimesis(模仿),大意如下:苏格拉底举了个例子,说有人 360 度旋转了一面镜子,从而"造出"(make)了一切,对所有映照中所包含的整体的模仿构成了一个 Her-stellen,但是它在这里的意思不是仿制第一个宇宙生产了另一个宇宙,而是 Bei-stellen,即置于原物"之前"或"旁边",是原物在他物(即镜子)中的相。[①] 含有同一相的模仿是影像或 phainomenon,不同于物本身(onta ge poe tēi alētheia)。影像"被造出了",却未生产任何东西。海德格尔因此得出结论,认为 poiēsis 不是"制造",后者的意思是将一种先前并不实存的构造带入实存,该构造是一种已然实存的本原的相的仿品。在这一点上,柏拉图显然保留了原本或真正的希腊思想。

因此,海德格尔并未将现象与实存物的区别理解为"表象"或幻象与大存在之间的对立,而是理解为两种不同的出场之间的对比:一是"自我显现"(sich Zigende)的实存物,一是未被遮蔽(das Unverstellte)的实存物。[②] 镜中影像和镜子映照的物在本体论上

---

① 第 204—206 页。
② 第 207 页。

是等值的，因为两者都是同一相（即型）的"祛蔽"或"呈现"，只是呈现的方式有所不同。海德格尔以房屋为例来阐明这一点。在这里，房屋的相取代了床型。海德格尔认为房屋的相在镜像和石木建筑中都"显现了自己"。① 该相在这两种情形中是"同一的"，不同的只是该型将自己显现为"最纯的"存在的 tropos 或方式。

两种不同的显现对应的分别是镜像和木匠的房屋，因此一定存在两种形式的生产，一是木匠或工匠的生产，一是造像者或画家的生产（在此，zōgraphos 取代了镜子）。海德格尔此时评论的是《国家篇》中的 596e4—7，请注意，不论是柏拉图的著作，还是海德格尔的解读，在这一点上都未提到作为工匠制品的相（海氏的"房屋"）。然而，海德格尔从镜子的例子中推导出了这一结论：尽管方式不同，房屋建筑及其影像呈现的却是同一的房之型。不过，苏格拉底的例子中并未提到型；镜子只是生产了生成的世界的影像。phainomenon 与 tēi alētheia 之分进一步表明两种情形中的相是不同的。天空的镜像与对其的直接感知并非一回事。回到房屋的例子，我们可以居住在房屋中，却不能居住在其画像中。房屋的部分本质即可为人类居住。因为影像与三维物体画面相似，就得出两者展示的相是同一的，且"相"即两者各自的本真存在，无疑是在混淆视听。

无论如何，海德格尔还是把相的同一性（尽管明晰程度不同）延伸到了第三层的影像上。海德格尔的术语又多了一层混乱。他把石木建筑的房屋等同于未被遮蔽或真实存在的房屋，与镜像相对。然而，把镜子的问题放在一边，（像海氏那样）来讨论房型，我们就会看到，建造的房屋是房型的本真显现的第二层或现象的再现，影像是其第三层或幻象的再现，而且如果在这三种情况下，相

---

① 同上；前一种情况，海德格尔提到了 das sich Zeigende，后一种，他提到同一的相在镜子以及建造的房子中（sich zeigend）的自显（im sich Zeigen）。

都是同一的,那么三种房子的相要么都是生产的实例,要么都不是。如果我们能证明苏格拉底并不想把工匠的制造归于神,因为神的劳动在于帮助自然生长床型,那么这必然会推翻海德格尔的解释,而且也有悖于常识。

苏格拉底说画家"不真正制造其制造的东西"(ouk alēthē poiei ha poiei),① 他的意思是木匠带给我们的对床型的观察要比画家带来的少一层遮蔽。不过,"少一层遮蔽"并不是说型在床中出场了,而是说与画相比,木匠的床是自然的床更准确的影像,因为苏格拉底认为木匠是看着那个型造床的。然而,木匠对床的观察却不能并入床中。否则的话,本真的存在和现象的存在之间就无本质的差别了。海德格尔把自然、technē 和技艺都混为 Her-vor-bringen(带出),根本无法传达这种差别。

这一点十分关键。如果存在房或者床之型,那么木匠的房或床就是该型的"画像",而画家的床则是木匠的制品的"画像"。木匠看着床型造床是一回事儿,自然把床型展现在浮现的床中是另一回事儿。下文我们将看到,牛之型浮现在所有牛中,内在于所有的牛,并且表达着牛本真的自然。如果神是个园丁,在自然的花园中生长牛型,那么我们可以说反之亦然:牛是通过展现牛型而生长的。这里没有制造,只有两种不同的生长,但如果神也是个木匠,建构了床型,我们却不能说反之亦然了。床不会生长,或者通过展现床型来组装自己。床型是外在于床的;需要木匠的活动作为中介。这种中介,即木匠的生产劳动,首先表达的不是床型或相,而是根据人类需求对该相的使用。

再强调一遍,在苏格拉底的比喻中,神与床型和造的床之间的关系,并不同于他与牛型和实存的牛之间的关系。在制造牛型时,神也制造了牛,但在制造床型时,神并未制造床。所以,"神"这个

---

① 引自第 208 页。

词代表的是自然,而非神匠,更不是园丁。自然的劳动与技术或技艺的劳动,两者具有本体论上的差别:它们得出的"相"是相异的,不是同一的。

木匠的床不是一个完美的存在物,它只是"像"这样一个存在物(597a5—7)。不过,在海德格尔看来,影像和所造的床中显现的都是完美的床相,而没有解释床之相的自我显现与该相的肖像之间的差别。如果肖像也是一种自我显现,原相与影像就无差别了,但这明显违背了柏拉图的观点。我不是说柏拉图曾解释过原相与影像的关系。他从来没有。① 不过,他的观点如此;但是在海德格尔的分析中,这种观点消失了。

我们只需要说,仔细研究就会发现,柏拉图的文本比海德格尔的诠释更为准确。当然,海氏偶尔会照亮我们的思想。不过,他常常是在误导或者遮蔽,而不是祛蔽或者揭示。言归正传,根据柏拉图在卷十中的阐述,木匠在预计执行自己生产时,已经参考了床型;另一方面,如苏格拉底所言,我们没有理由认为画家看着型;他看的是造出的床,一种"看着像"床型的东西。

苏格拉底在 597a10—11 中说到,与真相比,木匠的床是"暗淡的"或"阴影的"(amudron),他的意思是这张床没有床型真实,而不是说造好的床中有着该型的暗淡显现。在海德格尔的解读中,暗淡的显现是一种矛盾的表达。② 型的显现是最清晰的。造好的床没有型真,却比画像真,不是因为型显现在前者中,却没有显现在后者中,而是因为木匠看的是型,而画家看的却不是。同时,看着床型与让该型从床中浮现或者浮现在床中也是两回事儿。真的

---

① 关于此的详细讨论,参见我的 *Plato's Sophist*:*The Drama of Original and Image*,New Haven and London:Yale University Press,1983。

② 参见 *Heraklit*,p.140:"根据柏拉图的说法,'事物的本质'——即理念——很难被发觉,因为人的眼睛是被蒙蔽的,而不是因为事物的本质本身隐秘。事物的本质并不遮蔽自身,而是发着光、发着亮的。"

暗淡代表着存在和不同的相的差异；它不能被理解为同一种真呈现的 tropos 或方式不同。

总之，苏格拉底想说的是，自然生长、技艺生产和影像制造这三个过程带来了三种完全不同的实体。在海德格尔"原创的"界定中，这三个过程源头各异，却必然"揭示"了同一个相。然而，苏格拉底是这样说床型的："它在自然中"（en tēi ohusei onta）。在海德格尔的解读中，木匠的床及其在画像或镜像中的摹本揭示的也是自然的床。也就是说，theōria 与生产实践之间并无"本体论"的差别。苏格拉底确实在这段话中指出"自然的"床是神"生产的"（ergasasthai）（507b5—8），但他把神比喻为工匠或 phutourgos（即园丁，597d5），这其实是对 phusis"原本的"理解，此处的 phusis 是生长的浮现，而并非只是浮现或祛蔽。如果床型代表所有的型，这些型就与神在生成的花园中生长的植物类似。

因此，床型并非制造的床，而是制造的床模仿的相。植物的相与木匠制品的相是不同的。型、床和画中的相也不是同质的。自然花园中相的显露也绝不同于艺术和技艺的显露过程。自然花园中相像花草树木一样生长，而不是神用石木等其他材料组装的；它也不是某个实存的床的仿品，不是床之画像或影像。神在花园中的劳动包括种植、播种等活动，但不包括在制品中模仿其他东西。苏格拉底仔细区分了神的"园艺"和人的制造。他将"apergazesthai"（使之完美，制造：597c2）或"epistatēs"（监工：597b13）等词用在神身上，我们就必须根据 phu-的词源意义加以解释。海德格尔一直强调 phu-是"生长"或"从自己中浮现"。神既不像工匠一样制造或建造，也不监督下级工人制造型。苏格拉底曾提到神希望成为唯一的本真的床的"制造者"（poiētēs），但他又澄清说这种制造是"生长"或"创造"（mian phusei autēn ephusen：597d3；cf. c4—5）。

换言之，苏格拉底引入了神的园艺这种特殊的制造，是为了与 technē 进行对比，后者包括绘画等艺术。对比的目的是为了表明神不是一个木匠或画家之类的工匠或制造者(technitēs, poiētēs)。因此,我们可以同意海德格尔的看法,认为 poiēsis 不必而且主要也不是"制造",我们在讨论镜像时已经阐明了这一点。问题的核心在于这种对比是不是为了最完备地解释诸型的本质。海德格尔认为不是,①但他又强调这段话对于我们认识到形而上学起源于柏拉图十分关键。② 为此,他必须忽视(或忽略)一个要点,即这个关键的比喻不是关于制造,而是关于园艺的。此外,海德格尔还强调,柏拉图的宏篇大论是为了阐明同一个相如何通过三种不同的方式显现自己的。然而,那同一个相并未以三种不同的方式显现。③ 相的显现只发生在自然的花园中;木匠模仿了该相,模仿的艺术家又模仿了那个仿品(598b1—5)。仿品是 phainomenon,仿品的仿品是 fantasma。

认为现象或制造的床以及影像或镜像的生产都是自显的案例,恰恰抹除了苏格拉底想建立的观点。严格地说,如果三个不同的过程揭示的是同一个相,那么艺术和技艺就足以构成研究大存在的基础。苏格拉底说,与真相比,制造的床和画是暗淡的,他的意思是它们展示的只是自显的摹本,却不是显现本身。我已经指出,苏格拉底未曾解释为何影像不是本源却"看着像"本源,海德格尔未曾解释的却是同一个相如何显现在三个过程中;他从未解释 phusis 即浮现、大存在即出场是什么意思。他是从"那个"(the that)入手的,这是他最喜欢的苏格拉底的表达之一:这就是所发生的。

进而,海德格尔对床型的统一性或单一性,以及各类生成物(ta polla)作出了明确的解释:型是单一的不是因为如果存在两个型,两个都必须服从相同的相(即会产生第三方的悖论),尽管苏格

---

① 第 199 页。
② 第 212 页:"柏拉图对存在者的存在的解释之顶点就是理念。"
③ 第 211 页。

拉底在 597c7—9 中确实提到了这一点。相反,海德格尔认为,因为神希望成为"本真的床的制造者"(ontōs klinēs poiētēs ontōs ousēs；597d1—2),而不是这张或那张床的制造者,所以他就自然地生长了一张床。在他的翻译中,海德格尔说神希望成为"der wesende Hervorbringer des wesenden Dinges",即本真的床的本真带出者(wesenden 在此必须与 waltern 和 Unverborgenheit 一起理解)。最后,他总结道:

> 神想成为这样的神,就让造床(Bettgestelle)"在其本质[Wesens]的统一性和单一性中"前进。那么,对于柏拉图而言,型及大存在的本质的终极根据在哪里?在生产完成中,只有当其产品变成了唯一,变成了一时,我们从中看到了从一个繁多的再现变成了其统一体的再现的飞跃,生产的本质性才得以保存。①

在此节余下的部分中,海德格尔再次提到柏拉图是如何区分木工或 technē 与艺术或 mimēsis 的,他指出前者模仿了型,后者则如柏拉图所言,"与王隔了两层",即他模仿了一个仿品。② 我注意到,海氏仍然认为画中的型是暗淡的:"在这种介质中……相无法纯然地自我显现";即它只能显示一个暗淡的或不纯粹的自己。我一直强调影像中根本不存在海氏严格界定的 sich Zeigen,这并非吹毛求疵。海氏自己引用了柏拉图(即苏格拉底)关于 Kunst(模仿艺术)和真之关系的看法:"艺术(mimētikē)远离真理。"他这样解释这句话:"(艺术家)生产的并非作为型(phusis)的 eidos,而是 touto eidōlon",即一个影像。③ 他接着说:"这只是纯相的表

---

① 第 213 页。
② 第 214 页及以下。
③ 第 216 页。

象；eidōlon 是小 eidos，不仅尺寸小，其显现和展露（des Zeigens und Erscheinens）的方式也不重要（ein geringes）。"

最后，这句话几乎尽管没有完全推翻海氏先前的观点，即同一相以三种不同的方式显现自己。不过，更重要的是，以这种对床型和模仿艺术次于 technē 和哲学的讨论为基础，海氏对柏拉图的大存在作了"生产论的"解读。因此，就海氏本人的意图而言，他选来示范柏拉图的大存在说的这段话语义极为含糊。似乎苏格拉底接受的是海氏自己对 phusis 的理解；然而，海氏遮蔽了柏拉图的比喻中的这层含义，从工匠生产的角度对其进行了解释，从而颠倒了柏拉图的明确意图。不过，有一点却是真的，即苏格拉底确实对 phusis 与 technē 和 mimēsis 进行了严格的区分，虽然一再强调这种区分，海德格尔却掩盖了它。technē 与 mimēsis 之分也是如此。

4. 海德格尔不仅把型理解为有如工匠的制品（而非自然生长之物，即其本意）一样的产物，还认为柏拉图的型说是有关不同类的存在物所共有的东西的"普遍的"或"一般的"看法，后世所有的"形而上学家"也如出一辙。比如，他在 1927 年的现象学研讨班中提到：

> 看看哲学史就能明白，不同界别的存在物（Seienden）曾经都是无弊的：自然、宇宙、灵魂，（但）它们特殊的大存在也无法得到把握。古代就产生了一般的大存在概念（Durchschnittsbegriff），用以解释各种存在物，这些存在物属于不同界别的大存在并且有着不同的大存在方式。然而，处于自身结构中的那个大存在却无法得到明确的公式表达，被作为问题得到界定。因此，柏拉图睿智地认识到灵魂及其逻各斯是另一种存在物（Seidens），不同于感性实存物。然而，他却无法把此存在物特殊的大存在模式与其他存在物或非存在物的

大存在模式区分开来；但就柏拉图、亚里士多德直到黑格尔及其门徒而言，所有的本体论研究都在忙忙碌碌地寻找一个普遍的大存在一般的概念。①

在这段话中，"普遍的大存在一般的概念"指的是一个抽空了大存在的内容，因而可用于不同界别的存在物的概念。《存在与时间》的开篇提到了这个大存在概念，海氏在此引用了亚里士多德的一句话："'大存在'是'最普遍'的概念：to on esti katholou malista pantōn。"②海德格尔指出，大存在的普遍性并非类的普遍性，而是类比统一性。③ 大存在与诸范畴界定的各界存在物的关系，好比健康与医生、药物、病人等的关系。海德格尔在《存在与时间》中说到，亚里士多德尽管是柏拉图的门徒，却把大存在的问题置于"一个全新的基础之上，但他也没有照亮这一黑暗的范畴关系"。④

应该指出，大存在概念相对于诸范畴的普遍性，与型相对于其各种实例的"共同性"不是一回事儿。海德格尔掩盖了这一点，因为他谈的是床，而不是比如牛之类的。牛的"相"与所有自然的牛所共有的不是存在，而是存在之道，即每一个实例中呈现的具体规律，它让所有的实例显示出相同的相。另一方面，那个普遍的"大存在"与所有范畴共有的不是一个相，而是存在这一属性。此属性是普遍的，因为它根本不是一个明确可辨的相；换句话说，它是一切属性中最空的一个，为众物共有。毋庸置疑，只有各种床拥有本真的床的相。如果真有床型，我们也许可以说该型的相与所有造出的床和画出的床的相之间具有类比统一性。然而，即便如此，也

---

① *Grundprobleme*，第 30 页及以下。
② SZ, p. 3. 亚里士多德的引用来自 *Metaphysics* B 4, 1001a21。
③ 海德格尔在此按照托马斯主义解释了亚里士多德的 pros hen legomenon，其不可靠的地方在此不便提及。
④ SZ, p. 3.

不得不使用这一术语,因为该"相"与其诸实例的自然或本真的存在是同义词,木匠的床的相自然既不同于其所谓的型的相,也不同于其在画中的相。

究竟在何种意义上可以说柏拉图那里有一个"普遍的大存在概念"呢?其实与海德格尔的早期主张相反,根本不存在这种概念。海德格尔可以堂而皇之地认为,柏拉图那里根本没有大存在说,或者任何的本体论,只有各种呈现,对型、形式、最大的种(genera)、以及自然和力(power)等的呈现,有些来自对经验的分析,有些则表达在关于灵魂归属的神话中。无疑,柏拉图既无法界定处于自身特殊结构中的大存在,也无法界定不同存在物的特殊的大存在模式;但原因却可能是根本没有那种特殊结构,无论是大存在一般的结构,还是其不同模式中的结构。

无论如何,柏拉图的型绝对不是亚里士多德的范畴。无论我们认为从柏拉图到亚里士多德是进步了,还是退步了,到了亚里士多德那里,柏拉图的型就变成了作为 ousia 的 eidos,即自然物体展示的具体形状。牛型与具体的牛的关系,与"牛"之类-型与具体的牛的关系混为一谈。不过,类-型不是"最普遍的"大存在概念,而是范畴表中的一个范畴,甚至不是那拥有诸范畴之实例的存在。是个别的牛而非牛之类-型拥有诸属性,即相应范畴中的选项,类-型是其中之一。

亚里士多德使用了"作为存在的存在"的说法,强调万物的结构都是类-型加上至少每种其他范畴中的一个选项。"作为存在的存在"既非一个具体存在,也非一种"共有的"存在,因为该型为所有呈现同一种相的实例所共有。无论我们是否承认它是一种类比,都可以说作为存在的存在是一种关系或概念。可以说,这种关系或概念出场在每种存在中,但此存在不是可识别因而确定的相,即这种特殊存在的相,而是所有存在物展现的结构。此结构并非确定的或特殊的,而是普遍的。然而,该型却非普遍的;它只为一套具体存在物所共有。柏拉图只有在《智者篇》、《斐莱布篇》和《巴门尼德篇》等对话集中,才最接近讨论这种为诸型所共有的结构。他洋洋洒洒地解释了存在、同一性、它异性、一、多、有限、无限等属性。无论是各自内部,还是整体而言,这些讨论都未形成统一的结论;这些完全不同于柏拉图有关作为相的型的讨论。这种差别恰恰证明了上文得出的结论:柏拉图那里没有"普通的大存在概念"。

然而,海德格尔提到诸型时,总是从 koinon 滑向普遍性,随时准备证明柏拉图和亚里士多德的大存在概念根本是一回事。① 即经由 phusis,作为相的 eidos 和型被混同为 on hēi on,亚里士多德的"作为存在的存在"。②《形而上学导论》充分体现了这一点。海德格尔一边总结关于 phusis 和逻各斯的讨论,一边谈到了古希腊哲学的转向:"Phusis 变成了型(paradeigma);真理变成了正确性。逻各斯变成了一个命题,变成了作为正确性的真理的场所,诸范畴的起源,有关大存在的诸可能性的基本命题。'型'和'范畴'两个标题将统领其后的西方思想、行为和评估,也即实存总体。"③我们必须把这段话放到海德格尔的总结论中加以理解。他认为自柏拉图以降的西方哲学都是形而上学,而且他的典型定义是,形而上学"把存在者表达为存在者(das Seiende als das Seiende),它包含一个关于 on(存在者[das Seiende])的 logos(命题)……形而上学在 on hēi on 的王国中忙忙碌碌"。④ 总之,形而上学即"有关诸范畴的知识,诸范畴确定了诸存在者的大存在"。⑤ 然而,如果形而上学即柏拉图主义,无论柏拉图和亚里士多德之间有多大的差别,柏

---

① 可参见 *Beiträge*, p. 209,在此作为 Seiendheit 的型被视为大存在"das Generellste"的确定。
② 同上,第 191 页。
③ *Einführung*, p. 144.
④ *Einleitung* of 1949 to "Was ist Metaphysik", in *Wegmarken*, p. 207.
⑤ "Von Wesen und Begriff der *Phusis*", p. 373.

拉图主义都是亚里士多德主义。换言之，柏拉图与亚里士多德的差别只在于一个是形而上学的创立者，一个是其最伟大的弟子。亚里士多德与柏拉图主义一脉相承；他根本没有另起炉灶。①

海德格尔显然认为从型到范畴表的发展，经过了话语性理智对相的确定性的把握的中介。尽管我们可以模糊地描述 phusis 即浮现过程，但是显然如果不将该过程物化或变成一种具体的存在，就无法为其赋予任何确定的属性。我还想指出，讨论显现、出现、显露等，并不是在讨论某种具体事物，而是一切事物；海德格尔喜欢的有关 phusis 以及大存在的解释，至少和亚里士多德的范畴表及其相关的作为存在的存在概念一样的"一般"、"普遍"和"空洞"。

将这种批判或评价放一边，我们就可以描述床、牛或任何其他具体存在物的相的属性了。不过，首先还是需要进行划分：描述一张床或一头牛的诸属性或者某种属性，与描述床型或牛型的诸属性不是一回事。一张床或者一头牛的相作为相是十分具体的（尽管我们无法准确或穷尽地描述它）；如果真有一种有关大存在的柏拉图主义的本体论或形而上学，即亚里士多德的作为存在的存在的原型，它包含的必然是各种有关型的陈述，但这里的诸型是某种类型的本体论实体，而非具体的相。一头牛的相的属性为该相所特有；但诸型所共有的属性却不为该牛之相所特有。不是所有的型都看着像牛。

无论原因如何，海德格尔对此未加区分。他关注的是另外两个问题：(1)大存在被物化为一种明确的相；(2)型作为相为展现同一相的物所共有。从第一点中，他认识到作为相的型是亚里士多德的诸范畴的前身；从第二点中，他看到形而上学的大存在概

---

① *Heraklit*, p. 255："恰恰相反，柏拉图和亚里士多德都看出，前者是预感到，后者更清晰地认识到，在普遍的观点中，在每一个逻各斯中起支配作用的是范畴。"

念是一般的或普遍的,因此也是"空洞的"或"一般的"。不过,海氏的这两个认识却相互矛盾。亚里士多德列举的诸范畴非常随意,但是这些范畴本身却十分精确,一点都不含糊或一般。大存在概念的一般性不在于范畴表的一般性;而在于系动词的一般性,海德格尔也不时提到,系动词甚至会被用于大存在(比如,"大存在是一个概念")。海德格尔由此断言,我们必定是在使用其的各种专名之前,就已经认识了"大存在"。① 然而,他最接近于澄清这种认识的时候,却求助了上文提到的浮现、出场、遮蔽和祛弊等的一般性。

我将在下一章提出自己的观点,也会有保留地赞同海德格尔的看法。我同意我们必定是在分析其的诸用法之前,就已经认识了"大存在",但我不同意海氏的这一说法:既然人类的理智可以把握或处理物或存在物,那么日常经验或语言已经给出了或者能够解释这种预先的理解或认识。我在上文中已经指出,海氏思想中阐释得最清楚的时候,都是从分析我们日常谈论与存在物相遇的方式开始的。一旦他想脱离这些相遇,去探讨是什么终结了所遇的东西被呈现给我们的过程时,就会陷入混乱。然而,离开所遇,便无相遇。海德格尔明智地说道:"什么都没发生。"

亚里士多德主义

海德格尔区分了大存在和存在,可谓是对亚里士多德的洞见作了后黑格尔的修正。我们在亚里士多德那里找不到与海德格尔所言的大存在直接或间接对等的术语,却可以在后者中发现亚氏所关联的存在和思维的关系的遗迹。对于亚里士多德而言,eidos即类-型,或者最完全的和首要意义上的"存在",在我们通过主动

---

① *Einführung*, pp. 60ff.

或被动的理智活动,感知到这类或那类殊相时,①它被给予了人类知性。这大致符合海德格尔的大存在对人类思维的"馈赠"说。根据海氏的说法,大存在不是人类生产的,但通过技术或生产性思维把握大存在在确定存在者中起着关键作用。② 海氏因此把对大存在的接收性思考与对存在者的生产性思考区分开来,同时保留了黑格尔的看法,认为两者都是时间过程。③

让我从这一总评价开始,总结我对海德格尔解释的柏拉图的型说的看法。海氏及其门徒认为形而上学即柏拉图主义,但称他们理解的柏拉图主义为亚里士多德主义更好(当然,不是最好)。与柏拉图不同,亚里士多德尽管作了矛盾的甚至是辩证的呈现,却把我们引入了一种第一哲学,传统上称之为"形而上学",尽管对其基础颇多争议,亚里士多德明确地称形而上学为研究作为存在的存在的科学(epistēmē)。尽管曾经倡议过一种辩证的科学,也即有关型的科学,柏拉图却从未举例说明这门科学是如何发挥功能的。在接下来的几章中,我将指出这样理解更为准确:柏拉图主义想思考整体,而不是界定整体的本体论构成。海德格尔当然很清楚应当这样描述形而上学;④遗憾的是,他认为这指的是思考存在

---

① 关于此,可见 Heidegger, "Von Wesen und Begriff der Phusis", p. 345,他在此提到了把握亚里士多德的 eidos 的方式,认为在此本体论语境中,morphē 和 eidos 是同一的。我将在下文指出,在柏拉图的型说中,这两项是不同一的。

② 参见 Thomä, op. cit., pp. 516—518; Gerold Prauss, *Erkennen und Handeln in Heidegger's "Sein und Zeit"*, Freiburg: Alber, 1977, pp. 94f., 101。这些作者指出,《存在与时间》的中后部分,从大存在意义的"主观论"投射转向了"亚里士多德的"对大存在的给出的接受。不过,大存在隐藏在产出物之后;馈赠给出又缩回。

③ Thomä(op. cit.)讨论了海德格尔如何在《存在与时间》之后放弃了 Zeitlichkeit(p. 452)在本体论中的核心性,开始强调 Augenblick 相对于 Erschlissenheit(p. 306)的重要性,这一讨论非常有用。不过,Sein(或其替代品)划时代的馈赠无疑是海德格尔对黑格尔心照不宣的保留,黑格尔认为人类历史和绝对诸范畴阶段的自我呈现是同形的。

④ 比如,可参见这两篇文章:"Was ist Metaphysic?";"Vom Wessen des Grundes", in *Wengmarken*, esp. pp. 7, 52。

整体,或者作为存在的存在(却非大存在)。

我们可以而且必须认识到,epistēmē 或"知识"在亚里士多德那里有两种不同的涵义。我即将指出,我们对诸基本原则和原因的认识,完全不同于对不同物类的科学的或演证的认识。这并不是说亚里士多德在形而上学中提倡的是演证知识;而是说亚里士多德主义或者形而上学的历史发展,也即柏拉图主义,遮蔽了上述两种认识之间的差异。赞同和反对形而上学的,都会认为形而上学是借助述谓话语,对各种纯形式作出演证的认识。

这种情况当然得益于亚里士多德的推波助澜。他是通过一种范畴结构定义作为存在的存在的,这种范畴结构的基础是有关 ousia 的认识,即 ousia 自己独立拥有属性。因此似乎有关作为存在的存在的认识就是述谓话语,或者有关 ousia(被译为"实质"和"本质")的属性的陈述。既然 ousia 作为本质,即类-型,那么亚里士多德的形而上学实际上就是对各种纯粹、永恒的形式的思考,我们只是发现或接收这些形式,而不是通过大存在的产生-过程或人类知性生产这些形式。

我们将看到,在亚里士多德看来,根本没有对本质的演证认识;因此,严格地说,解释我们如何把握本意是 eidos 的存在,获得对其的认识时,根本无需那些范畴。不过,诸范畴直接关涉作为存在的存在的结构问题。为了把情形严格限定在形而上学范围内,我们必须区分有关 eidos 或本质的认识,和有关作为存在的存在的认识。前者来自理智直观(noetic intuition),后者不是关于 eidos 的,而是关于由形式和物质构成的 on 的认识。

第一范畴回答了我们对每一种存在提出的这是什么的问题:这是一种 ousia,即本质或类-型。其他范畴(亚里士多德的列表有变化)对该存在的其余属性作了归类。这些属性不是 eidos 的属性,而是 on 或存在的属性。鉴于这些属性都是偶然的,因为会有变化,亚里士多德想把诸范畴变成一张属性表,我们需要它们,因为每一种 on，作为形式与物质的结合，必然拥有这种或那种来自图表中的每一种范畴的属性。

我们将看到有一个例外十分关键，作为存在的存在指的是诸存在物背后的结构，即成为一种类-型的实例，带着各种可以按照诸范畴归类的属性。这个例外就是无形的形式，即神或者纯思之思。这带来了一个折磨人的问题：形而上学作为"第一哲学"会不会变成"神学"，变成对神或最高存在的认识？

我们无需就此问题表态，因为它并不十分关切我们目前的关注点：今天被（误）认为柏拉图主义的形而上学的发展。至于《形而上学》卷八有关现实性与可能性的论述，它既是有关存在问题的独立研究，也服从有关 eidos 的认识。既然本书主要关注的是 eidos，我就暂且不提现实性与可能性的问题，我在别处已经讨论过了。①

我们先小结过渡一下：亚里士多德的皇皇巨著中没有关于存在的科学，但有有关作为存在的存在的科学，它决定了形而上学的历史命运。柏拉图的对话集则相反，没有单一的关于作为存在的存在的科学，却有着大量有关型或纯形式的讨论，根本不能被还原为任何常见的明确定义的学说。而且，柏拉图还根据对型的爱欲详细解释过人类的灵魂，而《形而上学》只有在卷十一中才能见到一些苍白的痕迹与此有关。爱欲本身不是一种型，它近似于黑格尔的消极刺激（negative excitation）。柏拉图那里没有与这种心理刺激相对应的思辨辩证法，也缺乏有关宇宙的本源或整体（to holon，类似于黑格尔［和海德格尔］的 das Ganze）的逻各斯或完整的话语解释。在柏拉图那里，无论是上帝、人，还是世界——形而上学的三大主题，都不是述谓或分析话语可以把握的，这类话语只涉及确定的形式结构。

---

① 参见我的论文："Much Ado Ablut Nothing", in *The Quarrel between Philosophy and Poetry*。

我曾在别处提到过,柏拉图和海德格尔哲学化的方式其实极为相似,在此不再赘述。① 就当前的任务而言,恰恰需要强调黑格尔的思辨辩证法和海德格尔的"原创"思想,在与传统形而上学的对立中,折射出对亚里士多德的依赖,二者对他也是敬仰有加。简单地说,亚氏对于这两位德国哲人的重要性在于两人都想建构一门有关整体的终极结构的科学,黑格尔是正面建构,海德格尔则对其进行了尖锐的批判。换言之,黑格尔用"第一哲学"《逻辑(科)学》取代了形而上学,海德格尔则明确表示哲学即"第一哲学",但它不是科学,而是对大存在的追问。

我的总体看法是:把形而上学等同于柏拉图主义,甚至能够容下谜一样的柏拉图对话集与其历史影响之间的差异,这种后现代的作法不仅简单粗暴,还是彻头彻尾的误入歧途。对柏拉图主义进行本体论的解读本身就是错误,因为它忽略了柏拉图传统中两个关键因素之一:爱欲说,更准确地说,是 muthos 对 logos 的依赖。至于型说,则是 19 世纪的历史产物,其基础不是柏拉图的对话集,而是亚里士多德。

总之,作为虚构的戏剧或诗歌,柏拉图对话集最明显的含义在于其中没有有关作为存在的存在的科学,当然也没有有关大存在或整体的科学。亚里士多德则相反,明显是把有关作为存在的存在的科学与诸范畴和谓词陈述放在一起在谈。无论"形而上学"一词是否来自安德罗尼柯(Andronicus of Rhodes)整理的亚里士多德的手稿,我们所知(尽管不该如此)的形而上学乃亚里士多德及亚里士多德主义传统的产物,而非柏拉图主义的产物。

然而,我们还是可以说,从形式第一性向形成-过程第一性的转变,尽管表面上更接近基督教思想而非古希腊哲学,却无疑与柏拉图的爱欲说有着莫大的关联。不过,由于贬义的形而上学指的

---

① 参见我的论文"Heidegger's Interpretation of Plato"。

是对纯形式的认识,此结论只会强化形而上学即柏拉图主义这种错误的认识。或者我们也可以说,亚里士多德主义传统中的亚里士多德,舍弃了柏拉图贬抑话语思维青睐神话思维的做法,用科学的类-型说取代了神话性或假设性①的型说,从而创造了形而上学。

为了避免混淆,我必须立即对形而上学即亚里士多德主义这一说法进行限定,强调我的目的是为了阐明海德格尔为何说形而上学即柏拉图主义。只要我们抛弃那些时下流行的错误认识,仔细研究一下形而上学史,就会发现存在多种不同的形而上学。任何人如果想通过"形而上学"一词的实际运用,来回答什么是形而上学?很快就会陷入浩如烟海的历史和文献分析中。有关形而上学的定义有千万条,无疑都是这一事实的结果:我们对该词的理解取决于我们对哲学的理解。我们不禁想下个结论,即不进入形而上学,就无法严肃地讨论形而上学。

在下文中,我并不打算篇幅均摊地泛泛而论亚里士多德是如何阐明"存在有多种意义",②也不打算详尽地分析他的这一说法多么容易引起歧义:"存在"是一种 pros hen legomenon(合乎一的东西),这个词是用来表达"ousia"的意义的,却不适合(kath'hen)定义一门科学。关键在于研究 kath'hen legomenon(合于一)的东西属于一门有关单一物类的科学;这门科学假设该物类是给出的,然后努力去寻找相关的演证知识。

如前所述,pros hen 的划分是为了表明剩余范畴中的诸选项都是根据第一范畴才被称为"存在"的。对于后世形而上学的发展而言,这是造成歧义的主要源头。事实上,根据亚里士多德自己的理论,诸剩余范畴中的诸选项都是那个综合存在(on)或者实质的

---

① 参见 *Phaedo* 100a3;*Philebus* 16d1.
② *Metaphysics*, Gamma 2, 1003a33.

属性。说它们是根据 ousia 或本质才被称为"存在"的,其实是混淆了两个要点:(1)诸剩余范畴划分的属性都是根据它们所属的实质,而不是该实质的本质或 eidos 才被称为"存在"的;(2)该实质主要是根据其本质才被称为"存在"的。

除此之外,我还要加上一点:作为存在的本意,eidos 也是作为存在的存在之结构的基础。不过,它却并非作为存在的存在。暂且不提上帝或最高存在的问题——如上所述,它只会把问题变得更加复杂,而不是简单——我们就会看到,亚里士多德对存在的解释中有一种二元论。他没有像海德格尔那样进行大存在和存在者之分,但他确实区分了形式和作为存在的存在,尽管两者关系密切。我猜想,海德格尔转向"大存在"是因为 eidos 是诸本质属性的集合,它们必然的统一性不可能是话语理性建立的。

这一点需要加以阐释。我们似乎只能通过两种方式认识 eidos。要么通过把握其属性来获得这种认识,这样我们可以用一系列谓词陈述来表明这些属性属于并构成了该本质;要么通过理智直观或感知统一和同一的 eidos。亚里士多德无疑排除了前一选项,因为认识一种 eidos 就是获得其定义,而定义中根本无谓项。[①] 此选项中还有一个更深的问题:要进行谓词陈述,我们就必须对该实质的本质属性和偶然属性进行划分;然而,本质不能有偶然属性。而为了列举各种本质属性,我们又必须认识本质。

换言之,我们不能先认识一者再认识另一者;我们必须同时认识它们。亚里士多德对这种差异的描述必然适合所有的本质属性:此处无谓项。本质属性无"先后";[②] 它们是完全给出的、内部关联的统一体。我们不能通过谓词对其进行任何规定,因为本质中只有由本质规定的诸本质属性。本质属性只属于自己。因此,

---

① *Posterior Analytics*, B 3, 90b33.
② *Metaphysics*, Z 8, 1034a6;12, 1038a33.

必须通过理智直观或 noēsis 认识本质。亚里士多德在《后分析篇》中已经阐明了这一点。①

"eidos"或本质是直接直观到的,无需演证来把握。然而,有关作为存在的存在的科学中也没有演证,这种科学主要是介绍范畴表,并且捍卫作为存在的存在的 pros hen 状态。正如自康德以降的德国哲人所反对的,诸范畴并非亚里士多德"演绎"出来的,而且在诸范畴中,ousia 作为独立的综合实质与该实质的诸属性之间的区别,取决于理智直观和感知觉的综合作用。如果说形而上学中有什么演证知识,那么它必然是服从并取决于前演证的知识的。

再重申一遍。为了认识作为存在的存在,我们必须确立本质与偶然之分,或者实质与本质之分。这种确立取决于理智直观,也就是说,它是前话语的或者元科学的。哲人们常说,亚里士多德的关于作为存在的存在的科学,需要独立的综合殊相在前理论的经验中的给出,这些物不仅包括人、狗、马,也包括树、石头、星星等。我们还要强调一点:理智直观不是形而上学家才有的神秘或理论力量,而是人类思维本身的力量,通过它,我们才能把握一套给出的构成一个独立殊相的属性。

在《尼各马可伦理学》②中,亚里士多德认为 epistēmē 即 hupolēpsis,"吸收"入理智,然后形成一个概念,此概念是关于"诸普遍事物和必然存在的,它们构成了演证的诸原则,也构成了每门科学的原则(知识是通过 logos 完成的);然而,没有有关该认识对象的原则的科学、technē 或者 phronēsis"。我已经指出,形而上学或者第一哲学即 sophia 或者 epistēmē,③是对"诸第一原则和根由"的理论研究。然而,要阐明这一点就必须对这两者进行区分,

---

① 19, 100b7. 另见 *Nicomachean Ethics*, VI, 1040b31ff.
② VI, 1040b31ff.
③ *Metaphysics*, 1, 981b27—29; 2, 982b7—9.

一是第一科学对诸原则和最高根由的把握,只能由 nous 或理智直观来完成,一是那些直观带来的 apodeikseis 或演证。

在此语境中,我们必须提到一个有关普遍事物的矛盾。《后分析篇》提到 kath' hauto,即 ousis 或 eidos,是普遍的,①《形而上学》中有几段话似乎又否定了这一结论,②这些文本之间相互矛盾,而《形而上学》中的那几段话又异常晦涩,根本无法形成确定的解读,但不管 ousia 是不是普遍的,都无法通过演证得到理解。因此,作为第一哲学,形而上学绝非演证知识。

另一方面,很多人拒不相信形而上学只是辩证地呈现了各种有关存在的矛盾看法。如果他们能证明什么样的演证——以对本质的理智直观为基础——构成了第一哲学的 epistēmē,那么他们的立场才能站住脚。然而,无论他们能否从亚里士多德的文本中获得这类演证,都只会证明我的主要观点:故意与否,亚里士多德都是搅浑一切的源头,把形而上学变成了对永恒形式的理性认识。

形而上学(不是第一哲学)的产生是想获得一套演证的有关本质的真理。这种努力历史地与亚里士多德的范畴结构联系在了一起。亚里士多德在《形而上学》卷三中提出了范畴结构,同时还对有关作为存在的存在的科学作了谜一样的解释。他把作为存在(独立的实体)的诸属性的诸范畴,置换成了有关诸本质属性的诸范畴,不是关于这种或那种本质(因为这是变化的)的范畴,而是有关本质本身的范畴。"pros hen"的解释强化了这种偷梁换柱,它带来的错觉就是,其余诸范畴中的诸属性都是因为第一范畴 ousia 才被称为"存在"的。换言之,现在作为存在的存在被明确地理解为存在的本意。这在康德那里十分明显,一种存在的本质属性是

---

① A,73b26ff.
② 尤其是在 Z 的第十三章。参见编者对此的讨论,M. Frede and G. Patzig. Eds., *Metaphysics Z*, Munich: C. H, Beck Verlag, 1988, *Bd.* 2, p. 241。

先验自我通过诸范畴赋予的。亚里士多德对本质和作为存在的存在的区分应声而倒。

对于亚里士多德而言,"是"最重要(但不是唯一)的就是具有一种本质。本质即同一的殊相;它们共同拥有属内的共相,却又各不相同,其中最重要的是终极差异。我们通过该本质获得的认识表达在一个定义中。该定义(horismos)对该属和该终极差异作出陈述;但是这些都来自观察,以及感官和理智的感知。老话重提,定义中没有述谓,诸本质属性也无先后,因为它们是同时给予直观的,即它们是同时实现的,而不是顺序实现的。因此,诸本质属性之间各不相属;本质中并无本质属性的拥有者。这里可能会产生一种新的解读。有人可能会认为诸本质属性的给出、可见性或出场遮蔽了其背后某个隐匿的拥有者,他可能会认为这个拥有者是该本质的基质,也即大存在,它本身不拥有任何属性,因为它不是一个殊相,而是一个共相,或者一种新的意义上的作为存在的存在:一切存在所共有的存在。

然而,eidos 是一种 atomon eidos;它是即时呈现的,且呈现为一个统一体。它不可能是自下而上通过谓词陈述的集合组装出来的,也不可能是自上而下通过分析得来的,即通过划分属,甚至假设我们已经认识了每种属中的所有差异。但除了"理性的"和"无羽毛的"等可靠的例子外,我们对几乎所有差异的特性,还是两眼一抹黑。

我认为我们已经得出了如下结论:不可能有对 eidos 的演证,也不可能有对其的科学认识,无论它普遍与否。我们无法验证理智直观的内容,因为它是一切科学验证的基础或前提条件。也没有有关存在之本意(也即 eidos)的科学,由谓词陈述构成的话语知识,或者报告某物的陈述。要把形而上学理解为有关作为存在的存在的话语分析,就需要一种有关本质的元话语陈述,因此导致的两种倾向对于科学却是致命的:

要么(1)形而上学逐渐堕落为现象学的描述,我们通过它交换有关本质之相的陈述;要么(2)它被语言约定论(conventionalism)取代,认为是各种规则或定义规定了各类事物的本质。或者说,形而上学将堕落为任意的观察,或者对讨论规则喋喋不休的讨论:变成窥视癖或者饶舌。

整个哲学史的发展正是如此。从我们目前的立场来看,这部历史就是逐步否定给出的东西,即否定日常经验才是分析单位更可靠的源头,比任何理论建构都可靠,理论建构并不打算给出那些单位或其结构表现为什么,即它们呈现的方式,而是要给出它们是什么,要符合一种抽离现象的范式或模式,去调和它们表面的矛盾。因此,亚里士多德主义对亚里士多德的否定必然会通向历史,不断记录本体论结构的生产和剔除。

毫无疑问,亚里士多德希望形而上学成为有关作为存在的存在的科学,这种科学与先验的或人类的历史进程毫无关系。另一方面,毋庸置疑,亚里士多德呈现的形而上学具有内在的缺陷,被亚里士多德主义继承,导致历史主义的现象学和语言学日益占了上风。

统一和同一

到目前为止,我的论述都是为了证明因为亚里士多德文本中固有的矛盾,亚里士多德主义,或者关于形式的作为存在的存在的形而上学,直接通向了一种关于活动的形而上学,此处的活动当然不是亚里士多德所言的"energeia",而是更接近柏拉图的爱欲概念。"eros"是精神自我分化的形成,类似于黑格尔的消极刺激。然而,爱欲从纯粹的对独立形式的消极渴望转变为"先验的"形成过程。爱欲不仅把精神区分为不同的人类,由其所爱定义,现在还被视为一个双重过程:欲望的过程,以及通过生产其追求的形式满足欲望的过程。

如果我们把经典形而上学定义为亚里士多德主义，包括它在现代的延伸，如笛卡尔主义、新康德主义实证论和现象学等伪装，同时又认为"过程"形而上学的代表是德国唯心论和黑格尔，以及后唯心论的思想家比如尼采和海德格尔等，还不提各种后现代主义，那么下面这种历史结论就是有效的。从经典到过程形而上学的转变，基本就是从亚里士多德主义向柏拉图主义的回归。可笑的是，尤其是自尼采之后，这种向柏拉图的部分回归却一直被认作是反柏拉图主义。

我的目的当然不是为了说柏拉图有关型的各种论述，无论多么粗略或诗意，直接预告了唯心论或尼采和海德格尔的形成过程说。不过，我已经指出柏拉图在讨论大存在时总是惜墨如金，而且他常常暗示（尤其是在《裴德罗篇》248a1 及以下中）哪怕是最高的哲人也必须对大存在进行视角观察，他还把形式和理智区分开来——理智受爱欲驱动，而不是在理智生产形式时时时实现的，这一切积沙成丘却影响深远地导致了有关 Trieb 和 Selbstbewusstsein 的形而上学的最终产生，也带来了一种思辨的辩证逻辑，因为此逻辑，哲人们单独思考相的成分（eidetic elements）的努力恰恰把这些因素"编织"成了形式结构。

当然，我们也可以说，从柏拉图主义的"分离"说到亚里士多德的理智生产形式说的转变，是导致形式被具有塑造或建构力量的话语能力以及（最终）想象力把握的关键性的第一步。我承认这种转变对现代哲学的最终发展产生了深远的影响，但仅凭这一点，根本无法解释上文描述的各种发展，因为它根本没有提到反思、想象和建构等心理过程的作用。严格地说，亚里士多德对思维的看法根本无助于阐明人类个体（即上文提到的"实质"）如何能够认识（某种意义上）普遍产生的形式，这些形式不是由个体的智力生产的，而是由那个无形无性的 nous 生产的。

现在，我想指出，作为柏拉图主义的形而上学从未被克服，相反，它在今日比往昔更为突出，而且即使并非完全的柏拉图主义，形而上学在某种意义上也更接近柏拉图，而不是亚里士多德。形而上学之所以可能，恰恰是因为它不真实。我这样说是想指出，否定有关作为存在的存在的科学，也即有关纯形式的话语或演绎知识，重新打开了有关这两个问题的多元认识：要认识什么？形式或表象结构是什么？

在本节余下的部分，我不会妄自揣测历史，而要用纯分析或理论的术语来阐明自己的看法。简明扼要地说，我的观点就是形而上学根源于一种沉默，这种沉默恰恰符合我们的理智直观和推论或话语把握之间的不连贯。要演示这种断裂，我们就需要谈谈统一性和同一性的问题。

我们在分析亚里士多德时发现，他有充分的理由把直观的或前话语的基础与对形而上学的话语阐述区分开来，后者即有关作为存在的存在的 epistēmē。尽管亚里士多德认为作为存在的存在的意义是由范畴表给出的，但其实作为存在的存在的本意是 ousia，即 to ti ēn einai 或者 eidos。让我们暂时把亚里士多德放到一边，来分析一下一种关于纯形式的形而上学会出现的难题。

每种形式既统一，也同一。它同一，因为我们可以把它与其他形式区分开来，这需要它拥有一种把诸次相成分内在地联系在一起的结构。同时，它也统一，因为所有次相成分在那种同一性中凝聚成了"这一同一性，再无其他"。我们可以这样含蓄地表达这一模糊的认识：每种形式的同一性各不相同；但每种形式的统一性却是相同的，因为它是统一性。统一性是同一性的基础；可以从诸特征凝聚成这一种同一性中看出这一点。每种同一性既是一，又是多；作为次相成分构成的繁多，它是多；作为单一的同一性，它是一。

如果我们问某物是什么？正确的回答是给出它的同一性。然而,让此同一性呈现为此同一性,而非诸形式特征易变的多元性的是其统一性。这就是康德想通过先验自我的综合活动加诸于诸心理联想上的统一性。不过,他对先验自我及其功能的描述却是对同一性的规定。

先验自我被建构为先验统觉的统一,它具有确定的同一性,是理性和知性能力的规定给出的,因此成为范导性的型、范畴表等。有关人类话语思维产生的条件的解释发生了变化,这种同一性也会发生变化。然而,建构那种同一性的诸属性或机能也会在某种类似于先验统觉之类的统一体中得到统一。

我们无法通过一系列综合获得某种终极统一性,只能获得某种同一性,而且这种同一性还可能是其他的样子。无论那些条件是如何确定的,先验自我投射的统一性都不是诸机能的叠加,或者说,不是一种繁多,而是各种同一性得到统一的条件。先验自我的同一性已经印着统一性,这种统一性不是自发的自我统一。每种分析都预设了一种综合,却只有各种统一性才能综合。综合即对多个单位的同一性的综合。综合的条件即先验统一性。

我们当然可以多方阐述统一性本身的属性,但无非都是拐弯抹角地回避问题,假定我们能够直观到统一性,因为我们所列的属性都是消极的或关系性的。统一性当然不是多,因为它只有作为一个繁多中诸单位(都服从相同的特征)的联结才被看见。不过,每种统一性不是多的方式却是相同的,而其可见性作为各单元的联结,却是一种不可分析只能陈述的联结。与同一性法则即 x＝x (也可以用谓词演算的语言更完整地写出来)相比,根本没有统一性的法则。

形式的统一和同一之分非常关键,它让我们认识到想通过区分大存在和存在物,来获得一种不同于形而上学的替代品是多么荒谬。我们可以通过以下两种方式区分大存在和存在物,要么求助于所有存在物(即 on, rēs, Seiendes)共有的属性,要么求助于存在物的产生-过程。然而，在后一种情况下，我们通向了任何为物赋予物性(thing-properties)的语言都无法言说的东西，因为这类语言只能物化大存在，通过比喻或者直接描述，把它变成一种物。海德格尔的晚期哲学中出现的就是这种状况，他以"框架"(frame)、"圆舞"等物-词为比喻，婉转地召唤出大存在的意义。

在前一种选择——即列出所有作为存在的存在的共性的做法——中，我们可以像亚里士多德那样，绘制一张范畴表，把所有存在物的共性划分为各种明确的类型。不过，亚里士多德的属性并不属于作为存在的存在或他所定义的 ousia，即类-型，而是和类-型一样，属于实质，即独立的综合存在物，各有自己的统一性和同一性。存在的多重意义最终让我们根本无法回答那个存在是什么的问题。在亚里士多德的分析中，尽管 eidos 具有第一性，存在的意义却是多样的，其背后根本没有一种统一的意义。每种意义都是一种不同的同一性，这些同一性的根据就是它们各自的统一性，后者永远是同一的，而且无法被话语分析把握。

不能说作为存在的存在即范畴表本身，这会把存在还原为话语或者言说方式(façon de parler)。① 如果我们反过来说作为存在的存在是诸范畴表示的结构的例子，它就变成了一种关系，拥有给出的结构的关系。然而，由于亚氏的范畴表制定的并不严谨，所给出的关系也不是确定的。

更准确地说，每种范畴表都是一种繁多，因此也是一种特殊的同一性，而非一种统一性。那些要求范畴的先验演绎(比如费希特对康德所做的)已经认识到，对所提范畴表的完整性的演证，服从于对该表必然的统一性的演证。不过，没有关于统一性的演证，相

---

① 注意海德格尔有类似的看法，*Einführung*, p. 67："Wesen des Seins"不是一种"Wortbedeutung"。所以，"Sinn des Seins"指的是大存在的敞开(第64页)，而非一种话语概念。不幸的是，这直接涉及这一点：有关大存在，我们无法说出任何确定的东西。

反，一切演证都是从统一性中获得自身的统一，比如统觉的先验统一。

形式的问题也是如此。必须证明某种相的所有特征都在其位上，但要证明这一点就需要提前完整把握此相，完整在此意味着什么？所有特征各就其位，该相构成一个整体。不过，这是给出的，是我们看见的。我们看到了它，却无法描述它。我们描述的只是该相作为整体被给出的同一性。这就是亚里士多德所言的思维的停滞，而非变化，类-型是即时确立的，而非过程性或顺序性先后的综合。这就是为何没有关于本质特征的演证或谓词陈述，只有理智直观。

用逻辑学的术语说，本质与性质之间是"所属"关系，但所属关系并非现象学的属性。我们可以捕捉到一种性质与另一种有关，但要分析该表象，就只能把逻辑定义（即语言规定）加诸于物呈现给我们的东西之上。说"P 属于 S"就是陈述一种被我们规定为某类范导性联想的逻辑形式，但却不是这类规定把整体属性加诸于我们的知觉联想上。而且在任何具体事例中，诸联想构成的整体必定在场，构成让我们看见该同一性的条件。在康德和亚里士多德那里都是如此。统一性并非来自谓词，谓词呈现或者涉及要被同一化的整体。

对任何同一性的知觉都取决于该同一性与认识或把握的统一，但知觉也是两种意义上的统一性同时出现的条件。作为存在的存在的同一性是给出在知觉中的，但不是被知觉给出的，它因而被呈现在日常的、前理论的经验中，所以我们常常把统一性混同为同一性，即混同于给出物可同一的多样性。两个原因一起导致我们混淆了同一性和统一性的界限，从而让这种关系从一种形而上学的关系变成了一种规定的或约定俗成的语言使用规则。

是即具有一种本质，进而拥有本质的和偶然的属性，但我们无法用言说证明前者的本质性，所以也无法把前者与后者区分开来。

我们可以从一种实质属性（包括作为终极基质的属性的本质）表，转向一种柏拉图式的图表，比如《智者篇》中爱利亚客提到理智元素表，来回避此难题。这样做的理由是我们要求的是每种存在的诸形式属性，而不是无限地关联或列举诸存在物即 rēs 或 Seiende 的属性。

柏拉图式的理智元素表存在的问题是那些因素，如存在、一、同、异等，不能在自身内部得到理解或分析，因为它们都不具备内在结构。即便我们要假定它们独立存在，也只能通过暗示每种其他元素都是与"存在"这一元素结合在一起的。至于"存在"，如果不调用其他因素，我们如何来谈论它？要建构一种关于理智元素的形而上学，无疑会通向黑格尔式的辩证逻辑。这就是说，思考诸因素的过程卷进了对诸元素的关系特征的陈述，语言本身既同化了诸形式，又划分了这套形式及其被认识的过程。

提到范畴表，我们想说的是作为存在的存在是一种结构，而非一种元素或实体，比如 on, rēs 或物。其中存在两种相反的危险。首先，即便不是不可能，也很难把该结构与一种具体的对存在物的概念分析区分开来，这样一来，存在，也即存在物的存在，就变成了话语思维。其次，该结构在自己的每个案例中都既是统一性，也是同一性，而两者的意义完全不同：(1)在此的存在物，如人；(2)一切存在物所共有的这种特殊结构，而非其他结构，比如康德的诸范畴。即便我们认为在两种情况下都可以识别该同一性，却无法言说这两种同一性的统一，因此给不出理由说明这些同一性为何不能变化，即丧失同一性，从而历史化。

同样，亚里士多德未曾回答这最后一问，他从"那个"(to hoti)开始，但没有解释为何会有存在物，或者人怎样才是人，只是说"通过他的 ousia 或 eidos"。不过，这承认了形而上学的事实性和偶然性：我们正在通往先验时间性与历史性之说和语言约定论的路途上。事实上，亚里士多德解决这些问题的方案，恰恰被他当下的

"分析论"解读者们抛弃了,他们都是新康德主义者或维特根斯坦主义者,认为规定性法则和述谓说就可以定义一切问题和答案。

然而,在我看来,我们所需要的既非法则,也非述谓,更不是范畴表,而是直接断言理智直观。我们无法解释一种给出的同一性的统一性,这意味着我们终究感知到了它。不过,感知统一性也即感知大存在,即作为存在的存在,诸存在物的存在。大存在是作为存在的存在的基础,我们可以在其馈赠的统一性中把握它。统一性因此是同一性的终极基质。大存在并非一种结构,因为结构总是特殊的,具有某种同一性,因而可以与其他结构区分开来。

如果这些分析才是正道,结果也就很明显了:形而上学产生自理智直观的沉默,不是把此形式直观为此形式,而是把某形式直观为统一的,一种统一的同一性。有了这种直观,就有了话语或对同一性的分析,也有了形而上学。理智直观指定了存在和思维的单位,但它无法解释统一性的"基本结构",因为根本没有这类结构。因此,同一性可以变化无穷,却不违背统一性的无处不在。

在我们的解释中,同一性的变化不再是我们用以划分实在的概念图谱或语言陈规的变化。相反,概念图谱的变化是我们对诸同一性的直观发生了转移。诸同一性在语言之外的特性是它们的统一性给出的,因为统一性从来不是语言法则给出的。如果它看上去是分散的,我们就无法认为一簇形式因素是统一的。我们也不可能误认诸同一性的统一;错误都是关于诸同一性的。让我们建立起会被我们误认的同一性的恰恰是给出它的统一性。因此,我想说,亚里士多德用日常经验和理智直观指导形而上学,这是正确的;但亚里士多德主义想寻找一种话语性的形上科学,却是错误的。

我从未幻想仅凭前面几段话就能说服读者相信统一性即大存在的标志。我只是希望它们能够证明为何形而上学虽然不是现实的,却是可能的。我们可能更容易接受对此观点的反驳:形而上学是一种关于作为存在的存在的科学,因为它想获得范畴表。我也无法反驳此结论:只有把形式同一性和大存在区分开来,形而上学才得以可能。不过,与此同时,我也深信我们无法或几乎无法言说大存在,所以我说,形而上学源于沉默。统一性把自己显示为被某种特殊的同一性遮蔽。是那个大存在的老祖宗,它把自己显示为被某具体存在遮蔽。

我们来作个总结。根据亚里士多德所言,作为存在的存在既非某种范畴表,也非某种结构的实例。根据海德格尔所言,它为一切存在物所共有,但这近乎他自己所理解的某种大存在,必须把这种大存在与所有的 rēs 或 Seiendes 区分开来。尽管我对海德格尔提出的有关大存在的"新的"或者"诗意的"思考深感遗憾,却认为这是一种发育不良的柏拉图主义,他想从神话、诗剧、甚至对哲学源自日常生活的朴素解释中抽取大存在的意义。我反对海德格尔不是因为他喜欢诗歌,而是因为他不是一个好诗人。

从这个角度看去,形而上学并非来自沉默;但也不是来自一种造作的新语言的阐述。形而上学来自日常生活中的日常语言,只是被诗歌想象深化和明晰化了,但这又深深地扎根在被给出的东西的沉默中。看清所言对象,才能言之有意。想证明看来自说(或写),必然会陷入喋喋不休的混乱,否定它的不是新的哲学假设,而是生活本身。

我已经概括了海德格尔解读柏拉图的型学说的要点。对于海德格尔而言,型说是柏拉图主义的核心,也是西方哲学(即形而上学)的核心。我已经作了一些澄清,但是有关海德格尔的整体批判,还需要进一步详细剖析柏拉图本人是如何阐述型说的。对于海德格尔而言,型说完成了四大任务:(1)它让我们遗忘了诸存在对大存在的遮蔽;(2)它引入了一种功利主义或工具主义的本体论,从而导致了唯心论和尼采的价值哲学的产生;(3)它用一种生产性大存在概念取代了希腊原有的大存在概念,前者以工匠制造为模型,后者则认为大存在即 phusis,一个浮现过程;(4)它是亚里士多德的范畴说和作为存在的存在说的原型,两者从根本上讲是一致的。概述一下我对这四点的回应,以作引言:(1)大存在确实被存在物遮蔽,所以我们必须始终接受存在物的指导,而不是寻找大存在的指导;(2)我们可以认识存在物,这是个好事情(不是在讲俏皮话);(3)柏拉图那里没有生产性的大存在说,但是有一种有关实践-生产的生命的学说,这一点将在下文得到解释;(4)柏拉图的型说是亚里士多德的类-型说的原型,却不是他的范畴说或作为存在的存在说的原型。

此外,我在本章已经指出,海德格尔及其弟子所称的柏拉图主义其实是亚里士多德主义,也解释了为何我认为关于作为存在的存在的科学不仅是不可能的,而且离真正理解柏拉图主义也是失之千里。在接下来的两章中,我将对柏拉图主义进行正确的解读,纠正海德格尔造成的偏差,只有这样我们才能够开始讨论海德格尔是如何解读尼采的,以及尼采是如何诠释柏拉图的。

最后一点:型说并非柏拉图哲学的全部,只是一种更广泛的学说中的一个元素——非常重要的元素,却不是唯一的元素,苏格拉底在《裴多篇》中称之为"logos"。在下文中,我们将看到,"logos"的本意不是"语言",而是有如海德格尔的解释,是"聚集"。在展开讨论之前,我们先记住 logos 是聚集,即存在与思维的结合;诸型是结合的中项。为了更好地认识这一点,我会首先重新考察柏拉图的某些思想,他通过这些思想告诉我们苏格拉底到达了诸型的"第二航程"。同时,我会用到海德格尔有关希腊关键词的本意的解释,但是我得出的结论却与他的完全不同。

第二章 苏格拉底的假说

前 言

我们已经为直接进入柏拉图的型说铺好了道路,现在可以翻开《裴多篇》了。我首选了《裴多篇》,而不是《国家篇》《智者篇》或《斐莱布篇》中更专业的篇章,是因为在《裴多篇》中,苏格拉底解释了型"假说"(100a2)和哲学是一种生活方式这一基本看法之间的关系。我们将看到,让柏拉图转向型的不是本体论,而是让theōria 符合采取最好的行动这一意图的需要。为了确保有关存在物的科学研究是理性的,我们需要一种既能用于生活总体、也能区分不同生活方式的理性,但是物理学和本体论中都没有这种理性。采取最好的行动这一意图是日常或前理论的生活的基本特征。从分析认识结构的本体论入手,永远无法通达真正活的人类经验。然而,苏格拉底指出,从有关人类意向性——并非现象学的意向性,而是指向更好的,而非更坏的,以及幸福或福祉的意向性——的日常表达入手,我们就会通向有关型的假说,留存下人类生活的整体。

苏格拉底用自己作为哲人的生命历程模仿了这一整体。讲故事的时候,他正处于日常生活的边缘,在一间牢房里度过生命的最后时刻。牢房是一个政治场所,又与城邦隔离开来;囚徒们被剥夺了政治生活,却必须按照 nomos 被处死。造就了苏格拉底及其哲学认识的城邦即将把他处死。柏拉图以这种方式把两个主题联系起来,一是在宇宙中的出场和缺席,一是人类实存。苏格拉底既在又不在城邦中;在接近死亡的时刻,他可以把自己的生命看成一个整体,出场和缺席的融合。故事的背景透露了哲人生命面临的危险,至善的人类生活与带来这种生活的唯一条件即政治团体之间吊诡地矛盾着。故事本身却从未提及这一点。

作为囚徒,苏格拉底正在从内部超越 doksa。我们看到,当毒药发作时,生命如何一点一点地脱离苏格拉底的躯体。我们见证了一种死亡,苏格拉底作为哲人的整个生命都在为之做准备。他讲述的故事反映了这种准备是如何在他的生命历程中发生的。这种准备的专业性不在于拥有一种由原相(eidetic looks)组成的形式结构,而在于海德格尔所言的希腊原意上的整体中的"在家"。我们将看到,苏格拉底明确提到,他在此谈的型与在别处谈的没什么不同。他说的是自在(auto kath' hauto)之美等等的"假设"(positioning, 100b5)。尽管对话集"总是提到"(poluthrulēta)这些型,却没有对其性质进行统一的解释。贯穿各种有关型的讨论的不是本体论的分析,而是对型在理性的生活方式(economy of a rational existence)中的作用的认识。

大量关于诸型之性质的阐述多为诗性和神话性的,而非分析性或本体论的,足以证明苏格拉底(其实是柏拉图)从未完全把诸型视为独立的实体。这并未违背他的信念,即诸型是"最健全的"(100a4)或"最保险的"(100d8)假设。因为它们能够解释可识别的统一体或具有殊相的物在生成的洪流中的出场,但这并不是说诸型让我们认识物,所以诸型本身也得到了完全的认识。要识别某物,我必须观察其"相"。要让识别健全而可靠,相必须能够持续,不会在生成变化中消融或改变,但识别某物具有这样那样的相,与理解相是什么不是一回事。最重要的且惹人争议的问题就是:在何种意义上才能说诸型是 auto kath' auto(自在的)？对话集并未充分论证这一点。这个希腊表达无疑是用来确保诸型的同一性和统一性的。然而,《裴多篇》中苏格拉底的故事并没有像《裴德罗篇》中的灵魂神话一样,提到诸型的独立存在。

关于《裴多篇》中苏格拉底的故事背后隐藏的动机的初步介绍到此为止,下面我要进行详细分析了。苏格拉底一直想说服他的对话者们相信灵魂不朽。他必须证明这一点,才能让那些在雅典的囚牢中陪他渡过生命中最后时光的人们摆脱对死亡的恐惧。要完成这一任务,苏格拉底需要解释"出生与消灭的原因"(95e8 及以下)。"aitia"的本意是"责任"或"过失",以及"对过失的谴责",在此译为"原因"。请让我先说点题外话,谈谈这个词与"katēgorein"(即"范畴")之间有趣的词源关系。动词"katēgorein"的意思是谴责某人,由介词"kata"和动词"agoreuein"构成:"kata"的意思是"反对","agoreuein"是"说",尤其是在 agora(城市广场或集市)上说,那是贵族们集会处理法律事务的地方,"agoreuein"的引申意即"在公民大会上演讲"。katēgoria 就是对发生在公共场所中的责任或过失进行谴责,让所有的人都看到。海德格尔偶尔会引用这个词源;①它让我们看到了这两者之间的内在联系,一是"出场",一是诸范畴在定义存在中的作用,亚里士多德称存在为作为存在的存在,海德格尔则称之为"存在者的大存在(Sein des Seienden)"。

海德格尔把 katēgora 和柏拉图的型联系起来,然后又与亚里士多德的 hupokeimenon 联系起来,hupokeimenon 是范畴表中所列谓词的基础。不过,柏拉图没有提到范畴,是亚里士多德引入了专门意义上的"范畴"一词。这样一来,提出指控就是报告某事,ti

---

① 比如,N II, pp. 72ff。

kata tinos，因此提出一种谓词陈述，把某物识别"为"另一物，或者通过另一物来识别某物，这另一物就是一种规定属性。诸范畴就是一系列规定属性，我们赋予他物的东西；"他物"拥有那些属性，并由那些属性识别。

这导致了我在第一章提及的一个问题：严格地说，通过属性识别其拥有者，并非对拥有者的识别。如果你问我："那个人是谁？"我回答说："他是个拿蓝色吉他的人"，那我就并未辨别出他，而只是指出他是个拿蓝色吉他的人。你会接着说："不不不，我感兴趣的不是他拿着什么，我想知道他是谁。"回到亚里士多德的问题，你不会问我："那个人是谁？"而是"那是什么？"或者"人是什么？"这里的"什么"指的并非被问者的个人身份，而是把他标识为人的必然和必要的因素。这是他所拥有的什么，还是他本人，那个拥有者？成为人是被他物标识，还是本身引人注目？

拥有者和属性之分与范畴表之间的关系如下：拥有者必须拥有列表中的每一范畴中的一项，但是有关其所拥有的系列选项的认识却并非有关拥有者的知识。第一范畴即 ousia 或"本质"，足以证明这一点，但本质是有关拥有者最基本的陈述，不可能由来自其他范畴的选项构成。我们因此可以忽略其他范畴，聚焦在本质陈述上。人的本质乃"理性的动物"（我们因此可以忽视其他有关人之本质的定义造成的混乱，比如人是"政治动物"，"无羽毛的两足动物"）。"理性的动物"，要理解其含义，我们迟早要依赖直观，即对何为理性的动物的前范畴、前本质学（preousiological）或前话语的把握。因此，谴责范畴表的功能是走错了方向。反思范畴表让我们意识到不能靠拥有物辨认拥有者。只有识别了拥有者才能识别其所拥有的东西。

"什么是理性的动物"，问到这个问题时，我也不可避免地遮蔽了问题的核心。"什么"暗示我即将用另一定义来回答"什么是理性的动物"，即必须采用"理性的动物即 xy"的形式，xy 代表两种本质属性的结合,这两种属性比"理性"和"动物"更为本质,能够解释这两者的奇怪结合,从而直接回答"什么是人"的问题。然而,情况并非如此。我们可以对"理性"和"动物"作进一步的分析,但这种分析不仅不会让我们更接近什么是人的答案,反而会渐行渐远。亚里士多德想通过"理性"和"动物"的结合回答那个"什么";进一步的分析回答的不会是"什么是人",而(也许)是"什么是理性",比如遵从逻辑原则;或者什么是动物,比如拥有灵魂。然而,人也许不是唯一理性的存在者;除了神以外,有人认为计算机也是理性的存在者。显然,人也不是唯一的动物。

让我们假设人是唯一的理性动物。但我们想知道的是:何为理性的动物?当然,阐明了为何理性、何为动物之后,我们才能知道这一点。不过,这仍然没有回答何为理性的动物,这两者活的统一的问题?我们只是简单地把理性和动物粘贴在一起,就可以把这整个变成"人"?理性的部分外于动物的部分?既然其他动物都不是理性的,为何人可以获得理性?如果人获得了理性,又是什么让他获得的?动物?显然不是,因为其他动物都不是理性的。当且只有当"动物"和"理性"共存时,才有人存在,但我们无法理解这个"共"字。显然,一切都指向了灵魂的问题。不识灵魂,无以言其不朽,但是我们并不清楚灵魂的属性组合。如果灵魂拥有多种属性,我们无法通过认识其属性来认识灵魂。

总之,谓词陈述、范畴表以及 hupokeimenon("其下之物",支持者或拥有者)和 sumbebēkota(属性,或者符合、加入或达成一致的东西)之分都无法回答"什么是人"的问题,但它们并非毫无用处,反而十分有助于分析我们有关前话语能力已经把握的东西的话语解释。我们必定早已知道了"理性"和"动物"是何意,还知道了两者"结合"是何意。这种结合是另一种东西拥有的属性?还是拥有者的存在?在后一种状况下,人即理性的动物是对的,但"存在"却是完全不同的东西,即结合。再强调一遍:亚里士多德对"结合"进行了缜密的分析,分析的基础即我们对具有该意义的东西的前识,前识不是对"什么性"的话语解释,而是意识到其在直观对象中的发生。如果我们不仅把任何可识别之物直观为可识别的,而且直观为一个统一体或单位,即多中之一,就明白了这句话的含义。不过,这只是解释柏拉图的 eidos 或型的方式之一。

对于柏拉图而言,人的 eidos 不是 ousia,人是"理性的动物",两种属性的结合。此处的 eidos 即人之相,在提出任何谓词陈述或本质定义之前,我们必须把握它。当然,你也可以理直气壮地说,亚里士多德也要求对 eidos 的理智直观。不过,他强调的是对直观内容的话语分析,它为我们提供了作为人的 logos;logos 用话语展示了构成"人"的基本成分的内在比例。换言之,对于亚里士多德而言,把握"人"这种 eidos 就是实现该 eido 与理智活动的统一。简言之,"人"这种 eidos 现实化了——是或者拥有"人"的存在,不仅实现在我面前这个人中,还实现在我的思维中。

这个人拥有属性,我作为拥有者也拥有他。话语思维把握了该人的存在;我们也可以认为有关理智直观的内容结构的分析明确回答了何为人的问题。因此,我们可以说,海德格尔把古希腊的存在概念解释为"parousia"或"出场",也是可以用于亚里士多德的,尽管严格地说,亚里士多德的"parousia"的意思是一种属性对着 ousia 或本质的出场,而非本质本身的出场,因为我们无法把握本质本身,只能通过把握其基本属性来把握它。然而,抛开这一点不谈,作为亚里士多德的 eidos 或类-型,"人"确实出场在我的思维中,以及我看到的那个个体的人中。

柏拉图的 eidos 则相反,它在我的思维中是"缺席"的,或者并不依赖思维;因此,我无法完全把握它,也无法对自己在观察一个型时的所见进行充分的话语分析。而且,eidos 并非拥有者-属性这种结构,关于这种结构,我还需要解释构成该存在的两种成分的结合。对人之型的观察并非将人把握为某种他物,比如理性的动物,而恰恰是观察人。我们可以说"那个东西看着像个人",却不能说"约翰看起来像个人",因为约翰就是个人。即约翰展示出人之相。该相即该型。再重复一遍:"看着像"这种表达不适合描述人,即不适合"人"这一型。不是约翰看着像人之型,也不是人之型看着像约翰。没有与人之相等同的语词;相反,有关何为人的所有语言解释都来自有关"人"之相或型的先前记忆。

因此,在寻找 aitia 时,苏格拉底不是要提出指控或 katēgoria,将此物识别为彼物,或者报告有关某物的什么。报告"有关"某物的什么没有让自己出场,而是在话语陈述中,使得自己远离谓词为其命名一种属性的那个东西,或者让自己从其中缺席。当然,在某种意义上,缺席的拥有者是出场了的,因为得到了该名词或代表 ousia 的主词的再现,但该名词只是一种标识,本身并非谓词;它标识的是灵魂之眼已经看到或把握的东西,而非出场在话语性理智内的东西。另一方面,苏格拉底的"相"或型的出场需要通过对展现该相的物——而非独立的相本身——的认识来检验。在实现其作为显现的 aitia 的功能时,该型也消失了。柏拉图和苏格拉底预告了海德格尔的出场和缺席交互说。

让我们回到《裴多篇》中的现场。苏格拉底向对话者赛贝斯讲述了自己在寻找生成与灭亡的 aitia 时所发生的一切(ta ge ema pathē)。先让我们提一下相关的背景。西米亚斯和赛贝斯都是热爱哲学的青年学人,并非哲人。其次,他们害怕死亡,苏格拉底想让他们摆脱这种恐惧。其三,苏格拉底即将被处死;他要对年轻人讲的是逸闻或传记体的陈述,而非理论分析;这种传记体的陈述是根据听众的能力和所处环境展开的概述。故事充满了悲剧色彩,因为在柏拉图的剧中,英雄即将赴死。

另一方面,对话中也充满了喜剧性,据说苏格拉底还曾两次默默地笑了,①而且当毒药慢慢从四肢向躯体蔓延时,他还在讨论哲学问题。可以说,苏格拉底在自己的行为中展现了哲人的勇气之相,勇气有如所有真正的美德,明显相当于知识。其涵义是苏格拉底不害怕死亡,所以他必定拥有对灵魂不死的认识。赛贝斯和苏格拉底都提到,缺乏相关的知识,"任何人,除非他愚蠢不堪",都会恐惧死亡(95d6及以下)。柏拉图把苏格拉底描绘成一个哲人英雄,和悲剧英雄不同的是,他并未哀叹死之将至。当然,这里有一丝夸张,会让我们莞尔一笑,即便不是放声大笑。有苏格拉底这样的人吗?还是他只是一种型?

苏格拉底提到要摆脱对死亡的恐惧,我们必须认识生成与灭亡的aitia。苏格拉底不害怕死亡,这意味着他认识这种aitia。如果他确实认识,那么他说自己唯一知道的就是自己一无所知就是不真的。如果他不认识aitia,那么要么并非他不害怕死亡,要么不害怕死亡并非取决于对aitia的认识。这个故事的戏剧功能中还有一处模糊不明的地方,更为重要。苏格拉底解释的是自己是如何一步步走向型假说的,而不是型说如何确保了灵魂不死。在紧接着的对话中,一个型的出场必然会排除其对立面;比如,偶数型排除了基数型(103e9及以下)。由此,他转而强调生乃死的对立面,灵魂乃生之原则,是死的对立面,因而是不死的(105c6及以下)。不过,这种讨论毫无意义,因为结论是自明的。

灵魂的出场确保了肉体的生,但不能因此说灵魂能够脱离肉体持存。我们也许可以说,个体死亡后,还有灵魂之型持存着。不

---

① *Phaedo* 84d8, 115c5. 这里有许多欢笑,对话的开头就提到了这一点(59a8)。根据布兰德伍德(Brandwood)的索引,苏格拉底在其他对话中从未笑过。为了对比,可以参见海德格尔有关忧郁(Schwermut)乃哲学之 Grundstimmung(基调)的滔滔论述:Heidegeer, *Die Grundbegriffe der Metaphysik*, *Gesamtausgabe*, Bd. 29/30, pp. 270ff.。亚里士多德在 *Problēmata* 中提到了苏格拉底和柏拉图的忧郁症,海德格尔引用了他。如果这种观点是正确的(我不是在否定它),接下来的问题就是为何那些对话本身中没有忧郁的痕迹(还不包括亚里士多德的著作)。

过，苏格拉底从未断言（更别说立言）灵魂有型。即便我们认为确实如此，灵魂型也非个体灵魂。我们并无理由认为灵魂之"相"是活的；即便我们认为它有生命，那也并非你我的个体生命，否则的话，要么灵魂型会随着我们的消亡而消亡，要么灵魂不死就意味着独立个体的死亡。《裴德罗篇》就作出了这两种灵魂之分：一是"运动原则"（archē kinēseōs），一是个体灵魂，表现在战车与马队的比喻中（245c5 及以下），所以《裴多篇》中的故事贡献的只是有关灵魂不死的滔滔劝说，而非哲学演证。这可以帮助我们理解苏格拉底有关海德格尔所谓的本体论的看法。

不过，问题还有另一面。我们必须弄清楚苏格拉底是否真的不畏死亡？我刚刚提到，柏拉图把苏格拉底刻画为一种勇气的型。他想把勇气注入同伴的身上：成为他们勇气的 aitia。他是如何做到的？当然，不是完全通过说辞，因为同样的话换个人说，比如那个人哭哭啼啼，面色苍白，浑身颤抖，就不会有什么说服力了。我们是如何看到苏格拉底的勇气的？

如果我说："苏格拉底很勇敢"，你会问："你怎么知道的？"我该如何回答？我是不是该描述苏格拉底的行为中有哪些特征代表着勇敢？但如果不知道何为勇敢，我又如何能描述；而如果我知道何为勇敢，就能给勇敢下定义了吗？

哪些是勇敢之相的规定属性？该相与我们在苏格拉底身上看到的品质之 morphē 或时空排列是一致的吗？我们可以毫不犹豫地指出某些东西。比如，苏格拉底神情自若，从未紧张不安；他语调正常，也未情绪崩溃；他没有痛哭流涕，有两处还微微笑了。假设这些行为特征就代表着一个完整的列表，也还是会有人具备了这些特征，却仍然不是一个勇敢的哲人。换句话说，如果没有死亡步步逼近，我们脑中也想着别的问题，一个懦夫或者贪生怕死的人也会谈笑风生。我们认为苏格拉底是勇敢的，因为他即将死亡；事实上，在对话的最后几分钟，他正在死亡。他也知道自己即将死去。这表明对勇气型的"认识"与对苏格拉底有勇气的认识是不一样的。

我们还可以说,也许苏格拉底想以一世英名流芳千古,所以掩盖了自己对死亡的恐惧。哭着笑着都是死,所以他要假装很勇敢。假装勇敢就是"看着像"勇敢的人,实际上却并未真正展示勇敢之相,它在此是缺席的。还有一点更加牵强附会,但是说苏格拉底确实很勇敢,却因为某种原因想表现得懦弱,也不是不可能的。也许他想表现得害怕,让同伴们的恐惧变得合情合理,来提升他们的士气,因为无论他说什么,他们都不会对死亡无动于衷。这样苏格拉底就可以证明害怕死亡与哲学并不矛盾。我当然不是说这可能就是事情的真相,而且苏格拉底在对话中确实没有表现出对死亡的恐惧。我的观点是勇敢和可察的勇敢之相之间没有逻辑上的联系。我们无法从逻辑上断言勇敢之人就能从容赴死;也许这位哲人还有研究尚未完成,鸿篇巨著才写了一半,因为将要被永久中断而愤怒不已。即便这种愤怒并未恶化成绝望,也会表现在一套与《斐多篇》中的苏格拉底完全不同的行为特征中。愤怒至少与恐惧有关;我们愤怒,因为我们害怕即将发生让我们无法接受的事情。

如果这些话都言之有理,我们就会看到一个关键性的差别。勇气的 morphē 或者可察之相与勇气型之间既有联系,又有差别。勇气是灵魂的状态,在正常情况下,它会带来某些可以观察和识别的典型反应;与之相反的恐惧,在正常情况下会带来相反的反应。非正常情况下的反应可能是伪装的或者非典型的,所以是暧昧不明的。"正常"指的是通常会发生的状况,经验告诉我们,在正常情况下,面对死亡时的勇敢之相,就是苏格拉底在生命最后几小时于囚牢中展现的行为特征。"非正常"指的是在类似情况下通常不会发生的状况。只有通过与正常状态对比,我们才能界定非正常状态。正常状态是尺度或标准;我们可称之为勇敢的 eidos 或者型。之前在思考 morphē 和型即可察之实体的相的关系时,我们得出了相同的结论。

我们提到肉体,是因为它展示了灵魂的本质。我们在寻找灵魂美德的尺度,不是在为狗狗找人家。该尺度不会符合任何一套定义明确的、可观察的特征。如果有足够多的特征被展示出来,我们就可以发现勇气之相。不过,这里的"足够多"无法量化,它总是不断随着情况变化着。有如上文的例子,我们常常会被误导,但是在什么问题上被误导?不是勇气,而是我们观察的人物是否真的勇敢。

我们也可能会滥用尺度或标准,但这需要我们把握该尺度或标准。就勇气而言,我们可能想说,如果能够直接把握苏格拉底的灵魂,我们就可以准确地判断他是否真的勇敢。无论是否如此,我们都无法直接把握苏格拉底的灵魂。我们只能把握自己的灵魂;我们可以从苏格拉底可察的行为中猜想他的灵魂状态,但认可我们的猜想的不是逻辑演绎,或者一套确保合理猜想的公理和规则,而是我们对自己的认识。而且,在把握灵魂时,我们看不到画面,也就是说,灵魂之"相",即便相当于一种可见的形态,依然需要解读,就像《裴多篇》中苏格拉底的行为特征的可见形态需要解读一样。如何解读?当然不是通过直接运用诠释学的原则,比如,看上去如此的都是勇敢的。因为我们依然需要弄清楚把一个人标记为勇敢的相是什么。

这并不是说我们无法识别勇气之相。我们可以,而且通常会在可察的行为中识别它,比如一个人的神情、声音、神态是否自若等,但是勇气之相却并非那些可察的特征。我们可能会把"看着像"勇气的误认为勇气之相,但这只是因为(1)我们把握了勇气之相;(2)即便是在幻象或假象中,我们也能把握勇气之相,比如故作勇敢的懦夫。看着像个勇夫的胆小鬼,因为看着像个勇夫而展示了勇气之相。"看着像"的假象并非勇气,但勇气之相却不会"看着像"胆小鬼伪装成的幻象。幻象让我们想起了勇气之相,柏拉图可能会说，它刺激我们去回忆勇敢之相。明白了这一点，也就明白了我们没有把该幻象识别为该相或型，尽管该幻象是识别的条件。总之，我们不会误识勇气型，但可能会看错它在这个或那个人中的表象或显现。

一个专业问题：幻象看着像勇气的原相，为何原相不能看着像幻象？A像B，B不应该也像A吗？这就将我们直接带入了柏拉图型说的核心。《智者篇》中的爱利亚客说道（235c8及以下）：幻象是提供给人类视角的假象，看着像原相。果真如此的话，真象或eikon就不是提供给人类视角的，也不是看着像原相，尽管它是原相的正确摹本。因此，我们必须区分"我们看着像A"和"真正展示A之相"。这意味着我们无法感知诸型，因为它们没有提供给我们的视角观察。对型的观察是视角性的。注意，此乃海德格尔之言，但我并不赞同海德格尔之言。我的结论是，原相呈现给了人类，但并非与假象同一，而恰恰与假象区分开来。该象并未向我们显示原相，它让我们想起了原相，即柏拉图提到的回忆。用苏格拉底的神话语言来说：我们在实存的另一阶段看到了原相，当我们的灵魂离开肉体被神引向天国时，才会看见原相。而且，这对于区分真象或假象也是绝对必要的。如果我们对原相的观察离不开该象，就无法衡量或判断该象是否准确。换言之，如果我们只能通过象来认识型，象就成了原相。

然而，这丝毫没有解决象和原相之问。比如，如果真象看起来像假象，我们又怎么会把它们看成真的？难道我们要说真象看着不准确？但只有当我们无需象便可看见原相时，才能如此说。即便如此，看着像假象的真象和看着像真象的假象之间就没有区别了吗？为朋友画漫画像时，我难道不是很清楚朋友看着不像漫画像吗？无论我们怎样解决这些问题，第一步都必须是坚信原相之相不是直接由象之相传达的。只有无需其象便可看见勇气之相，我们才能判定苏格拉底是否真的勇敢，或者他是不是勇气的正确之象。其次，假如我们无需象便可看到型。这样，难道我们就不得不说假象，也即提供给我们的视角的象，对于我们而言是真的，而真象本身就是真的吗？并非如此。我们应该这样说：严格地说，人的领域中并无真的型之象，因为真象即型之相。一切象都是假的。

换言之，不能生搬硬套地把《智者篇》中有关象的讨论用来分析柏拉图的型说，必须进行调整。因为没有关于存在之本质的本体论或话语解释，无论是关于大存在的，还是关于存在物之存在的。话语是象；语词是物的摹本，而且是不准确的摹本。有关型的前话语的"回忆"调节着话语。型本意为"相"，此处用作比喻，用以突出听和看、语言和视像（vision）之间的区别。logos 即语言，它不只是揭示或祛蔽（apophainesthai）；话语思维也没有直接通达真理或无弊（alētheia）。logos 遮蔽了其所揭示的，它以遮蔽来揭示。

因此，从 logos 到逻辑的转变特别吸引人。在逻辑学中，我们只是研究纯粹的句法形式，或者有关 logos 的象内容（imagic content）的表达。象内容即被遮蔽的揭示，那些象都是假的。我们通过以下两种方式判定它们为假象：要么认识型，要么因为无法认识型，所以在分析该内容时永远无法获得恒定或统一的答案。无法通达型，就只剩下象的不确定性，话语分析的作用只会繁殖更多的象，却无法澄清象，因为话语也是象的生产。转向逻辑学就是偏离象，偏离话语，转向对型视像的模仿，即转向逻辑形式的视像，这种视像产生在沉默中（参见维特根斯坦，《逻辑哲学导论》）。

然而，一旦进入逻辑形式分析，话语的模糊或繁殖功能就会遮蔽我们对形式的直观，产生各种逻辑"哲学"，即有关原初视像的各种解读。原初视像因此被消解，转化为各种法则或话语陈述。因为已经再无原相，或者通往原相之路已经被堵死，诸话语陈述只能指向其他话语陈述，其结果就是无穷无尽的话语，喋喋不休的饶舌，一切都被掩盖在技术纷繁的伪饰之下了。

从这个角度来看，柏拉图并不希望型说进入形而上学或者本体论的分析，后者通向有关整体之结构的系统理论或解释。它们是一种假说——在柏拉图看来，这种假说无疑是必要的——我们需要其来解释日常生活中的秩序和可知性。这种假说无疑是不同准确程度的思辨的结果，也是这些思辨中的问题。不过，通向该假说之必然性的论证，完全不同于有关诸型之本质的自然或正式的话语解释。苏格拉底在生命最后时刻讲给西米亚斯和赛贝斯听的故事要表达的就是这个。总之，型并非一种独立的原相，或者一个被象模仿的模型。一只狗并非一种狗型之象，不像一幅狗的画像与一只活的狗的象的关系。否则的话，原相本身就具有了一只狗的相，我们还是需要区分"原相"及其相。如果是狗型给了那只狗它的相，其方式必然不同于认知模仿。该型即该相，但它不是一种 morphē，但与 logos 有关。深入研究苏格拉底在《裴多篇》中的解释，我们就可以认识到这一点。现在，让我们来看看苏格拉底寻找生成和消灭的 aitia 的历程。

生命历程的诸阶段

年轻的时候，苏格拉底对"被他们称作自然科学"的学问产生了极大热情（96a6—8）。首先请留意苏格拉底用了"被他们称作"这一表达，"他们"让我们想起了海德格尔所谓的"常人"。苏格拉底现在还不想称之为自然研究；他现在要做的是把"物理学"与型研究区分开来。希腊语的"研究"一词是"historia"。"historia"是通过自己寻找或访谈所查事件的见证人或参与者来调查某事。"我想，通过每一物的产生、灭亡或持续，认识它的 aitias 会非常 huperēphanos"（96a8 及以下）。"huperēphanos"的本意是"自大的"或"狂妄的"，很少作褒义的"美妙的"之用。huperēphanos 的人瞧不起别人，苏格拉底在此暗示物理学家瞧不起人类事务，认为与自己的研究相比，它们微不足道。苏格拉底继而说到，他研究了"天上和地下的现象（ta pathē）"（96b9及以下）；阿里斯托芬在《云》中嘲笑的就是苏格拉底的这段生命历程。

刚一进入这种研究，苏格拉底就发现自己在这方面毫无天赋，因为这种研究让他遗忘了先前已有的知识。他举了两个例子。第一，过去他知道人通过吃喝得以成长，即通过因素、因素比、原子和自然力等来分析生长和衰亡让我们偏离有关人类动机的日常理解，以及对日常事件的常识解释。其次，过去他知道一匹马或一个人比另一匹马或另一个人高几肘尺，也知道数字随着单位的增加而上升，随着单位的减小而下降。然而，数理学习却让他在这类问题面前变成了白痴：一加一时，是前一个还是后一个变成了二，或者是通过相加两个都变成了二？他问到，分与加是相反的，那为何可以分一为二，而一加一也能变成二？总之，这种研究自然因果律的方法让他遗忘了对物理学的日常背景的认识，以及有关数字运用的常识（96c2—97b7）。苏格拉底把今天所谓的数理哲学带入了物理学或者有关自然因果律的研究中。他走的第一步是数理物理学。

在第二阶段，他转向了阿那克萨戈拉的学说，该学说认为"灵魂（nous）产生秩序，是一切物的aitia"（97b8及以下）。苏格拉底认为这意味着理智以最好的方式安排万物。在此阶段，他从数理物理学转向了他提到的目的论物理学，但他又一次失望了。和数理物理学家一样，阿那克萨戈拉也讨论因素，从唯物论的角度解释自然现象，同样带来了对常识的遗忘。阿那克萨戈拉不会谈到苏格拉底坐在囚牢里，是因为他被判处死，只会提到他的肉体的生理构成。

请注意，苏格拉底在此提到，既然雅典人把他判了处死，他最好的选择就是坐在这里接受处罚（98a1及以下）。他还提到，这就是为何他现在与同伴们在此说话的原因。换言之，假如雅典人没有判他死刑，就不会有这段对话了。此言道出了这段讨论的政治背景。换句话说,这是一段日常讨论,而不是专业的本体论论述。要想理解本体论的或者数理物理学的讨论,就必须认识这些讨论所发生的日常背景。这并不仅仅是因为我们通常会认为本体论的分析源自日常生活世界(Lebenswelt)中的活动;更确切地说,在不同情况下,我们说的话也不同。我们必须考虑他说话的语境,否则根本无法理解苏格拉底的言辞。

接着,苏格拉底作了一个辨析。aition 是一回事;aition 用以发挥自己的功能的工具(99b2 及以下)是另一回事。激发人类行为的 aition 是一种信念,相信这样或那样做是最好的。一个人采取了最好的行动,因为其行为的 aition,他就无可指责,就不会有 katēgoria。让我们用现代术语再解释一遍:数理物理学通向的是决定论,或者把人还原为物理的东西,把物理的东西还原为一套自然法则。附带地提醒读者注意:这个术语到了现代依然适用,至少从 19 世纪上半叶开始,甚至更早。虽然我们不再按照牛顿的方式讨论自然法则,但是基本意思没变。

就本书的主旨而言,更重要的是,aition 不是型,而是人类意向。是我采取最好的行动,而不是型,甚至不是善型。换言之,苏格拉底的故事中包含着一种体系带来的语义不明,在分析型假说与所谓的灵魂不死之间的矛盾时,我们已经注意到了。型是经历生死的物之存在的"原因",物稳定持续的同一性,让我们可以聪明或愚蠢地利用它们,采取更好或更坏的行动,但型假说本身不足以解释理性的选择,我们还需要灵魂假说。不幸的是,灵魂和型一样,无法加以直接的分析研究。在讲述自己是怎样从存在物转向型时,苏格拉底提到了他的灵魂如何指导了他的行为,但是他没有解释灵魂的性质,也没有演证它的不死性。

这就带来了一个更大的理论问题。在日常世界中,无疑每个人都在做自认为是最好的,关于什么是最好的自然就会存在无数的分歧,但不会有人声称要去做对自己最坏的、有害的、甚至是无用的事。科学和技术哲学让我们忘了我们是按照意识动机行动的，即行为受理智的控制，哪怕是不健全或者错误的理智。我们转而开始相信或担心意识经验或者负责任的行为的经验是虚幻的，因为物理学的"法则"都是决定论的。即便那些法则今天被统计泛化取代，我们也无法重获人类意识或意向性行为的自由。相反，我们的行为被统计学加以泛化的解释，个体根本无法控制；想想社会学或心理学吧。

这就产生了一个问题：我们为何会遗忘有关目的行为的日常认识？这种遗忘难道不是因为这种想法吗：灵魂和肉体没有差别，或者灵魂只是肉体的表现，甚至根本没有灵魂？如果没有灵魂，又怎么会有心灵或理智？没有了灵魂或理智，当然也就没有了"好坏"之分。在某些情况下，确实如此；在另一些情况下，却完全不同。我并不想细究此问题。我们无法演证自由意志，只能演证其运用，比如我们总是努力生产有关自由意志的演证。苏格拉底想得出的结论是：型假说可以让我们保留日常认识，从而保留科学和技术思维的背景，包括专业的哲学思考的背景。

只有当型说不是一种科学假说时，方能如此。科学假说的前提是数理物理学的综合效度，即其解释整体包括人类生命在内的正确性。请注意，型说并未假定数理物理学是无效的，但是它在保留数理物理学的同时，也保留了我们的日常认识。于是出现了第二个推论：型假说本身不足以解释整体，尤其无法解释思维或灵魂的诸属性或力量，包括对型的欲望或爱好。灵魂可能会总结说，对于自己最好的就是看到型，但此结论并非以型"为因"。我们最多只能说是厄洛斯之力让我们得出了此结论。不过，厄洛斯是神或恶魔，而不是型。不能把柏拉图主义等同于所谓的有关型的理论。

关于阿那克萨戈拉的讨论到此为止。苏格拉底接着问赛贝斯："（你们想听听我）关于 aitia 的研究的下一个航程吗？"（99c9 及以下)。我们即将听到型假说。苏格拉底的假设是诸型带来了生成和消灭,更准确地说,它们为历经生成和消灭的物赋予了同一性和统一性。转向型的这个阶段并非苏格拉底生命中的第三段航程,因为阿那克萨戈拉的学说和数理物理学之间并无本质的区别。第一、二阶段之间的不同只是立场的转变,并未开启新的旅程。苏格拉底解释了自己从第一向第二航程的彻底转变。这种解释让人困惑:"对我来说,在经历了这些之后,我已经拒绝去认识 ta onta……"(99d4)。在第一阶段,苏格拉底研究了 phusis 或自然存在物,这难道不也是哲人的任务吗?

有趣的是,亚里士多德在《形而上学》中提出了相同的问题。他在 E1,1026a25 及以下中提到,如果不存在自然产物之外的 ousia(para tas phusei sunestēkuias),物理学(hē physikē)就会是第一科学。也就是说,让我们把整体分为两个部分,自然的和人工的。自然产物由自身的 archē 或 aitia 产生,人工制品则由人类活动的 aitia 带来,但人也是一种自然存在物,所以人工产物的终极 aitia 也是自然的。因此,基础科学或研究就是自然研究。

附带说一句,这个问题也被带到了现代,围绕着物理学能否解释人类行为这一问题喋喋不休地争论着。物理学研究自然存在物,包括肉身的人或 rēs extensa。"自然"一词的意思历经变化,根本问题却基本没变。人具有一种还是两种自然?即灵魂与肉体的自然有所不同吗?还是所谓的灵魂只不过是肉体的附带现象?争论最终产生了这一论调:人无自然,他不过是尼采所说的"尚未建构(或完成:festgestellt) 的动物"。

可以这样重述此问题:要么物理学是第一科学,要么我们就必须在神学和人学之间进行选择。如果我们因为没有自然神学而抛弃神学——因为神是超自然的,那么第一哲学就应该是人学,人在此不是 Homo sapiens(即自然人),而是非自然的存在者,他产生观念的方式让我们想起了自然产生万物的方式。令人惊讶的是,人学是第一哲学,这一选项离不开亚里士多德对人的定义,人是zōon logon echon。在此,logos即话语,包括口头的和书面的。基督教的神即logos的观点变成了后基督教的人即logos的观点。

总之,把人从phusis中分离出来,让言语或话语能力变成了第一位的。Phusis本身是沉默的,因此数学才成为能够把握其结构的工具。一旦话语不再受自然的制约,想象力和意志力就得到了解放。这种解放把现代尤其是晚期现代哲学带上了一条完全不同于苏格拉底的道路。两者的差别对于我们的研究至关重要,因为它显示了把西方形而上学混同为柏拉图主义的做法多么可疑。在我们所研究的这段话中,苏格拉底似乎也偏离phusis转向了logos,但我们即将看到,他没有转向自因的人类话语,而是转向了型。

因此,尼采自认为是颠倒了的柏拉图主义者,因为自己抛弃了型,这是错误的。抛弃型要么会重返前苏格拉底的物理学,这样一来,强力意志和永恒轮回无非是尼采用诗性的语言召回了作为命运的phusis;要么会进入无原则的话语混乱,无论是口头的,还是书面的。摆脱了phusis、神或其哲学替代品即型,话语就没有了aitia,甚至没有了话语。今天所谓的反原教旨主义的意思不过是:并无终极原因。抛弃型只会通向前或后柏拉图主义,但认为前或后柏拉图主义即柏拉图主义的终极阶段就是颠倒黑白,纯粹狡辩了。

这些都是苏格拉底的第二段航程产生的历史后果。他离开ta onta是因为:研究自然存在物的变、易和运动无法解释人类生命。因此,认为phusis是生成和消灭的aitia,这种看法迫使我们不再相信自己是在按照自认为最好的方式行动。自然运动也被视为自在的,并无好坏之分,只是如此而已。当然,人类可能看着它们是美的;但这是因为我们在秩序和天体的光芒中看到了美。然而,我们看到的美本身不是自然运动。

第二章 苏格拉底的假说

没有尺度可以界定美的出场,或者我们对美的感知。苏格拉底要说的不是他离开物理学是因为它是错的,而是因为它对自己产生了不良后果。这意味着物理学必须得到其他研究的补充,这种研究可以同时保留物理的和日常的认识,不把人之自然还原为非人的自然,或者认为前者来自后者。如果这两种意义上的自然都有一个本体论之根的话,至少要弄清楚,这个根如何照亮了人类的实存?苏格拉底的神话把宇宙当成一个整体来处理,把城邦和灵魂视为宇宙的反映,这种人为的产物也许就是设计来为整体赋予人性的。这对著名的哲学与诗学之争产生了深远的影响。

我还想指出一点:人类按照自认为最好的行动,而且只有人类能这样做。至少到目前为止,我们在苏格拉底的故事里丝毫没有看到目的论物理学的影子,他并未说过任何话让我们可以猜想他认为前苏格拉底的物理学的不足在于它没有按照什么对自然物是最好的来解释自然运动等。只有人是按照目的(telos)行动的,因而产生了两种自然之分,但是即便不能完全消除这种分歧,也可以搭建两者之间的桥梁,只要我们能够证明有一种"超自然的"标准是我们所做选择的终极原因(the aitia),同时也是自然变化的原因。

在某种意义上,型就是这一标准。为了运用这一标准,同时让物理学保持其独立性,苏格拉底让型成为天体变化的原因,也成为其存在或 ousia 的原因(101c3)。型给天体带来了稳固的相,不随物体的变化而变化,但是如果变化的物体背后缺乏统一性和同一性,也就不存在这种历经变化的物体了。是统一性和同一性告诉我们一个物体在变化,以及哪个或哪类物体在变化。而且,型是正义、美和善的 aitia,这些都是人类灵魂的德性或至善。总之,诸型是理论和实践共同的源头,或者说是沟通人和非人的自然之分的桥梁。然而,只有灵魂才能穿过此桥梁。

第二航程

现在让我们接着读苏格拉底的故事。首先，再重申一遍，按照上文的严格定义，苏格拉底放弃了对 ta onta（亦即 ta phusika）的研究。于是他提醒自己必须提防那些"仔细观察和研究（theōrountes kai skopoumenoi）"日蚀的人会遇到的危险。"如果不是通过水或其他同类的媒介物观察太阳反射出来的影子，而是直视太阳，那么肉眼真的会受到伤害"（99d4 及以下）。换言之，即便不研究自然变化，也必须避免直视变化之物。记得《国家篇》中著名的太阳偶像吧。苏格拉底在此是否在说我们无法直观善之型？如果是，就不会有辩证法。哲学话语需要语词，都是用偶像表达的。不过，我们很快就会看到，这并非苏格拉底的观点。

在这段话中，苏格拉底提到我们不应该用眼睛等感官直观物，但是他也没有建议我们用理智或灵魂之眼直视物。灵魂会因为直视 ta pragmata 而变瞎，广义的 ta pragmata 包括事和物。为了防止灵魂变瞎，苏格拉底决定"一定要求助于 tous logous（某些理论），去探讨（skopein）事物真理时使用它们"（99e1 及以下）。这句话十分接近当代那些强调语言或话语第一性的哲人们的基本观点，但我们很快就看到了两者间的根本区别。首先，苏格拉底很快否定了自己先前提到的太阳偶像（eikazo："我通过偶像表达"）的准确性："我并不承认一种以 logois 为工具对'偶像'进行的研究比直接对 ergois 的研究更好"（99e6—100a2）。

苏格拉底提到太阳是偶像；logois 却不是；即苏格拉底并不建议使用偶像研究事物。同样，logoi 在此并非"语词"，或者话语能力的产物，它替代了物，因此也不是符号或偶像。苏格拉底所指的 logoi 不是"有关"型的"命题"或陈述，也不是概念。将这些 logoi 和亚里士多德的诸范畴联系起来是错误的。将其与有关 erga 或事的研究加以对比,可以看得更清楚。一事并非它事之象,而是原相;当然,一件有勇气之事显示了勇气之型;但该事却非该型的象,因为勇气并非事,而是灵魂的状态。

其次,苏格拉底并未放弃研究存在物,他在这段话的开头就道明了这一点。他的目的仍然是发现物之真。(数理)物理学无法揭示这种真,但是话语作为象也无法揭示它,如果话语与事物疏离却再现事物的话。用回那个视像比喻,我们通过 logos 看到的与我们直视物——没有让灵魂变瞎——看到的必须是一样的。此相,即两种情况下都相同的相,即型。

分析到了这里,我们必须面对一个难题了。苏格拉底建议我们研究 logoi,这样更容易发现物之真。如果这种真即型,这类型与在 logoi 中认识的型是一致的还是不同的? 对此,我有如下的看法,部分参照了《国家篇》和《斐莱布篇》中有关存在和认识方式的专业讨论。on 或存在拥有一种 phusis 或自然,其中包含着不同层次或比率(logos)的可知性因素。经过两个阶段的发展,logos 就变成了语词:首先,logos 被灵魂 nous 或 noēsis 把握;然后,这种把握又被语言影像中的 dianoia"模仿"。这种模仿或"论断"被苏格拉底在《斐莱布篇》(38a6 及以下)中提到的我们的灵魂中的作家刻入灵魂。他写下的(the doksa)是我们灵魂中第二位艺术家模仿的中介原相,这第二位艺术家即画家(他生产了观察到的象或 morphē)。这两个阶段的发展让我们把握或"看见"了 logos,因此也看到 on 之真理或"敞开"。logos 出场在理智中或者被理智把握,所以完全不同于 on,否则存在和理智就是一回事。另一方面,因为展示了存在的可知率,logos 即存在,两者拥有相同的相或型。

让我们强调一下最后这一点。存在及其相应的 logos 中的相不可能是不同的,否则就不会有这种相应和一致,我们在 logos 中看到的真和在存在中获得的真也不会相同。换言之,logos 最多只是存在之相的象——苏格拉底已经否定了这一点,最坏的就是成为完全不同的相。另一方面，logos 也不可能与存在相同，否则就无需去研究 logos，认为它更容易让我们看到存在所包含的东西了。最重要的是，我们不能犯语言哲学家所犯的错误，认为 logoi 是有关存在物的陈述，用话语规则或概念取代型。

也许我该这样总结自己的观点：logos 和存在（on）在本体论上是不同的，在形式上却是相同的。原相之相在两种情况下都是同一的，因此我们可以通过研究 logos 认识物之真。这样我们才能在 logos 中看到物之真。用苏格拉底的话说，logos 是中项，让思维可以把握本真的存在。浅显地说，logos 是存在和思维的结合。我们通过对物的思考通达 logoi。此处的思考并非主体意识的产物或活动，也非独立于意识并具有某种相的存在物。本真的存在或型是我们所探究的存在原相的可知性，但这并不是说我们可以完全认识存在。我们所把握或感知的是型。最后，对型的分析也不完全是话语的，因为话语是与象同时发挥功能的，苏格拉底在别处称之为"原相回忆"。"视像"和话语之间总有一个鸿沟。概论到此结束，让我们来谈谈其中的细节。

那个视像比喻非常关键，可以指导我们初步认识苏格拉底的第二段航程。不过，它并不能彻底让人满意，因为它毕竟是个偶像。视觉本身是型认知的一种偶像。苏格拉底提到有人会研究 en tois ergois（即事中的物），也体现了这一点。我们看到一个人正在执行一件事，比如，一个陶匠正在制造一把陶壶，或者一个将军正在指挥其军队作战，但是我们不会从人物动作中看到事。是什么把我们对肢体动作的感知变成了对事的感知？是我们知道这个人是个将军，也知道战争是怎么回事等等。这些都不是通过运用数理物理学的方法观察动作，或者测量变化完成的。我们了解所观察的行为者的意图，因为我们认识他们的灵魂。这种认识并非来自观察，而是来自我们对自己的内在了解：恰恰来自科学心理学以内省、来源不可靠和诉诸于神秘实体等名义所排斥的东西。

我们也有理由说对事的理解在时间性和本体论上都先于对物的认识。在认识满足欲望的物之性质之前，我们首先要知道该做什么来满足我们的欲望。我们知道如何避免危险，如何防御攻击，如何表达爱意，以及其他种种事情，这些都不需要我们认识用以成事的物性。就此而言，praksis 比 theōra 更为根本和迫切。我们认识事是因为我们了解人的意图，我们知道 aitia，或者我们观察到的肢体动作的原因。

我们认识这些是因为我们"认识"自己，不是理论认识，而是认识我们的自然。我们知道自己就是 aitia。这种认识并非来自感知觉，更不是来自视觉观察。我们察觉、直观、感觉、把握、意识到……；我们无法找到一个准确的语词来描述这种直接认识，它是我们内部自发产生的，这个我们不是唯我论的、疏离的知性的自我，也绝不是来自由物理学指导的科学研究，而是来自沉浸在日常中的我们，和别的东西一样，都是存在者，在转向科学研究之前就认识到为何这样做是最好的。我们认识自己，这些看着 logoi 的存在者，这种认识不同于对型的认识，是一种自我认识，听从了德尔斐的神谕。

logos 的相和存在的相是同一的，前者并非后者的象。我在前面提到 logos 是存在的可知因素的比率；它是被看见或者人类理智可认识的存在。存在本身却是另一回事；我们只能认识存在之相。我们可以像海德格尔那样，喋喋不休地谈论保持存在者的原样，真即无蔽，是独立于看和理解行为的；但事实上，无蔽却是被我们视为无弊的。从某种意义上讲，这是视角论，却非相对主义，因为通过型把握存在，虽然被海德格尔批评为功利主义，却可以证实或证伪我们的个人所见。logos 的有效性或本真性是通过综合考虑其结果建立的：它作为 aitia 肩负着什么样的责任。换言之，自洽并非命题的属性，甚至无关命题与存在之关系的根本。它是宇宙或整体的属性。至于脱离无弊之物来谈论无弊，或者在无弊发生的场所谈论祛弊，只能是空谈，空无一物的谈论。

作为比率，logos 是该存在的同一性，我们通过同一性认识了该存在是哪种存在，即该存在是什么；它也是该同一性的统一性，因为统一性，该同一性才获得了一致性，我们的理智才能把握它是什么。我注意到根据亚里士多德所言，有多少种"存在"就有多少种"一"。成为某物总是成为一，成为一也总是成为某物。成为某物就是要成为此物或彼物，物物各不相同，但万物的统一性却总是同一的，其存在也是如此。"存在"和"一"其实是（虽然不是实际上）同义词。果真如此的话，那就无需再讨论所有独立存在物共有的"存在"了。不过，我们需要讨论每种存在物特有的同一性：即回答此问题：此为何物？统一性总是同一的；同一性却各不相同。存在既是同一性，又是统一性。附带提一下，这并非黑格尔所言的"同一性和非同一性的同一"，即"同一性和差异的同一"。同一性并非统一性。黑格尔那里没有统一性，其位置被该概念的循环即同一性的不断微分占据了。

苏格拉底就这样"开始"（hōrmēsa）了他的第二段航程。接着，他讲了自己的基本做法，这种做法摒弃了物理学，并且规避了今天所谓的本体论或者对物的直接观察。希腊原文是这样的：kai hupothemenos hekastote logon hon an krinō errōmenestaton einai, ha men an moi dokei toutōi sumphonein, tithēmo hōs alēthē onta, kai peri aitias kai peri tōn allōn hapantōn tōn ontōn, ha d'an mē, hōs ouk alēthē（100a2—7）。我来试着翻译一下："我在各种场合下首先提出被自己判定为最健全的 logos，然后（站在 logos 的立场上）把与这种 logos 相一致的任何东西，与原因相关的也好，与其他事情相关的也好，都假定为正确，而（与该 logos）不合的就视作不正确。"

苏格拉底的这段话有点模棱两可。起初，他说他转向了 tous logous，防止通过感官直接观察存在物而让灵魂变瞎的危险。这可能是说他放弃了以感知觉为本的认识方式，转向了各种完全通过话语思维把握存在物的方法,也可能是说他转向了每个可察的存在物相应的 logos 或者可知性的比率。换言之,复数的 tous logous 在此可以指一般的理性解释,也可以指具体的型。诚然,苏格拉底即将引入型假说,但是弄清楚型假说是否只是众多 logos 或者假说中的一种,因此也只是一种话语理性的"模型",对于我们却十分关键。

紧接着,苏格拉底强调通过审视 logoi 研究存在物不是通过象研究存在物,就像通过其反射的象研究太阳一样。这种说法,加上他把 logoi 和 erga 相提并论(99e6 及以下)的做法,表明苏格拉底谈的是"原相",而非话语摹本或解释。离开被感知的物就是转向其本真的存在或 ousia,而不是建构某种假说。因此,分词"hupothemenos"指的必然是命令、演证或阐明自己已经确立为真的东西,而不是提出,或者为了论证而假设。我们可以这样理解苏格拉底凝练的表达:logos 是一种可知性的比率,显示了我们的理智而不是感官对每种存在之"相"或型的把握。

苏格拉底说他为每个案例都设定了一个 logos,他指的可能是与每种存在物相应的型。另一方面,他声称自己设定的 logos 是"最健全的",却让人怀疑他在此谈的只是众多可能的解释中的一种。如果后一种答案是真的,logos 指的就不是一种特殊的型,而一般的型假说或学说。这段话并未显示哪个答案才是苏格拉底的真实意图,也许这两种"解释"或解释因素的"账目"和"比率"是混在一起的。因为无论如何,苏格拉底所指的都不是现代的作为语言建构的"假说"。同时,需要注意的是:型说确实是一种"假说",它被确立为真,它不是从已有的前提或原则中演绎出的结论,而是一种来自日常经验的一般结论。符合被设定的 logos 就被判定为真的。该 logos 或型说的"真"与根据它而被假定为"真"的命题的"真",就不可能是相同的意思。因此,苏格拉底不得不求助于故事、神话和隐喻来解释型说。

总之，苏格拉底从存在物转向了 logoi。后者不是偶像，也不是符号。可以通过该 logos 的真把握该存在物之真，或者说，两者是一回事。不过，我们必须进行区分：苏格拉底选择了"最健全的"logos。也就是说，他是从无数个备选项中选择的。他所选择的假说(logos)就是关于可知性比率(logous)的假说，但是这些比率本身却不是假说或语言建构。确保该假说的效度的是那些稳定易辨的，统一性在日常经验中的出场，因为那些统一性我们可以做到更好。假说的"健全"不是形式的，而是实存的，植根在 erga 中，而不是各种有关 erga 的抽象解释中。否则的话，选择这种或那种 logos 就毫无根据，这种选择只可能是武断的或主观的。logos 的健全与否，对此的判定必然扎根在事物的某种内在特性中，而不是我希望事物怎样，或者我通过事先确立的讨论事物的方式把事物变成了什么样子。可以说，柏拉图主义建立在理性的基础上，这种理性以我们在日常生活中区分好的或坏的决定的能力为指导，来确立方向。就此而言，海德格尔正确地指出了型说的"功利主义"特性；但是型的功用以存在物的功用为基础。"功用"一词在此的实际意义恰恰是"实践"或"活动"。存在物让我们得以生存，型则对存在物负责。

由此得出的结论是，一定有某些 logoi(＝假说)"祛蔽的"比其他的更多。我认为海德格尔的这个术语在此非常管用。苏格拉底并未说除了被选中的以外，其他经过考虑的 logoi 都是错误的。"健全"并不等于真理，不健全也不等于错误。最健全的 logos 揭示得最多。它揭示整体。弱一些的 logoi 则是片面的或带视角的，比如数理物理学的 logos。苏格拉底的观点是一个 logos 只有在展示了最广泛的视角时才是视角的。它不是也几乎是一个纲领，不是，是因为它不解释灵魂；几乎是，是因为不能通过其他基础认识灵魂。logos 在此具有一种"本体的"意义，它让理智可以看见 on，或者如海德格尔所言，让 on 在理智前祛蔽。

logos 并不是通过话语"发现"或者揭示本身被遮蔽的东西。这里的祛蔽不是用另一种东西揭示这种东西，不是用一种陈述或话语揭示一件事物。logos 本身就包含着该存在物的敞开或无弊。因此，下文中 logos 的敞开就是作为物的敞开的 logos 的敞开的简称。此 logos 即海德格尔所言的能够被人类理智把握的存在物的无蔽。另一方面，理智也是敞开，但我们尚不清楚这种敞开与 logos 的敞开是否是一回事。一方面，它们肯定是不同的，因为理智的"敞开"意味着 1、敞开接收其他事物；2、对自己敞开，即不仅接收，还要思考所接收的东西。logos 中的敞开则意味着敞开被其他东西尤其是理智接收。如果 logos 也对自己敞开，它和理智就是一样的，我们就从柏拉图主义跳到了黑格尔主义。真理也不再是关于 onta 的，而是关于 noēsis 或黑格尔的 Geist（精神）的。

另一方面，logos 的敞开和理智的敞开也必须是一样的。对着自己敞开的理智思考的不是自己，而是其接收的东西，即提供给它的东西，而提供给它的就是 logos 的敞开。我们也可以反驳说理智也思考自身，如果真是这样，理智就变成了双重的：理智的敞开是它自己提供的，而且只有当理智拥有确定的形式时才能如此；但如果它果真拥有确定的形式，它就不是敞开的，而是封闭的。换言之，理智要思考自身，就必须拥有一种 logos 或形式；但如果它拥有一种形式，它就无法思考，因为思维即敞开面对一切其他形式或本身无形式。我们也许意识到自己正在思考某个具体的物，但这不同于思维：不同于亚里士多德归于神的行为：思考思维本身。换言之，自我与神而非人的理智是一样的。

再者，理智的敞开必定和其所思对象的敞开或可见性是一致的。否则的话，就会产生两种不同的真理，认识某样东西的行为就成了认识其他东西（比如我们自己），但这是不可能的。认识一头牛并不是认识我们自己的理智。我们解决了这一疑惑：敞开被接收者（logos）不同于接收者，但作为被理智把握接收的对象，它又是一样的。理智（不同于灵魂）不能思考自己，因为它不具有特殊的相或 logos，它是纯粹的接收力；但是如上文所述，它却只能思考 logos，否则的话，认识某物就是认识他物。总之，logos 的敞开和理智的敞开在思维中是重合的。我使用的"敞开"一词是"真理"的同义词。现在用"相"取代"敞开"，我们就得到了型。"相"在此既是行为，也是结果。

当然会有读者曾按照上述方式理解过亚里士多德。我们对柏拉图的《裴多篇》中的这段话的分析，与亚里士多德关于类-型或 eidos 在被动的（接收性的）理智中的实现一说有何不同？首先要说的是两个思想家之间无疑有相似的地方，海德格尔和更加正统的哲学史诠释都承认这一点。无论我们认为亚里士多德是个柏拉图主义者，还是认为他的整个哲学都是对其导师的修正，都不会惊讶两者关于思维的解释的核心极其相似。然而，极其相似并非完全一致。亚里士多德明确表示自己与柏拉图的观点是不同的。他错了吗？

为了了解亚里士多德与柏拉图的区别——很重要的区别，却非人们想象的天渊之别——我们必须重提上文所作的辨析。理智的"敞开"具有双重意义，再重复一遍：1、敞开去接收，以及 2、对自己敞开；但存在物的"敞开"只是敞开被接收，它不对自己敞开，不同于思维，当然也不同于理智。这意味着即便没有理智，也有存在物。存在物敞开等待被接收，即便没有接收者。然而，亚里士多德的看法却不是这样的。存在物的敞开恰恰是其正在被思考的真理或实在性。它的 eidos 或类-型可以与理智思维的活动区分开来，这是思维内容与思维之分；但这种区分不是本体论的，或者用一个准亚里士多德的表达，它不是本质的。当然，思维不会无内容，思考即思考某事，因此无法从本体论上把思维对象与思维过程区分开来。

这一点十分关键，从这个立场看去，亚里士多德是一个唯心论者，黑格尔更青睐他而不是柏拉图并非偶然。亚里士多德把存在本身置于思维活动中，柏拉图则把两者区分开来，同一的只是思维和存在中的 logos。简要地说，可知性因素之比在存在和理智对该存在的把握中是一样的。是可认识的因素之比让一种存在物成为其所是，并敞开被思考，但是思维对象的存在与思维本身的存在是不同的。亚里士多德其实打破了思维对象的存在和思维的存在之分。他的实在论或经验论，即他是从殊相或者存于日常的生成世界中的东西开始的，完全是一种假设。他认为，这些殊相的存在应该归功于它们的 eidos 或类-型，eidos 实现在思维中，而非殊相中，殊相只是（通过知觉）被思考。粗暴地说，如果没有对兔子的思考，如果没人思考兔子，就不会有兔子。如果没人思考任何东西，也就不会有 eidē 或类-型。

另一方面，在这一问题上，柏拉图和亚里士多德又没什么分歧：存在的相或比率，即型，如果要被理智把握，必须是自身被把握，而不是通过象或作为象被把握。这是因为我们只能通过原相之相识别象。如果型真有视像或回忆，它也只可能是我们实际正在观察或回忆的相。或者说，独立的型一说根本站不住脚。要么我们看到了型，要么没有。作为存在物的相，型只能是我们看着它的相。无论是从物的角度，还是从观察物的理智的角度看去，观察到的东西都是同一的。存在物和理智是分离的，却被 logoi 和相或型沟通起来。因此，我们把握 onta 的 logoi 的理智能力不可能是 dianoia 或话语理智，因为话语能力是通过语言和制造偶像工作的。我追随柏拉图，称我们认识 logoi 的能力为 noēsis。noēsis 不制造任何东西；它只是把原相提供给 dianoia，后者才能制造该相的偶像，在话语中传递。noēsis 不是生产，而是获得或接收。

苏格拉底明确区分了 logos 和存在；这并不是我用诠释学的暴力篡改插入进来的，我所做的只是解释了这一区分的意义。logos 是可知性因素比；它是可知性。因此，它展示了本真的存在或型。然而，一物的可知性也不可能不同于我对该可知性的把握；否则的话，我在把握一物的可知性时，把握的是他物的可知性。不过，这是解构的原则，它认为阅读其实是书写；但这不是柏拉图主义的看法。至少从《裴多篇》中可以看到，柏拉图的主张是 logos 之真即存在之真。这种真即敞开，或者该存在的型，比如牛之型。

我和苏格拉底一样，认为型即本真的存在或 ontōs on，因为它是该存在的可知性或真理。型也是与时空或生成的殊相相对照的 ontōs on。作为让殊相向着认识能力敞开的相或比率，即作为此物，这样的或那样的物（此用法是亚里士多德的，但也绝非非柏拉图的），型真的是原相生成的虚幻偶像的本真存在，但是我们需要对这种正统的理解稍加限定。如果我能够沿用柏拉图的视像比喻，该型就是该殊相的本真存在的表面。

当然，柏拉图没有要求亚里士多德解释殊相的本真存在与其是否是分离的，在别处，如果它还是某种它相或它物的话，这里的整个分析就完全崩塌了。无论柏拉图是否需要亚里士多德解释这一点，他都是明白这一点的，这从《巴门尼德篇》中可以看出，当然还有《智者篇》和《斐莱布篇》等，其中的对话显示了这两者之间的不同：一是有关表面上独立的、天外的诸型的神话解释，一是对原相形式的平淡分析。当然，最严肃的回答则是，有关所谓的型说的文字表达在对话中总是不断在变化；苏格拉底的任务首先是透彻地思考此问题，认识此问题，其次才是让不同文本变得协调一致。事实上，只有当我们融贯且透彻思考了型说，才有可能让柏拉图多变的文本相互通融，这些文本通过戏剧、诗歌或比喻来解释一个十分棘手的问题，而且是对着智力和兴趣各不相同的芸芸众生讲的，所以解读起来极具挑战性。

我们需要对这条思路作个小结。只需要强调一点：如果型与思维是分离的，它就是不可知的。如果我们通过象记起或回忆它，该象与型的相要么是同一的，要么是不同的。如果是同一个相，那么型与思维既分离又同一,这样它就不是分离的。如果是不同的相,那么它就是另一个相,我们思考的就不是型,而是其他的东西。因此,型不可能与思维分离;但如果型与思维和实例的本真存在即看着像它的象不可分离,就会落入唯心论,而不是型与生成世界的分离。摆脱这些困境的唯一方式是认为型为存在和思维共有,同时把存在与思维区分开来。型是大存在(Being)中可思之物。我用了大写,以展开对海德格尔的批判。型并非大存在的物化,或者遮蔽大存在的视角投射;它是大存在的可知性。

回到 hupothemenos 的意义上来。苏格拉底一开始就提出他判定(krinō)为最健全或最有力的(errōmenestaton)logos 是其思维的基础,这个 logos 会支撑他,让他不会摔倒,或者让他的研究不了了之。苏格拉底提出的不是一种发明,或者现代的理论建构意义上的"假设",因此也不是一种被加诸于现象用以组织和整合它们的概念产物或模型。苏格拉底是通过判断或区别(krinein)不同的 logoi 来选定那个 logos 的;他区分了各种有关相或比率的解释,选择了最健全的一个,作为继续理性地活着的基础。他立足的不是一个 on,而是一个 logos;这是一个转折或新的航程。我们不能直接观察 onta,这会让灵魂目盲,所以我们不得不盯着 logoi。

logoi(假说的内容)不是偶像;它们拥有相同的相,即 onta 的真理、敞开或无弊。而鉴于只有神才能真的认识本真的存在(如同在有关天外存在者的神话中一样),我们只能类比说,我们能或者最能完全认识的就是对我们本真的。对我们:这无疑是视角论的因素,却无关相对主义,因为原则上讲,这种视角对于每个人都是一样的。不过,谁也不能通过肉眼观察到月亮的背面,我们看不到星星的另一面或者天外存在者,而只能看到它们的表面,朝向我们的表面。

一切与 logos 和谐一致的(无论是在一般的型假说中,还是在具体案例中),无论涉及 aitia,还是其他东西,"我提出为真"。这里用的是 Tithēmi，而不是 hupotithēmi。苏格拉底把真理置于他定为基础的东西之上；logos 维持并建立了真理。这并非说真理即遮蔽，像砖石一样垒在一个在现在无法看见的基础上。真正的 sumphonei，它是和谐的；它就是基础或假说的相。这也引出了下节将详细分析的一个问题。相、真理或型在 logos 或可知性之比中和在存在中是同一的，只是前者比后者更容易把握。那么，型和 logos 有何区别？如果 logos 既非概念，也非命题，却能向理智传达存在之真或型，那么传递的手段如果不是型，那是什么？

中　项

苏格拉底以 logoi 为基础来研究物之真，logoi 展示的就是我们如果能够直视物所发现的真。此处的真即该物之自然，其本真的所是，也是苏格拉底所谓的 ontōs on，即"本真"或"真实"存在的展现。苏格拉底常常把这种本真的存在比作物之相；真即物之真，而非作为存在的存在，更不是海德格尔笔下的大存在（Sein）。一头牛之真或本真的存在不是关于存在本身的，而是关于这头牛的。logos 是物与人类理智之间的中介，必然与两者都有共同之处。而且，logoi（＝各种假设）的健全性或全面性程度是有区别的，就像某些东西看着比其他的好。看着最好的假说可以让我们最大限度地协调我们的经验。这种和谐源于存在和思维的最佳结合。两者共有的无疑就是可见的或可认识的该存在之真；因为理智通过把握该型，看见了这种真。理解苏格拉底的这段话，最大的困难在于这一微妙之处：logos 或可知性之比与正在研究的存在必须是分开的，同时它作为相又必须是与后者同一的。如果它与存在没有分开，且更易把握，我们就无需也不会参考它作为发现存在之真的路径；但如果该相不是同一的，研究 logos 就毫无意义了，因为这样我们看见的就不是我们在寻找的了。

型即物之相,也是物呈现给我们的样子;但它们不是人类观看或思考活动产生的投射,或者物在脱离思维的本真无弊中的呈现的扭曲。苏格拉底显然是在说,我们可以在呈现诸型或相的 logoi 中把握它们,但型或相却不是 logoi。它们来自不同的词源:型(I-dea)来自 horao 和 eidomai,看,而 logos 派生自 lego,采集、拾起并收集或捆在一起。如果我们采集诸元素,比如各种曲线、不同的色彩等,并对它们进行整理,就会得出一幅画或素描。采集和整理产生了这幅画,但它却不是画。另一方面,这幅画是采集和组合的终极阶段,其实是处于其存在的完整性或本真性中的 logos。这幅画是该 logos 的 ontōs on,进而也是该物(比如牛)的 ontōs on。

澄清了这种区别,我们也解决了苏格拉底的含糊其辞,区分了作为"假说"的 logos,和作为可知性比率的 logoi,从而也解释了型如何与后一种 logos 既同一,又相异。后一种 logos 是存在和思维的结合。思维的收集与集成物相的收集必然是同一的。然而,严格地说,此结论差强人意,因为它似乎接受了木匠范例,或者暗暗指向一个制造型的神匠。如果我们认为诸型拥有自己的内部结构,不是由相,而是由同、异、一、多、有、无等因素构成的,会更令人满意一点。

为了避免这类问题,我们必须把作为存在和思维之比率的 logos,和作为人之话语能力的 logos 区分开来。苏格拉底无疑暗示了这种区分,但是他并未言明这两种不同的用法,因此含糊地过去了。我们费尽笔墨已经澄清了这一点。前一种 logos 即人的话语能力,用于生产假说。我们思考我们的日常经验,其基础是物的稳定性,尽管物历经变化;这种思考必然是话语的或计算的,尽管它最终会通向一个一般结论,而且我们无法从逻辑上证明此结论来自先前的思考。后一种 logos 却并非话语,而是我们谈论的东西。如果我们只是随意地把线条和颜色搭在一起,得出的相就是我们想象力的发明,或者随机安排的结果。为了让相成为 ontōs on，它就必须指导 legein 的安排，或者我们在画画之前已经把握了它。不过，问题并非出在本体论的层面。假定——这可以用于永恒王国——"采集"和得出的图画不是分离的；相反，有一种因素比为理智提供了一个相或者一副认知图画，我们因为把握了这幅认知图画，才能弄清比率中的诸因素的性质，或者陈述——不是图画，而是公式——这一诸因素比。

总之，作为假说的 logoi 都是观察整体的方式；有的 logoi 比其他的更好，也就是说，我们可以根据它们的包容性，或通俗地说，它们相的好坏，来对 logoi 进行等级排序。诸型的 logos 本身不是一个型；它是整体即存在和思维相结合的呈现，在这种呈现中，思维，或者用苏格拉底的话说，灵魂之眼，把握了物的外象，从而证明了思维和存在的结合。在这种 logos 中，诸型（显示在 logoi 或可知性的比率中）都是存在和思维的中项，被苏格拉底判定为最健全的，并且确立为其后思维的基础。我们可以用"假设"一词指代这种基础性的 logos，但这不是一种猜想或者纯粹视角的建构。苏格拉底说可以在该 logos 中看到存在物，该 logos 不是一个象，就像 erga 或日常之事一样，他的意思是说整体的秩序展现了诸型，他在此指的不是我们的话语生产的关于该秩序的假设。该 logos 作为假设并非人类话语思维的 logos，而是其基础。

让我们回到苏格拉底离开直接观察存在物的时候。这也是转向对存在物的间接研究，即通过可知性的比率研究。苏格拉底的意思是关于存在物，他转变了立场。如前所述，他抛弃了两种立场或视角：(1)自然科学或数理物理学；(2)直接观察存在物，这是数理物理学不会做的。尽管有苏格拉底的太阳比喻，我们也无法直接明白直接观察物意味着什么。在上文中，我称之为"本体论的"立场，但这只是权宜之计，并未澄清问题。

让我说得更详细些。很明显，我们无法直接把握存在物之真。

如果我直接看着一头牛,在某种意义上,我一定是"变瞎"了或者无法看见。苏格拉底想传达的是这样一种区分:作为物的牛是一种生成物,本身即是一系列的变易,可以被多种视角看见。不仅该牛在经历变易,观察它的我们也是。不仅角度有变化,感官也经历着变化。反对柏拉图主义或型的人是如何解释我们通过感知觉认识一头牛的能力的呢?在他们看来,牛的同一性来自一系列最初的感觉-数据的建构,更确切地说,它是两套变易的比率,即牛和我们中发生的变易。无论详细情形如何,其结果就是一种比率,无论是康德的法则,还是后康德的概念,与之相连的都是一种象或图像。我们通过该法则把该感官对象识别为一头牛。

这样看来,我们不是通过直接观察它来识别一头牛的。根本不存在一头可供直接观察的牛,只有一系列的变易在等着另一系列的变易来解释。解释的结果会随着诸变易的变化而变化,但这些变化都是相对于牛的同一性而言的,所以我们要守住这种同一性。牛的同一性不是直接被观察的牛,而是配着一幅图的一个概念,图像是感觉-象,但它并未给出牛被认识的同一性,将其同一化的是牛之概念,而概念或法则最让其惊奇的是,它涉及一种变易率。我们将其称为 logos,该 logos 为理智提供了该概念。那幅图像作为感觉的产物是派生的,在此可以忽略不计,留给我们的是概念或法则,反柏拉图主义者用它替代了柏拉图的型。存在和思维的中项即是那个法则。

图像被放逐成了次要角色,这并不足以影响反柏拉图主义和柏拉图主义之间的相似性。就像前文所指出的,型并未真的被看成一种视觉现象或者一幅图像。型让我们意识到自己是在看一头牛。当然,型并未用话语向我们解释一头牛是什么。要认识这一点,我们必须去动物园。然而,反柏拉图主义者的法则或概念是什么?它解释了什么?对于康德而言,它什么也没解释。用以观察经验对象的概念或法则非常一般,比如,观察一只狗的法则是狗是一只四足动物。① 康德只能通过把一只狗的形状从一个经验和偶然的表象变成知性的产物,即变成一个先验地建构的对象,才能把该法则具体化。如同今天从事观察的学生长于神经生理学和人工智能,康德希望观察到的狗的形状是偶然的,而非先天的。是科学过程告诉我们狗等经验对象是什么。总之,诸法则必须是短暂的。

因此,康德的法则是理智分析无法把握的,有关感知觉对象的比率精确的话语再述无法把握它。对于更关注经验的反柏拉图主义者而言,牛之概念是完全偶然的,无疑也非常不准确,它不过是有关牛被观察到的特征的一般陈述,这些特征现在是用以识别牛的属性。牛的概念和牛一样是变易的。牛之象是我们偶然拥有的感官结构的偶然产物,并非牛之存在的相。相反,它是牛之非存在的相,即它是牛的拟像(simulacrum),因为牛等感知觉对象在日常或前科学的经验中似乎是可以通过其相准确识别的存在物,其实却是不可见的变易率,或者经由数理理智的加工并作为其产物才可见的比率,但这些产物不仅看起来不像牛,也没有明确描述牛之存在。

我想进一步强调,迄今为止,没有发表任何可以定义牛之性质的方程式。对神经生理学反应的数学分析完全把我们带离了牛和数的领域,带入了另一个领域,一个一般的领域,在此领域中,那些看起来像牛或数的东西其实都是用数学衡量的波或波的比率,它甚至不属于解剖实验室中的神经生理学的领域,更不是生活日常世界中活的肉体。还有意思的是,神经生理学的方法无法解释我们如何感知对象,无论是一头牛,还是一棵树,当然也不能解释我们如何把所有感觉整合进视觉领域。从波到牛的转变依然是科学之谜,也不是通过数学方程式完成的。

---

① *Critique of Pure Reason* B180. 参见我的论文"Squaring the Hermeneutical Circle", in *Review of Metaphysics* (June 1991): 707—728。

因此，我们有理由说对感知的科学解释，以及抛弃柏拉图的型选取话语理性的法则和概念的做法，丝毫无助于解决柏拉图要解决的问题：即我们如何感知牛？而是回答了牛之存在是什么的问题，表明牛不存在或者牛是非存在物。鉴于这些原因，苏格拉底抛弃了前苏格拉底的数理物理学的解释；但我们的分析则指出数理物理学失败了，并不是因为它直接观察牛或存在物，而是因为它看的不是存在物，而是其变易的比率。因此，它看的是 logoi。如果我们要把苏格拉底的方法和物理学家或当代长于数理物理学的神经生理学家的方法区分开来，我们就必须转向一种不同的 logos，即我们必须转向一种有关可知性比率的假说，尽管它改变了我们对存在物的视角，并把我们带离我们最初要认识的存在物。再强调一遍，这不是要抛弃科学甚至神经生理学，而是要努力保留日常世界中的存在物，它们是科学直接的理由，是基础。

我的假设是：谁都无法直视存在物，每次直视存在物都是在直视一种存在物的相，而非存在物本身。该外象是存在和思维的中介或中项。说"直视"我指的是"聚焦"、"挑出"，因而是"努力识别"，因此"努力认识和解释"。这些都是一个延续的过程中不同的阶段，通过它们，我们努力在日常生活之网连绵的织物中析出各种因素或丝线。这张网连绵不绝，在这个连续的统一体中，任何因素都不能脱离这个统一体而存在，除非判断的标准不属于该统一体。

换言之，发生的领域是流动的，其中根本没有可识别的对象。因此，康德看到了洛克和休姆所代表的经验论的不足。尽管康德自己的理论也有不足，但他看到了真的问题，也是朝着真的方向在走。在这一点上，真的哲学选项只有柏拉图或康德。我们如何解释发生的问题？想从发生中勉强得出一种解释是行不通的，因为这种努力根本不属于发生学。识别感知对象的存在的欲望并不指向发生中的变易，因为这样的对象没有存在。这种欲望指向了变易的比率，这种比率是可知的，因为它们并不变化。欲望的主体当然是人类个体,他想知道怎样才能理性地生活。

转向有关存在物的正确视角因此也是转向一种假设,这种假设不是发生的结果,而是关联了发生,让其可以得到理解。转向 logos 不多不少就是转向有关存在物的思考,但不是直接思考它们。与海德格尔的责难相反,我们必须把存在物思考为某物。最初我们想理解日常经验,所以直接转向了发生的产物即存在物,也是处于生成和消亡过程中的存在物。这首先把我们引向了诸因素(水、火、空气、土)和力(爱、恨),接着引向了诸形状(线形、圆形、三角形)和数字,生成和消亡通过它们建构并消解发生之物,但这带来的结果却把日常理解的内容还原成了因素、力和数理物理学公式。直接转向存在物恰恰变成了离开存在物,相当于还原论:存在物被还原为发生的因素。要避免还原论,我们就必须回到对存在物的日常理解上,因为没有其他的路可走。变易的比率现在看上去具有了与日常存在物相同的相。"相"在此指的不是被感知的 morphē,而是可认识的 eidos,是显现、也是呈现给 noēsis 的相。

数理物理学告诉我们任何有关发生的解释都不是对感知觉对象的解释,它们最终都被视为 fantasmata,某种可知的原结构不真实的象,哲学告诉我们,数理物理学的原结构配不上我们对生活的日常理解,离开后者根本不可能理解数理物理学。苏格拉底对赛贝斯讲的故事要告诉我们的就是这一点。这是一则有关 logos 的神话。神话是人编的,但 logos 不是。

我们对 logos 的思考还需要再进一步,型在 logos 中扮演着中项的作用。苏格拉底强调,他在此所言的就是他一直在说的(100b1)。换言之,尽管他在此讲的自己的存在物研究直接针对的是赛贝斯(等对话者)的特征和需求,这与他在《国家篇》中与格劳孔和《裴德罗篇》中与裴德罗的对话等却并无本质的不同。苏格拉底说,现在他要"解释关于原因的理论"(epideiksasthai tēs aitias to eidos),"我一直在阐述这种看法"。

他重新回到多次讨论过的型问题:"我假定(hupthemenos)绝对的美(auto kath' hauto)、绝对的善、绝对的大等等一类东西的存在"(100b1—7)。"auto kath' hauto"这一表达意味着这东西是独立于其他物而存在的,但这并不意味着这个"kath' hauto"是完全独立于其实例而存在的。比如,我们可以因为某物能展示美,而且这种美在每一种美的事物中都是一样的,如同善在每一种善的事物中是一样的等等,来把每一种美的事物都判定为美的。继而,我们可以思考美本身,但我们思考的美是所有美的事物共同呈现的,它并不是脱离这些事物而独立存在的。

可以停下来问一下这种对美的"kath' hauto"属性的争论是否合理。难道我们不可以反驳说一个花瓶的美与一首诗的美是不同的吗?或者说一首弦乐四重奏的美又与前两者不同?换个例子,一个人的外表、品格、资质等与另一个人的也是不同的,但是如果真有人的型,它必须能够表达所有人的本真存在,这种本真存在必然是脱离上述各种变化的。就美而言,却似乎并非如此。每个人都必须拥有一个肉体和一个灵魂,但是每个灵魂在智力、勇气、礼貌和正义感上都是不一样的。那么美与人的灵魂和肉体有什么相似之处呢?对各种美的艺术品的一般反应表现的并非艺术作品,而是我们的特征。苏格拉底的观点是相反的,但是这种观点的基础是什么?

就人类而言,可以说,无论我们对他们作出什么样的反应,他们都拥有某些内在的或本质的属性,比如灵魂或心智。就美而言,苏格拉底似乎默默地调用了品味的标准,而我们并没有可靠的证据可以假设品味具有相应的型或可知性的logos。

我并不认为这些对话让我们有理由接受一种美的型,它完全不同于数学形式、逻辑关系和可感知的实体的型。苏格拉底认为一个良序的灵魂能够把美感知为良序的表达,这种"良序"不是品味的问题,而是本真或真正的美的显现,但我并不想就这一点喋喋不休,因为它并非我们的主要关注点。让我们来说说"auto kath' hauto"的意义这一关键问题。我想证明通常取代柏拉图主义的东西,即诉诸于抽象和概念-构造,并未成功消除诸型的"分离"这一根本难题,不过是其的另一种说法。

我们通常用"抽象"一词指我们思考一种属性本身的过程。在正常情况下,我们并不会说该属性是独立存在的,而是说作为一种属性,它必须属于一个拥有者。这或多或少是亚里士多德的路径,但无论我们认为它出现在亚里士多德的路径中,还是常识推理中,关键在于如何解释属性离开了其拥有者就无法存在,却能够存在于我们的思维中。比如,绿颜色是形形色色的物体的表面属性。假如我们在研究一堆绿色物体的样本,我问你:"这些物体是什么颜色?"你会回答说"绿色"。你已经看到每一个物体都是绿色的,从你自己一系列的感知中"抽出"它们所共有的颜色。你已经思考过绿色,脱离了那些绿色的物体,但你一定不会断言绿色是独立存在的,独立于其作为颜色的那些物体。在这种情形中"抽象"意味着什么?你从那些物体中抽出或剥离的是什么?你并未挤出物体的颜色,让它们变成无色,从而收获了一滩绿色。你的答案也不是因为同时看到比如 10 个独立的绿色物体的象,就像博物馆中的 10 幅画一样。因为你仍然需要解释你是如何从这些象或画中识别出绿色的。无论这里发生的是从感知觉向思维的转变,还是思维发生在感知觉中,或者与其同时发生,情形都是一样的:认为抽象即是让我们获得了一个许多物体或物共有的属性的一个一般型的思维过程,根本不是解释什么是思维,或者说,它是如何获得那个一般型的。比如,即便我们可以完整解释抽象活动发生时的神经生理学过程,也无法解释从个案观察到对其一般型的思考的转变。可能在电能释放过程的某个点上,发生了从个别感知到一般思考的脑力过渡。这样我们可能会说:"25 号释放发生时,主体正在报告一个一般型的发生,而在 24 号释放中,主体还在思考具体案例。"

不过,这并不能解释智力或认识的变化,因为它是精神的,完全不同于或者无法还原为电能释放或者化学反应之类的东西。为了解释智力的变化——它与神经生理学过程是相对的,我们必须从神经生理学转向对思维的分析。但是我们该分析什么?抽象不是变多而统一,繁多是个体的感知觉活动给出的,对之进行分析,只会得出感知觉的成分,而非抽象这一智力活动。

事实上,我们根本不可能对抽象能力进行话语或分析的解释,因为根本没有结构可以拆分。从现象学的角度描述抽象过程在思维中的发生步骤,只不过是详细解释了伴随着抽象思考的神经生理学过程。而且,如果要分析抽象的绿之型,我们不会得出该思维的统一性,而只会将其分解为不同的思想。思维过程也是如此,统一性总是每次分析行为的前提条件。

康德把这个整体称为统觉的综合统一性。简要地说,康德认为思维本身就可统一。思维是一种特殊的统一性,即所有可能的思维对象的繁多的综合统一性。在该繁多中,对象只有在被思考时才出现。让我们回到苏格拉底,他的方法与康德是相反的。康德把建构一般型或抽象的活动归于思维能力。当然,他并未把这种能力归为个体或者活着的思想者,而是赋予了先验自我或思想力,认为思想力是理性思考一切东西的条件。康德的假说又来自这样一种假设:"什么是理性思考"是不言自明的。然而,如果我们就这一点追问下去,就会偏离本书的主线。苏格拉底与康德不同,他把统一性或一般性赋予了思维对象,而非思维本身。

康德的假说的不足之处在于,他把思维指定为统一的执行者,因此把可知的世界变成了理智的造物。苏格拉底的假说的不足则在于,他把对象(即型)识别为自然存在物的真理,从而剥夺了思想者(即人)从属于型之外的一切统一性。在康德那里,所有人都是统一的执行者;在柏拉图那里,只有哲人才能统一,而且要去除他的人性。柏拉图和康德之间的差别非常特别,两种学说针锋相对,实际后果却完全相同。

因为被思维自发地用于统一世界的范畴表和诸规则都不是来自对思维的先天认识,而是来自我们所认识的世界,随着我们对世界认识的变化,前者必然会变化。思维建构世界说导致统一性逐渐退化为多样性,思维从先验的堕落为历史的。世界(或宇宙)建构思维说与前者殊途同归,随着我们对世界或宇宙的认识的发展,我们对诸型的认识也会发生变化,但这相当于诸型的统一性的消解。在我们常常提起的例子中,牛之型消解为各种小型(ideas),即有关牛的各种概念或看法。

柏拉图认为牛之型是不变的,根本无关我们对牛的认识的逐步增长或日渐精确。同时,他又必须说只能通过牛来把握牛之型。诚如亚里士多德所言,柏拉图主义也不能通过将其与我们有关牛的多重视角剥离开来,来确保牛之型的统一性。这种剥离与下面这种看法相矛盾:该型是牛之相,不可能是相在一处,该相的拥有者则在另一处。

我们当然可以修正或抛弃柏拉图主义,选择一种亚里士多德主义的立场,声称理智从对牛的多重观察中"抽象出了"牛之型,但我们无法解释什么是"抽象"。对抽象能力的分析通向的恰恰是柏拉图主义的观点,即牛之相既在又不在呈现给我们的思维的各种牛中。这会导致下面两种结果之一:要么认为是思维活动赋予各种牛牛之相或(亚里士多德所言的)本质,要么认为牛之相是思维虚构的,各种牛根本没有标准相——这是康德的观点。无论是哪种结果,抽象都不是从诸牛中抽出相,而是把相强加在诸牛之上。

无论我们怎么看待此问题,从经典的柏拉图的型到抽象说的转变,并未带来根本的变化。说诸牛是抽象的"牛"之概念的实例,和说单个的牛"参与"了牛之型或分离出来的牛性(100c5f),两者并没有什么不同。事物必须展现一个概念所展现的本质属性,方能成为该概念的实例。也就是说,一头牛的相必须就是"牛"之概念的相。我们对下面两种表面差异的认识也没什么不同:一种存在于思维中的牛之相和构成田野里各种牛的牛之相之间,另一种存在于该 logos 的相与苏格拉底的故事中的自然存在物的相之间。事实上,两组对照中的相必定是一样的,而且在我看来,把牛性或牛之相与一头头牛剥离开来,不过是为了维护抽象的牛的概念。

我在上文中已经不厌其烦地证明了根本不像我们通常所想的那样,两种学说之间有什么不同。一方面,型被认为是独立于我们对其的思维或把握而存在的,就像认为它是脱离偶然参与它的东西而存在一样。另一方面,抽象或概念被认为是只存在于思维中的。我已经指出,这不过是重复了型与其参与者分离的问题,现在还多了一重危害:存在被等同于思维。

为了克服这种危害,必须把概念与概念化活动区分开来。在这个例子中,牛之概念既不是某头历史的牛的殊相,也不是理智的产物,而是一头独立可辨的存在,揭示了牛之真理。换言之,这是柏拉图的型。这种概念不能像历史中的牛那样被生成或消灭,也不能因为我们思考或不思考它而产生或消逝。它永远是它自己,与其在牛中或我们的思维中的表象分离。这种柏拉图主义源自弗雷格、康托(Cantor)、哥德尔(Gödel),或者泛泛地说,源自现代数学中的柏拉图主义。然而,在数学中,我们讨论集合、几何图形、数字等,而不是牛、美或善。我要说的是,柏拉图主义常常被与康德主义混为一谈,但两者对抽象实体的样态的解释却完全不同,上文已经有了详尽的论述。

对抽象的解释就到此为止:对于苏格拉底而言,存在和思维分离,但存在却是可思的。对于康德而言,只能通过这一假设来解释思维为何能够把握存在:两者是差异中的统一。这是黑格尔的起点。虽然康德的先验哲学与德国思辨唯心论之间的分歧非常耐人寻味,却非本书关注的重点。我在此只是顺带提一提:对于黑格尔而言,剥夺先验自我的精神性或自我意识根本行不通,后者不可能来自先验自我的纯逻辑属性,而且就人类而言,无论从现象还是本体的角度看去,自我意识都是独立于因存在和思维的条件得到实现而建构的法则或概念的。对于黑格尔而言,根本无法把康德的二元论与对柏拉图主义的传统解释区分开来。康德只在抽象、法则或概念的层面统一了思维和存在。存在和思维差异中的统一只不过是绝对概念或客观的一面,而在康德那里,这一面与主观的一面是分离的。

总结一下我有关型的分析:我们必须区分这两者:一是在认识中感知到的因素的 morphē 或形状(shape),一是型或 eidos,即自我呈现在 logos 中供我们认识的相,它是自然存在物之真。感知的 morphē 是幻觉,会随着感知情况的变化而变化。通过反思,我们对某一物、事件、心理变化或关系的日常经验可以把握其 logos。"on"或"onta",即"存在物"(being)或"存在物们"(beings),代表着任何或所有这些经验的项。对存在物的每次直接观察导致的都是对其他东西的思考:该物的属性,其形式结构,抽象的概念等,这"其他东西"就是其 logos。还有关于 logoi 或可知率的其他解释。不幸的是,苏格拉底在故事中用"logos"一词命名了其他解释,但在此该词指的必然是 logoi 或可知率的一般解释,而非诸比率本身。为了在不同的 logoi 之间作出判断,苏格拉底采用了调和的标准,调和了他对存在物日常经验的认识和一种哲学、理论或知识性的理解。

日常经验是给出的,它是对一切存在物以及存在的理论解释的起点和背景。这并非说可以从物的外象、外表、或表面把握终极的存在结构。就连我们的行为也不是自明的,也需要解释,但是我们在每个案例中的分析都是日常经验的 logoi 和 erga。换一种说法,任何对物之属性的理论分析,如果排除或无视我为最好而行动的意图或动机,都是有缺陷的。请记住,即便是感知觉中的幻觉因素(幻象),也是随着我们的日常观察的变化而变化的。牛也许不是它看上去的那样,但正是表象或 phainomenon 让我们可以认识牛。

最后,相或型,既出场,又不出场。它出场,作为 morphē 体现的原相,也为我们在研究牛之自然时展开的各种视角提供了标准或参照点。然而,它却不在话语或分析理解中,后者根据型关联上述各种视角,但是根据本身却不能成为分析的内容,所以只是一种假设,而因为它能够阐明事物,让我们可以认识或解释事物,所以这种假设是成立的。

在我们所分析的这段话中,苏格拉底用了三个不同的词来表达型的出场:metheksis(源自动词 metechein; 100c6),parousia 和 koinōnia,并因此他宣称要与前人提出的 aitia 分道扬镳。"我要简洁明了(atechnos)地,或者简直是愚蠢地坚持这样一种解释:某事物之所以是美的,乃是因为绝对的美出现于它之上(paroussia),或者该事物与绝对的美有某种联系(koinōnia),而无论这种联系方式是什么。我现在不想追究那些细节(即联系的方式),而只想坚持这样一个事实,依靠美本身,美的事物才成为美的"(100d)。柏拉图只提到过 parousia 两次,①这是其中的一次。海德格尔把这个术语混同为柏拉图的大存在说,但出场的也可能是缺席的,在此例子中,美之型就不再在美的事物中。

在强调 parousia 的同时,苏格拉底也指出型不在话语解释中。对于 aitia 的问题,苏格拉底给出的最安全的回答就是诉诸于型的 logos(100d9 及以下)。在思考其他例子时,比如尺寸、数字等,苏格拉底明确表示必须反对下面的做法:检验型说的诸结果之间,以及和与之相矛盾的假说的诸结果之间是否一致或矛盾,以此

---

① 另一次在 *Lysis* 217e7。

来反对型说。这绝非直接而详细地为型说辩护。这种辩护根本是不可能的,因为该假说是一切辩护或解释的基础。任何想从其结论中演绎出该假说的做法都必须以该假说成立为前提,即正是该假说产生了相应的结果。在数理物理学或现代科学和哲学中都是如此。对整体的解释都是循环的,因为整体就是一个循环。

第三章 出场与缺席

整 体

海德格尔常常把形而上学定义为思考"das Seiende im Ganzen",①可以译为"实存总体",或者"全体存在物的存在"。形而上学认为大存在即一切存在物的存在,"来自且关于存在物"。② 换言之,它思考存在总体,不是单个物的叠加,而是从作为存在的存在的角度进行思考。③ 这种思考本身就是Vorstellen,④本意是"摆在前",这是一种再现思维,思考者把被思的存在物摆在理智面前,躺在(hypokeimenon)自己的视线之下,让自己看见:型。这里的基本概念都是关于把握、确定、永恒和出场或可见的。在海德格尔晚期的著作中,一反自柏拉图以来的形而上学或哲学传统,本真思维与logos是和谐的,log-

---

① 比如,*N* I, p. 377;"Was ist Metaphysik?", in *Wegmarken*, p. 1;"Vom Wesen und Begriff der *Phusis*", in Wegmarken, p. 311, *Einführung*, p. 14。
② *Beiträge*, p. 426.
③ "Was ist Metaphysik?", p. 7;*Einleitung* to"Was ist Metaphysik?", p. 207.
④ *N* I, p. 535.

os 即大存在之声,①首先是听,而非看。②"在此词中,在其持续的出场(Wesen)中,隐藏着那个给出者",即大存在的给出者。③

本真思维不再是对形式结构的认识,而是对声的关注和追问,此声既揭示又遮蔽了世界的给出。④ 需要强调一点:此声并非大存在给出者之声,但其中"隐藏着那个给出者"。这让我们不禁想起了耶和华(Jaweh),与摩西说话时从未现身。沉默与言说交织,是所有出场中潜伏的缺席,海德格尔在30年代有关霍尔德霖的讲座中隐约提到过。霍尔德霖常常把诗歌创作(Dichten)定义为指出和打开,比如打开世界、灵性、诸神曾经栖居但已飞走的王国。⑤所有"打开"都在等待被尚未出场的东西占据,无论是人之命运,还是神之使命。1941年的那篇文章中明确地阐释了这一点,该文章收录于《尼采》系列中:"思想者不能言说最属于自己的东西,它必定是未言的,因为可言的是由不可言的决定的。"⑥无论是早期,还是晚期,海德格尔都十分强调出场和缺席的交织。形而上学的不足在于把大存在定义为出场,根源在于它把出场理解为可见性。可见的是相或形式。本真思维则相反,它受语言,更准确地说,受言语指导,言语是说出的言语,也是未说的东西的符号。你可能会说言语比视像更适合作为思维的范式,因为它更灵活,更多是思维的给出和接受,而不是确定结构的呈现。我们可以听见而未看见在说什么或者谁在说,参与言说过程,但相之视像却把我们阻隔在

---

① *Was ist das-die philosophie?*, Pfullingen: Neske Verlag, 1956, p. 24:此处特指赫拉克利特和巴门尼德,他们不是哲人,而是伟大的思想家。
② *Unterwegs zur Sprache*, Pfullingen: Neske Verlag, 1959, p. 180(下文略写为 *Unterwegs*)。
③ 同上,第193页。关于"*Wesen*"(本质)的意思参见第201页:"'本质'这个词现在不再意味着,什么是什么。我们将'本质'视为动词,即在场的和不在场的。'本质'表明一种延续、停留。"
④ 同上,第200页。
⑤ *Hölderlin, Gesamtausgabe*, Bd. 39(1976), pp. 30, 33, 79, 140, 251.
⑥ *N* 11, p. 484.

看的过程之外,即相之出场活色生香,吸引了我们的注意力,让我们遗忘了事件中不可见的东西:缺席。

因此,海德格尔更青睐前苏格拉底的思想家,他们与柏拉图或亚里士多德不同,认为存在,to on,即所是,是个动词分词,而非名词实词。① 对于海德格尔而言,logos 是大存在的聚集,而非相或可知率的具体化。② 整体并非一种形式结构,而是思维把我们"抛入"或"投射入"其中的东西。③ 它是可思的一切,可遇的一切;因此,它包含着无,das Nichts,因为未思考"das Seiende im Ganzen"就不会遭遇无。整体包罗万象,是我们要追问的,我们无法定义或完全认识整体,却最需要认识整体:"因此,'实存总体'(das Seiende im Ganzen)命名了最值得被追问的,也成为最值得被追问的词。"④

对于海德格尔而言,整体,das Ganze,是哲人要关心的,无论他是思想家,还是形而上学家。整体是定义实存总体的出场与缺席的交织,但它本身却不是一个存在物。这与柏拉图对话集中提到的 to holon(整体)或 to pan(总体)的意思多少有点相似。整体即实存总体,它组成了宇宙,包括人和神的世界,但它是一种组织,而非组织中的物或元素。⑤ 哲人的灵魂渴望认识(eporekesesthai)人和神的世界中的一切,他关注整体。⑥ 哲学即爱全部真理,⑦因此也是爱整体,整体不是实体的集合,而是一种组织方式,它按照

---

① *Heraklit*, pp. 55ff.
② 同上,第 278 页:*Logos* 是"存在自身,所有存在者都栖息其中"。
③ 参见"Was ist Metaphsik?", pp. 7, 19;"Voom Wesen des Grundes", p. 39,此二文均载于 *Wegmarken*。
④ NI, p. 277.
⑤ *Gorgias* 508a3; *Theaetetus* 203e1ff.; *Sophist* 244d14ff., 24.5b7—c10(这篇带出了总和与整体之分); *Philebus* 28d5ff.。关于整体与总和的区别,参见 Aristotle, *Metaphysics Delta*, 1024a3.
⑥ *Republic* 6, 486a4—7.
⑦ 同上, 5, 475b4—10。

事物在组织中的等级或位子为事物赋予真理和美德。

虽然不能说对于柏拉图而言,哲学即爱完全出场的大存在,我们也不能忘了,我们对型的认识是通过其实例即显现的东西或者 ta phainomena 获得的。型是完全可见的或者完全自明的,却未对我们显现。我们必须回忆它们,在反映它们的象中看见它们,所以我们可以名正言顺地说,型也是缺席的。人类无法把握完全的出场。我们完全可以说,ta onta,生成之物,包括自然的和人工的,并非或并不拥有本真存在。它们是整体之部分,我们必须认识它们,哪怕我们认识的并非它们显示的型,甚至遮蔽了那些型。

因此,我们可以说,在柏拉图和对话集的描述中,整体既是出场,又是缺席,两种意义上的缺席。首先,型被呈现它们或者让我们记起它们的存在物遮蔽。其次,即使个体灵魂有型,也不是 logos 即话语或计算思维能够认识的那个。这里需要神的语言,人类只能凑合使用肖像或神话。① 爱欲的灵魂总是在变形,死亡和重生;它并非一种型,而是一个浮现和消失过程,一个不朽的哲人也是一个巫师、投毒者和诡辩家。② 哲学不是也不可能只思考型,回答何为大存在的问题。它也要,而且首先要,回答我是谁/什么的问题。③

总之,柏拉图主义哲学是爱整个真理,因而也是认识整体的欲望;它首先是人类认识自己的神圣冲动,尤其是认识自己是否认识了什么。重申一遍:我必须认识我自己,因为是我敞开面对整体。认识了自己,我才能够认识整体,或者知道整体是否可知。对自我认识的追求不是庸俗的自我中心主义,苏格拉底在《裴多篇》(64a7及以下)中已经阐明了这一点,他说哲学即做好死亡的准备。我不

---

① *Phaedrus* 246a3ff.
② *Symposium* 203d5ff.
③ *Phaedrus* 229e4ff; *Apology* 20e6ff.

是想调和柏拉图呈现的各种不同的哲人生命范例,而是想指出,哲学即一种生命方式,神的或人的,它不是对型纯理智的凝视。生命不是一种型,整体也不是。

生活世界的历险

让我们来丰富一下上文有关整体的概述,先尝试分析一下我们是如何以日常生活及其带来的反思为基础,理解出场和缺席这对相关现象的。我们的分析将从日常生活,而不是柏拉图对话集中的某个段落入手,目的是为了提供一个总体框架,去解释前几章谈到的型说。海德格尔分析了 Dasein 的"一般日常性"(durchschnittliche Alltäglichkeit),这是他所理解的胡塞尔对生活世界(Lebenswelt)的分析。初看去,这两种方法都调用了经康德修正的古希腊的 doksa。在海德格尔看来,日常性和生活世界是 Dasein 的实存活动构成的诸结构,在胡塞尔看来,它们是先验主体性构成的诸结构。作为现象学家,海德格尔和胡塞尔的根本任务是一致的:描述日常生活的结构。一路走下去,下一步就需要描述个体与世界共在的结构,它是自然态度中活的或者被经验的结构。

然而,如此一来,我的描述就是现象学的思考提供的,但现象学的思考并不在生活世界中。再强调一遍,海德格尔的目的是描述"祛弊"的过程,大存在通过祛弊或者在祛弊中把自己显现给人类,显现在经划时代的思想家之手的范例中。但这并非我的目的。对大存在的思考(或近乎思考),以及对自显之物的结构和等级排序的分析描述,都来自日常思维。为了保存整体的统一性,我必须证明那些派生的思考或描述是如何从日常思维中浮现的,但我不能先把它们分开,然后说日常思维服从一种"来自上面"的分析。

让我们从一个简单的问题入手。我们怎么能认识尚未显现的东西?让我先来回答一下:我们通过显现的认识未显的。我无法解释为何一定是有,而不是无,但我可以说如果是无,就没有了人去思考未被思考的,也没有了人去思考缺席。无也将缺席,因为缺席即对着在场的人缺席。所以,亚里士多德断言非存在取决于存在。有东西因缺席而出场,但这是一个比喻,因为我们根据我们知道在场的东西推断出了它的缺席,或者知道什么缺席了。举一个例子。我在聚会时走进约翰的寓所,四处寻找也没看见他,于是说"约翰不在"。我知道约翰缺席了,因为我在他的寓所里;见到约翰时,我会认出他,但他不在这里。

约翰不在他的寓所里,这是绝对的,他不是部分在,部分不在。他的衣衫、家具、立体音响、照片,甚至所谓的气息都在;但约翰不在。我们完全可以感觉到约翰的在场,但是对约翰的感觉不是约翰本人。不过,还有其他的缺席。比如一颗橡子显示了橡树的缺席,这与约翰不在其寓所中不同。那颗橡子尚未但是会变成一棵橡树。我们是怎么知道的?因为我们见过橡子发芽长成橡树。顺便说一句,这种经验是植物学或生物学的基础。我们从无数的经验中得出了支配橡子发展的规律——这类事物总是这样。这与这一结论也是基本一致的:两个氢原子和一个氧原子结合会产生水。此结果不是因为诸元素遵守了某个神王的命令。我们可以这样解释该结果,却缺乏证据,因为没有神王;氢原子和氧原子的结合并未呈现为先在律令的工具。

不过,这并非我要说的重点。提到它只是为了表明,从日常经验转向有关它的科学研究,无论是现象学,还是其他科学,都不会让我们加快进程。我们关心的问题与科学没有直接联系。即便能对日常生活展开科学研究,也只有那些懂得生活的人才能做到;而且这种懂得并非科学知识。我们也许还应该认识到,根本没有有关大存在的科学研究。科学家都是从可测量和操作的物或过程开始的,而且他们是从一个明确的角度入手的,即确定它们的性质,它们如何起作用,如何产生,我们该如何使用它们去达成目的等。

最重要的也许是科学家口中的"自然",以及一物或过程的自然,都是由测量和操作的需要决定的。他不会问什么是作为存在的存在,或者什么是大存在?也不会按照日常经验的方式解释日常经验;相反,他认为日常经验遮蔽了本真结构。

从这个角度看去,海德格尔关于大存在被遮蔽的说法与现代科学的基本假设是一致的,尽管海氏无法接受测量和操作的需求,或者为了满足人类的需要控制自然的做法。对于海德格尔而言,控制就是一种遮蔽。广义地说,科学来自日常生活,它的根在那里,对于柏拉图也是如此。日常生活本身不是科学的,而且必须按它自己的方式加以理解。在这一点上,海德格尔也比柏拉图更接近现代科学。海德格尔使用的专业术语比柏拉图的更为发达,描述和分析也更为清晰直白。海德格尔崇拜诗歌,也想形成诗性的思维,但他始终是经院派的,是科学理性发展的产物,而柏拉图尽管十分理性,总是高歌数学,但骨子里却是个诗人。

回到橡子的问题。橡树缺席是因为那颗橡子尚未成为一棵橡树出场。另一方面,橡树潜在地在场,因为具备一定的条件,橡子就可以长成橡树。而且,在橡树的生长过程中,只要尚未发育完全,它都是既在场的,又缺席的;即便发育完全了,它又开始衰落,变成另一种意义上的既在场又缺席。然而,在所有这些例子中,与约翰和他的寓所的例子一样,我们使用的"缺席"一词都是相对于出场的东西而言的。让我们来详细研究一下这些例子。我们不是简单地或者泛泛地说约翰缺席,而是说他不在他的寓所里。这是何意?约翰的实存与他的寓所有关?当然不是;他可以在学校或寓所大楼旁的路边或飞机上或任何地方。当然,他通常在美国,在宾州,在州立大学,甚至那天的大部分时间都在他的寓所里。约翰住在寓所里,但他在寓所里却无关他的存在。

相反,我们可以在一系列地方找到约翰,但这些地方多少是由与约翰相关的另一系列事实或关系决定的,比如,他是美国公民,在宾州州立大学教书或学习。如果我们了解后一系列的(大部分)成分,就可以越来越清晰地填写前一系列的组成。这样,如果约翰在工作日的凌晨两点还不在寓所,我们就会觉得奇怪了。不过,这种反常并不意味着约翰不存在了,他死了。当然,他可能真的死了,躺在翻倒在某条沟里的汽车中。即便如此,他也是一具尸体,而不是无。不多说了:重点是约翰从某个背景中缺席,但背景必须出场,虽然这种出场与我看见站在客厅里的约翰的出场不同。约翰缺席,是因为他通常在那儿,或者是因为我根据当时的情况合理地猜测他会在那儿。这意味着以往在类似的情况下,他是在那儿的;或者哪怕是第一次发生的情况,比如我们来给他暖房,我们说约翰不在,那是因为我们会期待暖房时房主会出场。

我想插嘴谈谈海德格尔。在《存在与时间》中,海德格尔把我们对构成一般日常性世界的关系网的认识,归因为伸手去拿工具却发现它缺席的经验。① 不过,我们不能把日常生活类比为匠人或农夫的作坊。我寻找约翰与我伸手取锤子是不同的。我们能说的最多就是,我寻找约翰是为了展开社会交流的 praksis。但 praksis 不是 poiēsis。匠人的工具是用来生产制品或者改造自然的。我们在上一章看到,海德格尔认为古希腊——尤其是柏拉图主义——的大存在概念是因为采用了 technitēs 的范例;其实,此模型恰恰适合他对 Dasein 的分析。海德格尔似乎没有注意到,在柏拉图那里,生活其实是实践-生产的;但这并不是说存在物都是工具,或者我们用工具制造的产品。下文再详述这一点,现在让我们继续回到约翰不在寓所的问题。

我们并不需要成为形而上学家,只要具有一般的思维能力,都会好奇约翰为何不在。我们会问:"不过,谁是约翰呢?我对他了解多少?哪种人会缺席自己的暖房聚会呢?"如果有人问道:"约翰

---

① SZ, p. 73.

是什么?"这问题肯定会让我们困惑,但是如果提问的背景是我们想弄清楚他为何不在,就不会那么让人困惑了。如果约翰在我们面前行为古怪,也会激起这种好奇心。我们该如何回答此问题?当然,与解释为何我们会说约翰缺席的方法一样。首先,我们肯定已经见到或者直接遇到过约翰,或者听到直接遇到过他或间接听到过他的很多事情等等的人谈论他。这些方法的共同点是什么?都是从约翰的在场开始,直接的在场,或者在我们对其的了解所呈现的一套关系中。谁都不会期待约翰会无中生有地突然现身,也不会期待他会瞬间消失或隐匿自己。约翰以各种方式来去;这些来来去去都是约翰自己的,约翰"本人"的,而非某个拟像的;正是这种本人或直接的来来往往,被我们把握了,并报告给他人,给我们自己,这样我们才能谈论约翰的缺席或出场。

情况也有另一面:让我们感兴趣的是约翰的来去,而不是他的衣服、他的雨伞、他的手杖、他的公务包、他的香烟、他口袋里的钱等等的来去。约翰是具体的:一个人,而不是一条裤子或一把雨伞。我们怎么知道的?形而上学在此毫无用处,我们寻找的不是有关作为存在的存在的定义或学说,无疑也不是作为约翰的约翰的定义或学说。当然,我们看到了约翰,并把他识别为一个人。然而,要是我们看错了呢?他其实是个小矮人或者是个机器人,比如《星际迷航》中的数据指挥官,或者其他被我们认作约翰的东西?要是我们看到的是赫伯特或亚瑟呢?我们可以不断增加调查,来修正先前的识别,但是什么时候才算够呢?什么时候我们才能确定自己没有弄错呢?

我们将会意识到,这些问题根本缺乏认识论或本体论讨论之外的实质。我在讲座时,会堂里没有人会怀疑我作为一个人的身份,尽管他们对我的姓名或者生活轨迹一无所知。我可能是个小妖精或者森林之神,听众也许被火星人从外太空的某个角落发射到会堂的射线给催眠了。也可能月亮是块绿莹莹的奶酪,但是因为火星人的催眠射线,我们把它当成了星球。与我们的群体经验、科学知识或可能性的规律相比,这些可能都是些无足轻重的有趣的"可能"。

暂且不提这些。即便被火星人催眠了,我们也可能会发现这一点,发明反催眠隔离屏,从而正确地感知事物。和木棍在水里看起来是弯的一样,火星人的假设无足轻重。要旨依然没变:你也许弄错了我的身份,但是这种错误是可以纠正的,这样你就认识我是谁了。你能够认识我是谁是因为我就是我:这不是上帝才有的属性(尽管上帝也许曾说过"我就是我")。相反,如果你从未发现我是火星人,或者不是你误认为我的那个人,那是因为我不是火星人,而是你看到的那个人。

以此类推,我们就不会受当下时髦的言论干扰了,这些言论认为对象的身份取决于观者的感官特征。想象一下,我们都在会堂里,你通过热辐射而不是光折射感知到我,你看到的我与正常方式下看到的我必然是不同的,但是通过人造工具或者从生理上改变你的感官也会产生类似的效果。你感官的变化是一回事,我身份的变化是另一回事。比如,即便感知我的是热敏感的生物,我也不会变成火。有人感知为热、有人感知为光的东西必然具有某种性质,让它既能被热敏感器官捕捉,又能被光敏感器官捕捉。如果我们的感知都是从一种缺乏内在属性的元物质中捏造出来的,就不会有知觉科学的出现了。

确实,我们实际使用的具体观察工具会影响所谓的形式或表象,以及柏拉图对话集中的型,如果它们指的是物理实体。然而,型的本意并非物的画像或照片,而是该物的可知性。我们暂且称之为现象型,一头牛的现象型,是各种牛在我们这个世界中拥有的相,这个世界中居住着许多和我们一样的感知者。该相是我们看见的该牛的物理形状或 morphē,但是该牛的可见性和可知性和其物理形状是两回事。如果我们住在另一个世界中,那里也有各种牛,但是我们的感官完全不同,该牛现象的相也必然不同。

不过,这并不影响型说,生活在这个世界而非科幻故事中的我们也不会对此感兴趣。我用"正常的"一词指一个存在物在这个世界的相。该牛正常的现象型就是牛们在这个世界中的相,但不是在所有世界中,或者任何千奇百怪的观察条件下。说牛们看上去可能与通常看上去不同,并不是对柏拉图的型说的有效批判。如果它们确实看着不同,那只是它们展示的现象的相与所谓正常的相不同,但是这种差异微不足道。

然而,这样小试牛刀也让我们看到了一些有价值的东西。该牛的现象型,即让我们说出"这是一头牛!"的那种特殊的牛相,不可能是该牛非现象的自然本质。现象的牛是一种 morphē, noumenon 的牛让它可以被认识——用康德的话来阐述柏拉图是非常危险的。Noumenon 的意思是"被思考的东西",我们思考的是型。重申一遍:该牛的相,即它在这个世界中的 morphē,对于把握或"回忆"牛之型十分重要。非常之牛会有非常之相,此相与这个世界中的牛相具有完全不同的 morphē。因此,非常之牛会展示非常之型,一个看着像这样的物的型,无论"这样"在那个世界里是怎样。何为牛无关其 morphē,所以牛之型在任何世界或感知条件下都是同一的。牛即牛,无论我们怎么观察。

可以这样说:牛的视觉或知觉形状都是 fantasmata,都是符合诸如此类的观察条件下的居住者的视角的象,向这些居住者展示处于本真牛性中的牛型或原相。生活在正常世界中的我们可以通过观察正常的牛来研究非正常的牛-相。正常的牛或牛-相是出场的,相对于它而言,非常相是缺席的。我们可以确定非常相取代常相的条件,只是因为各种可以获得常相的条件的出场。我们必须直接或间接指着出场条件说"需要改变这些"。说"这些"就是说现在的条件不仅出场了,还多少是确定的。

略微提一下达尔文主义:上文提到的感官变化也适合达尔文

主义。一头牛的型是由该牛的幻象或 morphē 显示的,但它并不依赖后者。该 morphē 会变化;如果该牛不再是一头牛,其形状也就不再是我们与牛联系起来的形状,那么我们看到的就是另一种动物。然而,现象之牛的变化根本无关何为牛的变化。如果柏拉图的牛型与历史的牛是分离的,那么牛从历史中消失并不会影响牛型。达尔文主义给亚里士多德主义带来了麻烦,却并未危及柏拉图主义。

再回到约翰的问题。尽管约翰看上去不断在变化,我们却能在正常世界中发现和识别他。事实上,我们只有识别他了,才能谈论他的各种变化,以及他的缺席。我们在讨论的是约翰,这意味着约翰并不是一种修辞。当然,约翰的例子是我虚构的,但这并非自相矛盾,因为约翰是一种胡塞尔而非韦伯意义上的理想型。约翰可以是你和我,事实上,他也是你和我。我可以找到你,你也可以找到我。讨论约翰只是为了便于讨论你和我。

我们接着说:约翰是一种同一性,让他可以被识别。正是这种同一性确认了我们的观察识别,而错误的识别就是错过了这种同一性。无论我能否成功地识别他,约翰都出场在他自己的同一性中。该同一性的基础就是"人"这种属性。我对何为人最初或最基础的认识不是科学教育的结果,也不是因为观察经验,而是因为我是一个人,而为人的一部分就是拥有识别他人的能力。这种能力让我把对 X 的各种观察识别为展示了一个人(比如约翰)的出场。

不过,也是这种能力会让我们认错约翰。说人类在把某物识别为人时会受到愚弄,是在说他们知道何为人。这也不是说他们每次都能准确无误地认识到 X 是一个人,而是说他们知道柏拉图所谓的人之型。因此,他们可以更正自己的识别错误,所以也没有人能提前或者准确地说出还需要多少额外的努力才能作出正确的识别。一切都取决于环境:光线,所识物体的远近,我的视力好坏,我当时的情绪等等。

我们应该作个总结。我并不是完全或者首先通过我的知觉把约翰识别为人的。我们当然可以把感觉和知觉区分开来，认为知觉已经包含着识别判断，感觉却没有，但这只不过是让问题后退了一步而已。我的知觉（与感觉相对）让我可以识别约翰，是因为（在目前的假设中）它已经是关于何为人这种经验认识的结果。这种经验认识并非是关于存在于另一个世界中的人类典范的，也并未脱离所有的实际人类。用亚里士多德的话说，它是对人的现实性的认识。

请注意，我没有关于食蚁兽、水虎鱼、鹧鸪等的经验认识。我可以认出它们是动物，因为我也是一种动物，而要认出它们是哺乳动物、鱼类或鸟类，我就需要专业知识。也就是说，如果食蚁兽也具有柏拉图的型，我回忆起它的方式与我回忆起人之型的方式肯定不一样。插入一点关于异种（即外星生物）的评论。"异"也许意味着"非人"，但这是一种术语错误。比如，按照亚里士多德的定义，人是"拥有 logos 的动物"，电视剧《星际迷航》中的克林贡人也是人。如果看到一个克林贡人，我会把他或她识别为一个长相滑稽的人，而不是某种与我完全相异的东西，像食蚁兽或白蚁一样。

我不是想吹牛说拥有某种神秘的直觉，可以一见到某人就说："那是来自辛辛那提的细菌学专家约翰·史密斯。"我也不能在轻轻一瞥之后，就能对何为人进行本体论的解释。我想说的只是这一点：我们可以通过那种背后的统一性，那种相，来识别我们的同类。此相并非现象的，有如图画或照片，而是涉及一种无法完全解析的综合属性，其中最重要的是识别另一个意识的能力，即识别另一个有知觉力的存在者，他的反应即便无法预料，却也并非不可知，很可能就是我们的反应。

这里的观点并不需要长篇大论，详细分析我们是如何把彼此识别为人的。我想说的是，这种识别来自我们对自己是这类那类人的基本认识。"这类那类"指的并非有关本质的精确认识，而是有关我是谁的活生生的核心认识,也指的是这一事实:是我在惊讶、好奇和认识。以此为基础,我又可以说,我们运用或者根据我们的自我认识识别非人的物种、事件、过程和关系。我赞叹那些天体运动,因为它们比我的运动更有序,而且我也无法运用正常的肢体运动或理智意向改变它们。我害怕野兽,因为我知道它们很危险。我对地球表面上无生命物的性质感到好奇,因为它们是有害的或有用的,美的或丑的等等。

说我找到了属于自己的方式,这无关任何主体性的学说或者笛卡尔的"我思故我在"。找到属于自己的方式,有一个例子就是知道是约翰在场(或缺席),而不是某个无生命的物体,也不是一种感知错觉。我想强调一点:我也许根本无法清晰地解释我是谁或者什么,但是从事实践和理论思考的前提,都是我熟悉并且知道自己大概是这样的:一个会欲望、惊叹、想象、希望、思考等等的人,也知道自己在做些什么。有了这一基础,我才能回答约翰是谁。

也是这一基础让我确定出场的是约翰,还是其他的东西,但总归是某种东西;而且它如果是约翰,就不会是其他东西。要完整地分析约翰的同一性,这一过程可能是无止尽的,但绝不能是武断的。当我说"约翰不在"或者问"那是谁"时,我要么指的是一个具体的人,要么是在让他人识别我指的那个人。我指的是约翰,一个人,一个名叫约翰或者其他名字的人,但绝不是一件衣服、一把伞、一个手杖、口袋里的东西等等。

既然我们是根据自己那个调查者来识别事物的,那么不以约翰为例,而以一把雨伞或者一顶帽子为例,解释出场和缺席的区别,也不会影响故事的结果。提到另一个人,我可以介绍一堆相关的点,也会排除某些虚假的却常常会妨碍我们的调查的问题。与此同时,我也提出了思维与存在的关系问题,这个问题亟须回答。

思维不是创制

如果整体思维源于我与世界的共在或者合为整体(并非各部分的叠加),是不是我就变成了康德的先验自我?难道不是"我思"必须伴随着每一个认识活动,最后无法区分我思的世界和我对世界的思考?对于这类问题,首先而且最主要的回答就是:提出此类问题的人没有领会日常经验和有关该经验的解释之间的差异。或者说,解释日常生活中的具体事件是一回事儿,解释日常生活的本体论状态则是另一回事儿。

在很多日常生活的事件中,"我思"并未伴随着意识同时发生,或者说,我们有意识,但没有自我意识。比如,解答数学问题,沉浸于电影、戏剧或小说中,或者常见的陷入关于其他事物而不是我的沉思中。这并不是说那个我没有与占据我的心神的东西共在。诚然,即使某人"消失在[陷入]沉思中",也是可以被自己或者他人重新找到的;他还可以找回或者回忆起那些是他的想法。这两种找回都是通过整体的出场完成的,整体的出场就是世界与我的共在。找我的人,那个大叫一声"醒醒!"让我重新关注自己的人,与我同在那个我在其中并且呈现给它的世界中。我们完全可以说某个先前消失在沉思或者白日梦中现在又重新回到我们中间的人,"终于,他回来了"。我们甚至可以问那个人,"你刚才在哪儿?"两个问题的背景都是某种正常的出场,也是这种出场让我们在约翰的暖房聚会上没有看见他时会问约翰去哪儿了。

确实,从世界中短暂地消失要比在这个世界中却消失在沉思中夸张得多。如果我从这个世界中消失了一段时间,那么我要么是暂时不存在了,要么住到另一个世界中了,但消失在沉思中与消失不一样,比如,其他人还可以看到我的身体和我的表情变化、鼻子抽动等;即便当时没有人跟我在一起,别人也很容易就进来,看见我坐在椅子上，完全忘了周围的世界还有我自己。还有其他方式可以确定我未出场，比如我看着钟或我桌子上的东西等等。这里需要注意，如果没有任何证据表明我暂时消失了，或者说，暂时不存在了，那么我就没有消失。我与世界的无缝结合没有遭到破坏。担心相反的可能性仿佛担心你的邻居是火星人，这种猜想毫无理由。我们也可以用类似的方法证明或者反驳那些自称曾居住在另一个世界中的人。

与事实相反，那些我们可以以其为基础进行想象，却又不违背无矛盾律的例子，和康德的先验哲学和费希特的绝对自我一样，完全脱离了日常生活。多年前，我在《分析的界限》①中已经探讨过此问题，此处不再赘述，只需提一下今天的模态逻辑哲学是基于这种观点：无矛盾律无关现象，进一步说，逻辑学无关经验。然而，此观点早已被20世纪哲学中两种相异却相关的倾向消解了：1.逻辑学被还原为经验；2.想象战胜了理性。这两种倾向的直接后果就是把逻辑学变成了诗歌，重构了上述观点的意义。

我确实可以想象一个世界，其中桌子是一个大冰块，当然，在我看来，它和这个世界中木头做的桌子一样。我也可以想象一个世界，其中大象骑着国王。这些例子并未违背无矛盾这一形式律，但这一事实——如果真是事实的话——并不能构成理由，让我在思考自己实际身处的世界的性质[自然]时把这些例子当真。我可以天马行空地想象，包括怀疑无矛盾律的适用性。然而，无法区分理性和想象，就没有了哲学。哲学没有了不是因为形而上学，而是因为日常生活也没有了。如何回应模态逻辑哲学，并不取决于对句法的数理分析，而是以我们真实生活认可的方法为基础。无法区分理性与想象，我就不可能日复一日年复一年地活着。世界本身的力量就可以轻而易举地驳倒这种无稽之谈：区分理性与现象

---

① *The Limit of Analysis*, New Haven and London: Yale University Press, 1985.

毫无根据。哲学必须由日常生活引导。

言归正传：消失在沉思中之类的例子非常有益，可以告诉我们如何区分这两者：一是我与世界共在这一事实，一是我对共在的关注。如前所述，我的思想不可能脱离我，或者不是我的，而是别人的。哲学思考也要求我思考与世界共在的我，但它没有要求正在进行哲学思考的我同时也一直想着自己，或者时刻都在对自己说："我认为……"不过，我现在想谈谈另一个问题。我赞同康德的说法：我的统一性在于能够把我拥有或经历的每一个想法或者其他意识事件都确定为我的想法或事件。然而，要做到这一点，我必须首先知道我是谁，否则我很难说"此想法是我的"。

换言之，要想通过理论原则或论证证明自我意识的统一性，就需要我们知道自己是谁，这样一来，我们已经是一个统一体了。这就意味着，对意识进行形式分析根本无法得出或演证自我意识的本源，因为要分析就必须有具有自我意识的人在那里，分析是由人执行的，还要被他人理解。康德无疑会说统觉的先验统一必然会解释经验意识的统一。我的回应是，经验意识的统一根本不是先验的。

康德把经验的统一变成了先验的统一，并且认为这是必须的，这样才能把思维对象的统一性归因于思维的职能或法则，从而证明他所说的"先天综合判断"的合理性。否认这类判断的必然性或可能性的人，会认为康德的观点带来的不便大大超过其长处，会转向另一种假说，比如柏拉图主义的观点，认为物的统一性必然先于思维活动，虽然思维活动加入或者调节了该事物的呈现。选择后者的基础是日常生活，而非哲学思辨。我们必须确定哪一种 logos 为思考整体提供了最健全的基础。先天综合判断无法证明康德主义的正当性，因为这种判断只存在于康德所解释的那个世界里。

话虽如此，我却无意推翻康德主义，只是想说我们没有绝对的理由一定要接受它。我们必须接受的不是我们可以想象的，而是生活让我们无法否认的。积极地说,如果我们的目的是解释人类经验总体,唯一可行的就是那些最少障碍却能解释最多的方法。无论如何,我们都不会被迫甚至被允许选择一种无法容纳日常生活中的事实的解释。总有人会认为根本不存在日常生活的事实,或者认为日常生活就是一种理论的或者想象的建构。我们通常称这类人为疯子,如果他们要自封为哲人,就要面对事实的检验。他们必须解释自己在其中言说的世界为何是虚构的,我们再来分析他们的解释。

没有任何东西强迫我认为我直接或间接思考的事物本身是Gedankendinge,即只存在于我思想中的实体。整体,即世界与我的共在,并非其中所有事物的叠加,上文已经说过这一点了。比如,我在整体中遇到一头牛,但这头牛并非作为共在的整体的成分。这头牛是这个世界中的居住者,而我是另一个居住者,与它共在,我经历各种奇遇,遇到各种事物,比如一头牛。"共在"的意思就是:无论我在世界中遇到了什么,都是我遇到了它。"整体"的意思是我只能在这个世界中遇到其他事物。思考整体时,我努力理解自己生存于其中的世界,我不依赖所遇之物,并且参与的事件都事出有因,这让我在每个环节都会问:"接下来,我该怎么办?"于是,我必须思考各种可能的行动路线,从而作出最好的选择。理论和实践都是如此,因为如海德格尔所言,theōria 是最高形式的活动。最后,当我消失在自己的思想中时,我不再遇到这个世界上的任何东西;我可能是在宇宙的穹顶上,观察各种天外之物,当然这种观察并非肉身的,所以也不在世界中。不过,我们也不能因此得出结论说,假如诸型是可以思考的,它们就是 Gedankendinge,即我思考它们的产物。

这是一段离奇却又必须的跑题。让我们回头看看约翰,如果即便他不在,我们也能看见他。"出场"和"缺席"这类词涉及一套坐标,这些坐标又涉及一个确定它们的观察者。约翰不在他的寓所里;这寓所是约翰选的,而且被他的朋友包括我直接或间接地认定为他的。如果情形并非如此,或者我根本没有期望在他的暖房聚会上见到他,说约翰缺席也就无法理解了。因此,我们有理由说他的缺席取决于我之类的观察者。然而,除非我之类的人安排了他的缺席,比如,前一晚杀了他,或者冒充他妈妈给他发封电报让他马上回父母家等,他的缺席就不是我的责任。

再者,"缺席"的意思是"从……中缺席"和"自……缺席"。"从"和"自"直接或间接指向了一个观察者。然而,并不是我的观察行为把约翰移除了我期待见到他的场景,就像我死盯着地板上那个我期待见到他的点也不能把约翰召回来一样,因此我们必须把出场与缺席和存在与非存在区分开来。约翰从其寓所中缺席,不能证明他并非是实存的。他也许真的收到了一份电报,正在看望他的叔叔。但是如果约翰真的死了,不再能出现在这个世界中了呢?不幸的是,这种情形并不简单,它需要我们明确区分存在和实存,以及非存在和非实存。

我想应该这样区分:实存比存在的范围小,一切实存的都存在,但一切存在的并非都实存。柏拉图和海德格尔曾经实存,现在他们已经死了,不再实存了,我们却依然可以说他们"存在",因为我们可能会遇到他们先前的实存带来的后果,无论有没有真的遇到。夏洛克·福尔摩斯或数据指挥官却未曾或从未实存过,而且据我们所知,将来也不可能实存,我们也可以说他们"存在",因为他们是虚构的作品中的角色,这些作品对我们的实存造成了影响,因为我们熟悉它们。我不会遇到福尔摩斯实存的证据,无论是过去的、现在的,还是未来的,比如,我能读到他的独白就只有华生医生讲的离奇故事。不过,我可以读到的这些故事都是亚瑟·柯南·道尔写的,他确实实存过。

按照这种划分,方方圆以及其他"不可能的"对象在虚构的情境中拥有存在,比如在可能世界的语义学中,或者更常见的,比如在想象力丰富的哲人为了证明或证伪各种理论所虚构的各种反例中。不过,在我们对日常生活的一般反思中,我们不会关心这类对象。当然,福尔摩斯的问题是不同的,而且我分析这个例子的方法非常接近日常的而非哲学的方法。关于虚构的角色,甚至某些哲人,比如史韬生(P. F. Strawson),也会采取上述方法。我们也可以修正一下上文所用的术语,说福尔摩斯"实存"在柯南·道尔的故事里,但我们必须明白这意味着什么,知道他是一个虚构的角色,只能在虚构或幻想的模态中拥有存在,不可能在这个世界中实存,不会成为我下次访问贝克街221B时会遇到的一个像我这样的人。

然而,我提出存在和实存之分,是为了理解这个世界中存在的人或事,而不是为了遇到那些虚构的人或不可能的对象。总之,一个存在物可能或者不可能实存,甚至可能从未实存过。一个曾经实存但现在死了的存在物依然参与存在,却不再参与实存。作为非实存者,约翰(假设他已经死亡)不会再以人身出现了。然而,只要我们世俗的经验还能捕捉到他先前实存的某些后果,我们就不能说他完全不出场。比如,他的寓所里可能堆满了他的东西,如果他是一个著名作家,他的书可能还在图书馆里,或者他的思想还在读者脑子里等等。不会有尚未或者从来不会被任何人思考的不可能的存在物,却可能有任何人都不会遇到的存在物。因此,存在和出场不会是同义词,缺席不能证明非实存,却能证明存在,因为缺席就是从某人面前缺席,所以必定是曾经或者可能对着那个观察者实际地出场。福尔摩斯和华生决不会缺席,因为他们从未出场。

这里的分析就到此为止。这种分析非常有益,因为它质疑了那些把存在等同于出场、非存在等同于缺席的人。不过,更为根本的是,它表明"存在"、"实存"等术语及其否定项从体系上讲都是含混的,或者我们可以提出各种机巧的问题,证明任何想提出一套完整统一的本体论术语的做法都存在着不足。比如,难道我们不能讨论一种出场的缺席或者一种缺席的出场吗？这一切无疑会影响提出一种有关作为存在的存在的科学的可能性，还有对大存在进行更本真的思考的可能性。如果"存在"的意义取决于我们所选择使用的术语，那么离开语言学的条条框框我们就不知自己在说些什么，就是个好事情。

我的观点是"存在"不是纯粹的句法学或者逻辑学的术语，相反，不参照那个所是或实存的什么，我们就无法融贯地讨论它。康德等哲人强调"存在"并非谓词，这不是偶然的。当我们听到"约翰是"之类的说法时，总会问"是什么？"这种表达所需要的分析，是不同于"约翰是个人"甚至"约翰是出场的"这类话的。假设正确的分析如下："约翰是一种存在。"那么"存在"这个谓项是什么意思？我想它要么意味着是即是某物，要么所是即是（what is, is）。后一表达是空洞的同义反复，前者则物化了存在，并借助物之属性，或者那个自显的什么的属性，让存在变得可知。如海德格尔所言，是即出场物，显现的东西，而非显现过程。再加入存在和实存、出场和缺席的区别，情况会变得更加复杂，而不会简单。

"约翰实存"和"约翰是"带给我们的满足是不同的。为什么呢？因为"实存"传递给我们的是一种概念确定的存在物，即在这个世界中占有时间-空间的居住者，与我们思维或想象中的居住者区分开来了。我们可以轻率地说福尔摩斯实存于柯南·道尔的故事里那个想象的世界中，人面马身的怪物并不实存在这个世界中，但可能实存于另一世界中，但这样一来，我们所用的"实存"就变成了表示在某个世界中出场的词，无论是在这个世界中，还是某个其他世界中，并且以符合实有而非想象或幻想的存在物的诸标准的方式，"显现给"某个活的观察者。这些标准是什么？如果我们要从哲学上承认各种可能的世界，那么我们如何定义"实存"，并把它与"存在"区分开来？在逻辑学里，这两个词并没有显著的差异，一切可以解释或命名的东西都可以说是为逻辑学而实存的。概念或

Gedankendinge 也是可以命名或解释的，所以存在和实存之间没有显著的差异。只要我们愿意，我们可以讨论、解释和计算任何东西。换句话说，命名和解释含有规则，谈论或计算因此也有，但是这些规则与我们命名或解释的东西却毫无关系。

表面上看，以下说法完全成立。无论你说"是"，还是"实存"，都没有差别，这不过是一种语言习俗。事实是有物在那里：人、动物、植物、石头、星星等等。每一个物都只是它自己，即一个人、一头动物、一块石头等，但作为自己，它又是某个它物，即一个存在物。我们可以就用语进行争论，讨论是该说实存物、存在物、实体、本质还是什么，但有争论即表明我们意识到了一个明显的事实：是一物即是。这为一切事物所共有。既然为一切事物所共有，它就不同于每个案例中单个的物-同一性，所以我们要讨论的是某种不同的东西，因此我们可以问"存在是什么"，这需要我们认识存在。

海德格尔早已指出上述推论中明显存在问题。问及存在是什么？（或者大存在是什么？），已经预设了我们知道答案，因为我们很清楚此问题中"是"的用法。换言之，"是什么"的问题只能用于某物。我们已经知道"是"是指某物，这个问题就是要求我们识别一个什么，即亚里士多德所言的"这个东西"，但存在不是也不可能是一个物，既然它为一切物所共有。离开了人、牛、树、星星们，就不再有物拥有构成其存在的特殊性质（peculiar nature）或"什么性"，也不会有一个不同的物可以加诸于人、牛等之上让它们可以变成人、牛等。

要建立一个范畴或属性表去定义一物是什么，我们必须提前假定我们说的"是"是什么意思。比如，我们常用的亚里士多德的范畴表，会把福尔摩斯或宙斯排除在存在物的花名册之外。亚里士多德不是根据他的范畴表来确定什么是实存之物的，而是通过把自己对实存之物的一般看法精确化，才获得了他的范畴表。其关于个体和类-ousiai（常常被错误的翻译为英语的 substances[实体〕)的学说也是如此。然而,诸范畴虽然更为精确,却并未完全高于他的那些一般看法。恰恰相反,一般看法的灵活性更适合存在问题内在的含混性。至于大存在的问题,在此的情形更为糟糕,因为我们不能谈论存在物,甚至不能谈论存在物的存在。海德格尔在上文所引的几段话中指出,我们谈论的是无,但这恰恰表明大存在不是黑格尔逻辑学的核心范畴,或者表明海德格尔的思考并未超越他口中的黑格尔形而上学。换言之,海德格尔称黑格尔是所谓的形而上学家,是错误的。

如果我们既要从海德格尔的角度批判柏拉图主义,又要听从古希腊的召唤,进行合理的解释(logon didonai),其结果无论好坏都是黑格尔逻辑学。先放过这个问题,回到范畴的问题。且不说由其极度的精确性带来的武断性,诸范畴根本无法确认任何物或实体或存在物。它们只是列举了某类存在物所具有的属性,这里的类是确定的,因为我们可以就这些存在物问道"这是什么?",而且没有任何存在物可以不具备范畴表中的属性。我在上文提到过,"作为存在的存在"本身不是一种存在。海德格尔说讨论作为存在的存在是在讨论存在物,物或实体,而非大存在,这是完全正确的。然而,如果我们忽视诸范畴的局限,那么我们对讨论作为存在的存在和讨论大存在的认识就是不一样的。

我并不是说没有大存在,这种观点莫名其妙,而是说我们无法融贯地讨论大存在,甚至无法融贯地反对这种讨论。海德格尔的话问题不在于其理论的复杂性或技术的精细度,而在于他什么都没说,他自己也是这样认为的。换句话说,他企图不参照存在物的存在,因此也不参照此物或彼物,就去讨论存在物的存在性(beingness),就仿佛不参照鱼而讨论鱼的鱼性。

总结一下这条线上的讨论。它在此的作用是帮助我们把存在和思维区分开来。这种论述的关键不在于它能提供技术术语,让我进行这种区分。恰恰相反,为了引入技术术语,我必须先进行区分。我也不是在形而上学或本体论中，而是在日常生活中进行这种区分的。如果不是立足于日常生活，我们就可以随意捏造技术术语，这样一来，就神奇地把本体论和形而上学变成了诗歌，无论是不是数学类的。福尔摩斯实存吗？当然不是，我们知道他是一个虚构的角色。那么，我们能够通过准确定义我们使用的"是"和"实存"等术语，来演示他是并不实存吗？当然不可能。这些词语的意义要么来自日常用法，要么不是。如果不是，它们就是武断的诗歌。依靠合理的象征和表达精确的定义，我可以自由地创造诗歌，让福尔摩斯实存在里面。

但如果这些词语的意义确实来自日常生活，那么一般用法就比数学的、形而上学的和语义学的术语分析更为精确，而不是相反。只要涉及"是"和"实存"，我就是一个顽固的日常语言哲人。真正的精确在于不离日常用法的精确性，也即不离为形式主义或本体论所不齿的日常用法的无限灵活性或不严密性。关于存在和思维的差别，日常用法说了些什么呢？它们是不同的，这一点是任何哲学教条都无法反驳的。许多读者会认为这一陈述荒谬至极，而这恰恰是我想说的。唯心论者或实在论者都按照存在和思维是不同的这一毋庸置疑的结论过着自己的生活，哪怕他们的生活都献给了理论思考。当一个唯心论者准备思考时，他先得关注自己的身体需求，营造一个舒服的场景，比如在充满书香的房间里放一把皮椅子，或者坐在树荫下，他并不是通过告诉自己需求得到了满足，来满足自己的身体需求的，也不会认为自己坐在思维制造的椅子上。

如果有读者想批评我头脑简单，没有辨明本体论的差异，请思考一下这一原则：如果哲学即追求真理，而我们的目的是解释世界，或大存在，我们的解释必须实际为真。如果它们为真，我们就必须相信它们，如果我们相信它们，它们就必须指导我们的生活，无论我们喜不喜欢。然而，没有人可以通过应用唯心论来生活。

如果唯心论者反驳说存在与思维之分是一种幻觉,对于幻觉说的一般反应就是揭露幻觉。而要证明存在与思维之分是虚幻的,唯心论者就必须证明他所坐的那把椅子是一个念头。他怎么证明？把那把椅子"解构"成构成它的碎片？很明显此路不通。

唯心论者无法通过对物进行任何物理操作来解决问题,这只会证明物具有完全不同于思维的实存,因此他只有完全通过思维来前进。但这似乎回避了问题。具体而言,如果有人告诉我们因为某些微妙的理论原因,不能维持存在与思维之分,那么我们要作出的正确回答就是存在与思维之分从不含糊,至少远远没有那些微妙的理论原因来得模糊,所以那些原因肯定是错误的。简言之,任何理论,如果伪造了任何理论思考都必须符合的情况,它就不可能是正确的。唯心论与唯物论其实都是半斤八两,一开始就直指一个二元世界,并且告诉我们这种二元性是一种幻觉。不过,无论是在唯心论还是在唯物论中,那些正确解释的元素都只是开始的二元状态的成分。一者指出物质其实是思维或型,一者声称型其实是物质,最终都承认了最初的物质和型或思维之分。

对于事物是否只实存于思维中的问题,我们要回答什么？应该是这个问题：我能否只通过动动这个念头就让约翰立即出现在客厅里？答案无疑是否定的。我能否准确解释为何如此？当然可以,虽然极为奇怪。我动用意念努力召唤约翰到场,却完全无用。事物一般不会对我的念头、想法、愿望作出反应,这一点确定无疑,并且迫使我去想办法解决这种毫无反应的状态,有时候需要提出复杂的哲学理论,但是只要我不撒谎,那些理论能解释的也就只是物为何没反应,而不是说这是一种幻觉,或者在某个更深的形而上学的层面,说它没有实存。

甚至连康德都没有宣称约翰是我思维的产物,尼采也没有说我可以通过意念召唤约翰到场。康德和尼采谈的是不同的问题,但目的都是为了修正我们关于日常生活的看法,因为这些看法都有不足。我们应该首先遵照一条古老的标准来评价两人的观点,即它们在修正不足的时候是否保存了诸现象。这一标准来自日常生活本身:需要得到解释的是日常生活,而不是实存或存在的其他维度。当然,我们需要排除有关日常生活的许多看法,却不能排除日常生活本身。否者的话,就无物可解释了。不再有不足的看法,只有不同的看法。

小结一下:(1)我与世界共在,并不表示世界是我思维的产物,只意味着不思考自己,我就无法思考世界。生活其实是视角性的,我们从不同的角度观察世界。视角论者常常会忽视,我们都可以采用邻居的视角。我可以改变观察的视角,可以随着世界而旋转,但我不能把自己转到世界之外。(2)把"存在"剥离了"是什么",我们就无法对其作出准确而融贯的解释。但我们可以说,"出场"和"缺席"等术语与"存在"和"非存在"显然关系密切,但它们却不是同义词。没有在人前出场的可能存在,从未出场的却不能说是缺席的。(3)我们需要哲学理论去澄清日常生活中不明确的地方,但如果理论让日常生活变得不可知,或者称它是一种幻象,这种理论就是不可取的。与此同时,根本没有关于日常生活是什么的哲学解释或定义,对于必须或无需解释什么永远都会有分歧,所以先得有智慧,才能成为哲人。

创造生活

上文提到,先验哲人告诉我们不能通过日常生活来解释日常生活,我的回答是不能通过日常生活来解释先验哲学。所有转向先验的论证都是循环的、自上而下的。日常生活不是不像一个表象的世界,认识过程用它遮蔽了物自体,它根本就不是这样的一个世界。事物呈现给我们的样子和它们真实所是的样子,两者的区别是在日常生活中划分的，上文不厌其烦所说的就是这一点。感知觉的幻觉、日常观察和精确的科学分析之间的差别、宗教、道德原则、社会视角等的差异，对于这些，我们都很熟悉，它们证明的不是世界是一种幻象或者根本不可知，而是世界一开始就是可知的。我们了解这些差异，因为它们产生自认识的范围。世界的秘密可供认识。

然而，上文所说的一切都不是为了证明生活只是凝视物相，或者这些相可以在其完全的纯粹性中得到直接把握。我们必须在世界中创造自己的方式，让我们做到这一点的不是相本身，而是具有各种相的物。我可以把握一头牛，而非牛之型。苏格拉底认为型说是一种假设或者基础 logos，他的意思不是他先考虑各种可选的对生活的理论解释，选出最健全的，然后才开始生活。他审视各种可选的 logoi 的基础，是他曾经有过的生活或者我们所过的生活要求的反思。牛之相是在我们遇到牛时，而不是在认识论或本体论的沉思中，印入我们的脑海里的。

不过，印入我们脑海里的不只是牛相，还有牛，而且更为直接。对于该牛，我可以有各种不同的态度，可以忽视它，赞美它的安宁，研究它的消化系统，喝它的奶，吃它的肉，捍卫它不被吃的权利，诸如此类。该牛向我呈现了无限的可能性，但也因此呈现了一个问题。我该怎么办？对于该牛，我能采取的最佳态度是什么？每遇一件事物，我们就会遇到无限的可能性，也会遇到相同的问题。在某种意义上，说生活即无限可能性，也会带来各种问题，更为合适，而不是明确表达要点，似乎问题是由我和牛或其他东西两个实体的相遇带来的。这种表达携带的危险是把该牛还原为我生活中的无限可能性，而非我活着时在世界中遇到的物。

我可以忽视那头牛，任由它去，但我却不能这样对待我遇到的所有东西。如果我不吃牛或者其他动物，我就必须吃素或者饿死。如果我不研究那头牛的解剖，我必然会研究其他动物，从事解剖以及医疗实验，否则我和他人就会死于医疗知识匮乏。我要么必须翻开土地破坏其植被，建起道路、房屋、排水系统等城市生活设施，要么决定生活在原野里，走在草地上，像一头牛一样。甚至牛也要吃草。另一方面，它们不会思考、幻想、写诗，或者研究其他的牛或它的邻居，鸟儿、昆虫等。据我们所知，牛不会沉思大存在的产生过程，所以，我们还是告别那些选择像牛一样生活的人，这多少有点做作，关心一下我们自己。

　　日常生活是看和做的统一。做要么本身是完整的，要么会产出不同于该行为的产品。亚里士多德把这三种活动分别称为理论、实践和生产。尽管三种活动都涉及知识，它们之间却存在巨大的差异，可以简述如下：理论活动是为了获得自为目的认识；实践活动使用知识以展开自为目的的行动；生产活动使用知识以产出不同于该活动而是该活动要达到的目的的产品。① 政治和伦理活动属于实践范围，伦理是政治的一部分，因为它涉及德性和对幸福的追求，而且我们不能孤立地追求这两者。② 亚里士多德似乎还在某些章节中暗示理论活动是最高实践，即该活动既不是为了涉及他人的行动，也不是为了获得产品。③ 恰恰相反，他在《形而上学》中指出，对诸第一原则和原因的认识，即对理论科学或第一哲学的认识，"是所有科学中最高级的，是一个统治者，而不是仆人"，因为"它知道每件事情必须要做（prakteon）的缘由"。④

　　然而，我最感兴趣的还是亚里士多德为人类赋予的政治本性。因为政治属于实践的范畴，而实践又是自为目的的，所以城邦（polis），即人的政治本性的完成，以及获得哲人可以得到的幸福这一自然目的的手段，就不是一个产品。理论或实践生活都不是生产

---

① *Metaphysics A* 2, 982b24ff.; *Nicomachean Ethics Z* 5, 1140b4ff.
② *Politics A* 1, 1252b27ff, esp. a25—29.
③ *Politics H* 3, 1325b16ff.
④ A 2 982b2ff.

性的，无论是自为目的的实践，还是他为目的的实践，都是如此。与之相反，柏拉图的对话集却从未提到人天生是政治的。而且众所周知，柏拉图也未像亚里士多德那样，把人类活动或者相应的科学分为三类。对话集的特色是把技艺和科学分为两类，一类是理论的，即那些只获得知识、不生产东西的，另一类是生产东西的。①

在探讨柏拉图的技艺和科学之分的意义之前，让我先追根溯源详细说说亚里士多德关于人的政治本性的论断。在《政治学》中，亚里士多德从自己对原始关系形式的初步研究中，推论出城邦是四种早期关系形式的发展完成或顶峰②：(1)男女的性结合，来自"遗留下和自己相同的后代"的自然欲望(1252a24及以下)；(2)天生的统治者(运筹帷幄的人)与天生的奴隶(缺乏该能力的人)的关系(1252a30及以下)；(3)家庭，来自前两种关系的结合，以满足日常的性、食物、居住和劳动等自然需求(1252b9及以下)；(4)村落，它的兴起是为了提供超出上述日常需求的公共设施(chrēseōs heneken)。亚氏并未说明其中包括什么(1252b15及以下)，这成为亚氏论述中的一个空白，在此阶段，亚氏并未提到本性。我们可以引用亚氏的观点，即村庄中产生了政治生活，原始的父权社会(b20及以下)，但仍然需要证明政治生活是自然的，我们无法从前三个发展阶段中得出此结论。

第五个，也是最高阶段，即城邦，产生自多个村庄的联合。亚里士多德谈到了城邦的自足。它是到达人类自足性的最后发展阶段，所谓的自足性就是满足一、二、三阶段中的自然需求(1252b27及以下)的能力。而且，亚里士多德说过，城邦的出现是为了生活，但它的延续却是为了更好地生活。他说城邦"也是自然的"，因为它是先前各种关系的 telos 或完成，"事物的本性就是 telos"："每

---

① *Sophist* 219a4ff. 柏拉图关于技艺与科学之分接下来的讨论，参见我的 *Plato's Sophist*, pp. 91ff.。
② *Politics* A2, 1252a24ff; ei de tis esk archēs ta pragmata phuomena blepseien...

一个事物是什么,只有当其完全生成时,我们才能说出它们每一个的本性,比如人的、马的以及家庭的本性"(b31—34)。

亚里士多德显然认为村庄是自然的,因为它是从性配偶到城邦的发展过程中的一个必经阶段,但他说城邦也是自然的(1)因为它是发展的顶点;(2)自足即目的和至善,最高最完全的善。这种论述面临着种种问题:(1)从前四个阶段到城邦的发展并不像从儿童到成人、或者马驹到马的发展。人类经过几个步骤,尤其是从村庄到城邦的过渡,开始了自己的发展过程。我们还应该注意到有些人不愿意生育,有些人则超出正常或一般状态,因而超出自然人的状态,拒绝参与政治关系。(2)成年的马,其形式定义了一匹自足或独立的马,一种独立的 ousia,马无法超越自身,但人类却可以把多个城邦结合成一个帝国。亚里士多德当然认为这是"不自然的",后面还解释了其原因。不过,这些原因却不是从城邦本身的自然发展中推导出来的,而是来自一种有关人类应该如何生活的看法,即是从亚氏对什么是人的认识中推导出来的。

现在到了最重要的一点:(3)亚里士多德认为城邦是自然的,也许是因为它让那些具有充分的先见之明、财富和出生的人生活得很好,获得 eudaimonia。我们并不清楚是否只能在城邦的层面才能获得 eudaimonia,更为根本的是,我们甚至不清楚在城邦中能否获得 eudaimonia。我很肯定,这就是为何柏拉图会反对亚里士多德的说法——人天生是一种政治动物,这种天性让我们有了获得 eudaimonia(即城邦)的手段。柏拉图的观点则相反,只有哲人才能获得 eudaimonia,此看法源自《理想国》中苏格拉底的观点,即他们的谈话中建立的城邦并不是为了让城邦卫士们幸福(eudaimonia),尽管他们也可能成为最幸福的人,而是尽可能地让城邦幸福。①

---

① 4,420b4ff. 我们不清楚,当其公民幸不幸福,尤其是不幸福时,一座城邦如何幸福。

第三章 出场与缺席

言归正传，回到柏拉图的技艺与知识之分。关于柏氏的分类，学者们各执一词，但是关于发现或获得与制造或生产之分的讨论却是一致的。似乎政治行动（当然，包括伦理行动）必须是理论的或者生产的。抛开海德格尔那些"本真的"词源学不谈，柏拉图和亚里士多德一样，明确表示要把生产和理论尤其是作为思维最高目的的型区分开来。不过，对话集中确实有着充分的证据，表明柏拉图坚持了某些看法，比如认为生活或者日常实践①是生产性的。换言之，虽然有关于政治的理论知识，这种知识的使用却是生产，而非（亚里士多德所言的）实践。

这一点非常有意思，后面当我们讨论柏拉图和尼采的联系时会发现它也十分重要。现在这一点对于我们理解"熟悉"并且思考整体的柏拉图形而上学非常重要。我的一个看法就是确定的物相并没有限制人的自由，反而促成了我们的自由，正是通过这些相，我们才能进入构造和再造生活的过程。即使是在《理想国》这种特例——其复杂程度今日之学根本无法解释清楚——中，苏格拉底也常常提到正义之城是哲人艺术家或者"demiurges"生产的画作或制品。② 他还称城邦为"建在天国的"范例，③因此我们可以按照海德格尔有关创世者范例的解读来分析政治生活。城邦是按照"理想"或蓝图建立的，6,498e2 中已经表明这种摩仿不只是简单地读读蓝图，苏格拉底在此提到他们的讨论是 apo tou automatou,

---

① 参见 *Phaedrus* 271d8：en tais praksesin onta te kai prattomena；*Republic* 5，473a1ff：phusin echei praksin lekseōs hētton。

② *Republic* 2，374a5(eplattonmen tēn polin)，377b6，c3；III，395b9f(卫士仅限于是 dēmiourgous eleutherias tēs poleōs)；5，466e6（卫士是战争 dēmiourgous）；6，500d4—8(哲人自己建造[plattein]城邦，但也 sumpasēs tēs dēmotikēs aretēs，即诸型的摹本)，5,55e2—4(我们都是画城邦的 zōgraphoi)，501a1—c3；501e4(hē politeia hēn muthologoumen logoi)；进一步的引用和研究，参见我的 *The Quarrel between Philosophy and Poetry*，第 1—26 页，尤其是第 5 页。

③ 同上，9,592b2—5。

"自发的"。

我们来仔细研读一下《斐莱布篇》中讨论技艺分类的一段话。苏格拉底是主要说话人,主题是善的生活。更准确地说,此处讨论的是作为善的生活的混合属性,理智与快乐哪个更重要。苏格拉底不断把善的生活描述为"混合的",为实践-生产这一主题奠定了基调,善的生活是人类在向狄奥尼索斯或赫菲斯托斯等主管混合的神祈祷后生产的一种 sunkrasis。① 与本书主题密切相关的段落出现在 55d1。知识被划分为两类:(1)技术知识和(2)"与教育及文化相关的知识"(to de peri paideian kai trophēn)。这种划分让我们想起了生产的和非生产的知识之分,两者却不是一回事儿。它最容易让我们想起手艺人的实用知识与上层市民的贵族意识。苏格拉底没有把生产排除在"教育和文化"之外。事实上,他刚提及后者就放弃了,其后开始专心讨论技术知识。很明显,教育和文化并不等于理论知识,因为接下来苏格拉底会把"哲人的算术"划为技艺的分支,这很让人摸不着头脑,而且违反了其他分类所遵循的步骤。②

下一步是在 cheirotechnikē(在此"手艺"取代了"技艺")这一分支中,区分了最纯粹的知识和不那么纯粹的知识(55d5)。前者即每一种 technē 中"较高的"(hegemonic)成分。"如果你从任何技艺中去掉数量、尺度、重量的成分,那么剩余的部分就几乎是无足轻重的了"(55e1—3),剩余的就是靠猜测、经验和实践以及运气获得的,都是"凭着你的实践能力"(55e5—b3)。在各种依靠估摸、猜测和运气的 technai 的例子中,苏格拉底引用的最多的是音乐,也提到了医疗、农业、航海和军事等(56a3—b3)。

---

① 引自 61b11ff; 61c9—64b4 中充满了混合的好生活的比喻。它来自 meiketon 的导论,"混合"是有限和无限的混合,在 25b5ff。
② 比如,*Gorgias* 450c7ff; *Charmides* 165c10ff; *Republic* 7,521c10ff; *Sophist* 219a4ff; *Statesman* 258d3—5。

苏格拉底认为上述技艺只占有少量的高级算术成分。在《理想国》卷四(400d6及以下)中,苏格拉底阐明了和谐与尺度在音乐里的重要性,它们需要数和比例的精确。《智者篇》(252b1—261c10)中也是如此,爱利亚客以算术和作曲为例演示诸形式因素(stoicheia)如何"混合"形成明白易懂的结构。① 《斐莱布篇》尽管常常提到和谐、尺度与混合,却并未把音乐当成作曲艺术,而是表演艺术。从古希腊的观点来看,习得高超的技术成为器乐家是实用知识。苏格拉底的其他例子,也许除了农业以外,都很特殊;因为它们通常不会被划归为手艺。比如,军事是一种政治艺术,而非生产的technē。这段话的直接后果就是消除了做(doing)与创制(making)之分。更重要的是算术高于活动的程度,无论是苏格拉底提到的生产活动,还是实践活动。

接着苏格拉底转向了更多使用尺度和工具也相应需要更高准确性的技艺,使用的范例是建造(tektonikē:56b4—6),尤其是木船和房屋建筑要用的木匠技艺(56b8—c2)。然后,他综上所述确认了有关"何谓technai"的分类。其标准是工作完成("en tois ergois"的意思是制作活动或制作的产品)的准确性(akribeia),不那么准确包括那些与音乐(表演)类似的技艺,更准确的则是那些类似于木工(56c4—6)的技艺。然而,苏格拉底自己的划分却并不"准确",因为他把上面提到的计数、测量、度量等,或多或少地主导着那些不那么准确的技艺的,划归为更精确的技艺。

苏格拉底又按照哲人的算术和普通人的(tēn tōn pollōn)算术(56d1—6)之分,把那些更精确的技艺分为两类。普通人或非哲人的算术包括木匠和商业中用到的计算和测量。它在计算时使用"不等的单位",在此指的是涉及物的集合的数字,比如"两个敌

---

① 进一步的讨论参见我的 *Plato's Sophist*,第245页及以下,尤其是第252页及以下。

人"、"两头牛",或"两个任何事物"。哲人的算术则不同(几何学和计算是受过良好的哲学训练的人使用的),只使用完全相同的单位(56d9—57a2)。研究古希腊数学理论的人对这种区分会很有兴趣,但我们不会深究。① 我们感兴趣的是苏格拉底把纯算术和运用算术区分开来了,或者说,把纯数学(=理论)的获得和实践-生产区分开来了。

普通算术在精确和不精确的技艺中都发挥着较高的功能。更准确地说,普通人的算术在更精确的技艺中发挥着双重功能。在不那么精确的技艺中,它被喻为统治成分,苏格拉底认为与它在更为精确的技艺中的功能相比,它在这类技艺中的作用无足轻重。"较高"的意思是"优越",而非这类技艺中的"统治",在不精确的技艺中,优越的因素恰恰不是统治因素。在日常或非哲学生活的那些更精确的技艺中,算术的作用更大,但更近于"向导"而非"统治者"(hēgemōn 可以有这两种翻译)的作用。真正较高的功能只发挥在哲人的算术中,它完全运用纯单位,丝毫不涉及实践-生产。这种形式的优越性在于它是一种没有臣民的统治。

在不那么精确的技艺中,我们把 technai 进行分类,并且运用算术在这些例子中发挥的作用。在更精确的技艺中,我们不仅要对 technai 进行划分,还要对算术本身进行划分。造房子就需要精确运用普通人的算术,但此处的对比并不在于是用木头还是用其他更容易精确测量的材料建造房子,而在于是用木头还是用纯单位建造房子,即是生产和理论之间的对比,理论建造与木匠建造完全不同。而且最令人惊讶的是,把哲人的算术归于技艺,而非教育和文化,如上所述,技艺并不等于纯粹非生产性的知识。

苏格拉底在 61c9 及以下中运用了这种有关科学的划分,在

---

① 参见 Jacob Klein, *Greek Mathematical Thought and the Origins of Algebra*, tr. Eva Brann, Cambridge: MIT Press, 1968.

此,他转向了最好的人类生活的混合(sunkrasis)。这种划分是为了告诉我们真理涉及纯粹性或准确性,或者说,涉及从身体中的抽象,这一原则也被苏格拉底用于快乐(57d3 及以下)。然而,纯真理和纯理智一样,甚至不可能是构成最好的人类生活的首要或优势元素,这种荣耀属于"尺度或者恰当",可以在"有尺度的领域"中找到,即在构成善的生活的诸成分的混合中找到,包括理智和快乐(64e9,65b10,66a4)。苏格拉底把生活的"所有"或构成分成六个等级,理智在第三级,心灵纯粹的快乐在第五级。

《斐莱布篇》对各种善的等级划分让人十分困惑,我在此也不想详细解释苏格拉底的对话中这最含糊的部分。但这些对话中,最突出的是我们必须从各种成分中生产我们的生活,这些成分有些来自自然,有些甚至大部分来自我们的建造。苏格拉底从未表示我们生产了哲人的算术的纯单位,或者任何构成我们生活的心理属性。但善的或者混合的生活不是给我们的,不是从自然的花园中长出来的。比如,我也许生来就有智力,但我不会生来就有节制,以及把握时机行动的能力。哲人的算术的纯单位是自然提供的,但我必须运用它们去产生一种哲人的生活。体验快乐的能力是自然的,但约束自己只享受纯粹的快乐,或适度不纯粹的快乐的能力却非天生的。

我们已经消除了最初看到把哲人的算术归于技艺之下这种划分的惊讶了。在柏拉图对话集中,有关艺术或科学的各种划分和归类都是即兴的,取决于具体对话的语境,而非一套一般的法则,或者一种生产论的大存在说。《理想国》卷十关于床之型的讨论(见第一章)也是如此。以《斐莱布篇》为例,我们根本无法断言柏拉图严格遵循了生产的和非生产的技艺的区分,毫无例外,如果"区分"的意思是归类在 diaeresis 明确划分的分支之下。

然而,柏拉图从未断言人天生是政治的动物,所以他从未把实践和生产区分开来。《理想国》里就很明显,没有亚里士多德所言的实践德性。哲人唯一的德性是智慧或哲学本身。所有其他的德性,包括正义,都是"民众的"(demotic)或政治的,① 因此需要生产的,就像在哲学技艺这种极端的例子中一样。所有这些都不能否认这一点:在构想人类生活的指引时,苏格拉底常常求助于自然。不过,他参考的范例都来自这种区分:一是完全"神的"或自然给出的,即哲学,一是民众的或非哲学的生活。即便是在《政治家篇》中,政治这种国王的技艺被划归给了灵知的技艺这种更高级的分支,也被认为是人类的发明,还被比作纺织,生产公民的技艺就像从勇敢和温和的经纬线中编织织品一样。②

我想在此引用《理想国》来说明这种联系。在卷四(455c1 及以下)中,苏格拉底召唤格老孔和他一起"从高处"看去,他们仿佛看到"美德都属于一种 eidos,而邪恶却有无数种类型"。然后,苏格拉底把他的随从引入了一种超越善恶的"视角"。这是一种真正的哲学视角,即"辩证法家"或哲人的概观视角。③ eidos 在此不同于柏拉图的型,而且即便相同,结论也是一样的。哲人纵览全部,因此站在超越自然的高度,尤其是当他想为人类立法的时候,或者如尼采所言,当他想生产一种全新的人类的时候。苏格拉底当然不是尼采,但是我们必须注意到,对于苏格拉底及其徒孙而言,人是尚未建构的动物。

历经千山万水之后,我们需要对本章做个总结了。海德格尔认为形而上学沉浸在整体中,这是对的,但他认为柏拉图的形而上学首先甚至只沉湎于对作为存在的存在之属性的命题陈述的思考,却是错误的。柏拉图哲学的首要任务是思考整体,我们居于其

---

① *Republic* 6,500d4—8;哲人创制了节制、正义(kai sumpasēs tēs dēmotikēs aretēs);7,518d9ff;美德,而非智力(hē de tou phronēsai),i. e. 美德都是习惯和练习(ethesi kai askēsesin)生产的(empoieisthai)。

② *Stateman* 258e4—5,261b4—12,267c4,311b7.

③ *Republic* 7,537c7;ho men gar sunoptikos dialektikos.

中的整体,因此智慧更像 phronēsis 或者亚里士多德的"实践智慧",而不像《理想国》中的辩证法或自由人的科学①或准数学的辩证法,后者不像《智者篇》中的 diaeresis(区分),完全运用型推论的。② 因为有了柏拉图对话集为证,我们就没有理由再说后一种意义上的辩证法是可能的。至于前一种意义上的辩证法,即区分,我们唯一知道的那些得到完整解释的例子无疑就是智者和政治家这些喜剧性的例子。

我当然无意否认这种区分对于柏拉图很重要,或者他梦想着一种关于纯辩证法的科学,但需要强调的是,这些"科学"在柏拉图对话集的整个构架中的重要性,被他一代代古板的徒子徒孙夸大了,对于这些弟子而言,哲学基本就是形而上学,即有关作为存在的存在的科学,这门科学在近代又被同化为或等同于数学(因此,连带着忽视了我们上文见到的苏格拉底在《理想国》中对数学和形而上学所作的区分)。③

我们在整体中找到自己,在此,我们在出场和缺失永恒而隐蔽的和谐中,运用整体给予我们的,适应它所带走的,去完成创造生活的使命。

---

① *Sophist* 253d1—4.
② *Republic* 6,522b3ff;7,531d7ff.
③ 还有一个重要章节在 *Republic* 7,533b6ff:数学梦见存在;参见 5,476b6ff. 醒着的哲人和做梦的普通人是不同的,后者必须从梦想城邦的缔造者那里得到安慰。在 7,540d1 中,苏格拉底说道:"我们说的并不完全是愿望"(kat' euchas),即讨论城邦不完全是白日梦;但部分是。苏格拉底在《国家篇》中并不完全清醒,整个对话发生在晚上,在人造光下;这是大声说出人为何夜间梦想的最佳手段。

第二部分　颠倒的柏拉图主义

第四章 尼采的柏拉图主义

我在前几章主要探讨的是柏拉图主义,其本来的含义以及海德格尔对其的解读。这为我们研究尼采和柏拉图的关系做好了铺垫。准确一点说,如本章标题所示,我首先要阐明尼采颠倒了的柏拉图主义。这将为我们把握海德格尔解读尼采的关键打下基础。另一目标是确定我们可以在何种意义上(如果有的话)说尼采是形而上学或柏拉图主义的终结。从历史和概念上化解这个块垒,将为我们打下一个稳固的基础,证明我有关大存在问题的回答如何精妙。

粗略地说,海德格尔解读尼采是为了解释尼采 1870/1871 年的笔记中这段话的内在含义:"我的哲学颠倒了柏拉图主义:越是远离诸真实存在,就越纯粹越美好。我的目标是表象(Schein)中的生命。"① 这段话的直接含义很明显。柏拉图的对话集总是将诸型视为最纯粹最美好的存在;将穷尽一生去把握它们视为最好的(甚至是唯一善的)人类生命。尼采要么在否认诸型,要么在与它

---

① *Sämtliche Werke Kritische Studienausgabe*, ed. G. Colli and M. Montinari, 15 Bände, Berlin: Walter de Gruyter, 1980, VII, p. 199[7(156)]. 除非另有说明,本书所有尼采引文均来自此版本,将列出卷、页、部分或(未发表文本)笔记编号以及(在后者中)年份。

们划清界限。他让我们不要靠近型,而是深入"虚假"或"幻象"的存在,或者说,让我们远离表面的型之真,进入具有更高价值的技艺。这条路对生命更有益。

初看去,尼采似乎颠倒了柏拉图让技艺服从真理的做法。然而,如上文所述,在柏拉图这里,情况要复杂得多。生命历程是实践-生产的,而非纯粹通过型追求真理。当然,我们也可以说,在柏拉图那里,生命的生产由对真理的把握调节,后者又以对型的认识为基础;但真理必须能让公民理解,而且精通辩证法技艺的哲人-王与普通人认识真理的方法完全不同,后者会听从一个美好的谎言,坚守这个公正的城邦的神话基础。

在海德格尔的解读中,尼采对柏拉图主义的颠转基本是形而上学的。尼采抛弃了型的世界,从而让生成的世界摆脱了其作为幻象的次要或派生的角色。生成的世界是真的和唯一的世界。同时,海德格尔还认为尼采思想基本是形而上学的,是柏拉图主义的延续,忽视了尼采有关哲人本质和职能的实践-政治的看法。我认为,海德格尔正确地认识到了尼采思想中柏拉图主义的一面,却错误地估计了其在尼采学说中的份量。他对柏拉图和尼采的解读犯了同样的错误。这两位都不是海氏笔下的形而上学家或本体论者。对于尼采和柏拉图而言,哲人的立足点在于追求至善的生活方式。而且,这并未违背技艺和真理之分,反而确保了这种区分。技艺是用于生产有关人类生存的真理的工具。

因此,我赞同海德格尔对尼采的评价,认为尼采是一位心思缜密的思想者和作者,反对当下学术界对尼采的定位,认为尼采是一个警句作家,酒神的门徒,从未提出什么完整的思想。和海德格尔一样,我是个"理性主义者",原因很简单,我并不认为在尼采的著作中,酒神的地位高于日神。更直截明了地说,即使你把酒神和灵感联系在一起,也得承认这一点:哲学认识的明晰性和完整的政治哲学的表达容不下醉。这当然不是要否认酒神在尼采思想构架中的重要作用,但是狄奥尼索斯,在希腊神话和尼采简明的陈述中,涉及的均是毁灭的狂喜,却无关哲学灵感。要创造必先毁灭,但创造不是自发的醉。它是有意识的。尼采的皇皇巨著与时下流行的有关创造的自发性的讨论是完全相反的。

还需要粗略提到一点。颠倒了的柏拉图主义,这一说法出自尼采1870—1871的笔记,此时他信奉的依然是《悲剧的诞生》中的"艺术-形而上学"。下面我将引用他写于1876/1877年的一段话,此时尼采已经抛弃了自己早期的看法。海德格尔虽然认为尼采晚期(即后查拉斯图拉时期)思想与其前期著作形成了根本的断裂,但他用以指引自己的始终是早期尼采自称颠倒了的柏拉图主义的说法。证明这一点的方法,不是参考颠倒真理和技艺后的形而上学性质,而是柏拉图和尼采在政治上的差异。这种差异并非形而上学的,而是基于两人对哲人之任务的共识:哲人是阿波罗的追随者,从"超越善恶"的整体视角考察人类历史整体。尼采的隐喻基本是柏拉图的,苏格拉底在《国家篇》卷四(455c1及以下)中已经预告了这一点,此时,他即将结束有关灵魂美德的讨论,邀请格劳孔与他一起从超越各种善恶的"瞭望塔"望出去。

在海德格尔的解读中,尼采对永恒轮回的迷恋,足以证明他并未摆脱形而上学的柏拉图主义,而只是颠倒了它,让形成高于存在。不过,在我看来,尼采对永恒轮回的迷恋不在于他对大存在的形而上学解释,而在于自称已经了解了一切可能的人类历史阶段的总和。我们也可以说,尼采抛弃了柏拉图的型,从而让哲人的实践-政治职能摆脱了一切形而上学的束缚;但是他保留了柏拉图主义的核心,因为保留了柏拉图对哲人应该整体认识人性或历史可能性的看法。哲人是一种双重存在,栖居在历史视角中,面临着一个历史循环结束时的衰落,因此可以把握全部有限的人类灵魂形式。这种把握不是进入历史时间的大门,而是走出历史时间的大门,进入尼采和品达所言的乐土。

我们乐土之人

我们需要对颠倒的柏拉图主义这种初步印象进行全方位的研究。先引用海德格尔的两段话吧。这两段话最能显示海德格尔本人对此的看法。在第一段话中，海德格尔认为尼采不只是要"颠倒"（Umdrehung），还要"脱离"或"离开"（Herausdrehung）柏拉图主义，从而克服虚无主义。这就需要消灭两个世界说，一是本真的型世界，一是虚幻的生成世界。这样才能真正肯定后者，以及Geist或人类精神的世界，将其立为唯一真实的世界，以及价值之源和场所。①

在第二段话中，海德格尔反思了为何我们可以说形而上学的终结是一种变形了的涅槃，将会为建构新的知识（Wissen）世界提供素材："但是，何为'形而上学的终结'？答案：形而上学耗尽其基本可能性的历史时刻。最后的可能性必然是本质颠倒了形而上学。虽然方式不同，但黑格尔和尼采的形而上学完成了这种颠倒，不仅事实上完成了，还在意识上完成了。"②

海德格尔接着解释了形而上学这最后的可能性，认为它想颠倒柏拉图主义中对象高于主体的地位。囿于当前的目的，我们只需指出海德格尔想重返前苏格拉底的立场，认为大存在即出场和缺失的祛弊，更简单地说，他想重返这种有关真理的认识，认为真即诸存在的出场，而非诸相（人类理智看到的诸存在）之属性，或者有关诸相的命题。另一方面，颠倒的柏拉图主义完成了柏拉图的型说的内在含义：实体即主体（黑格尔），主体性即视角论（尼采）。

上文已经指出，海德格尔的总体观点是对的：颠倒的柏拉图主

---

① NI, p. 233.
② NII, p. 201.

义仍然是一种柏拉图主义;但是他错在基本使用形而上学的术语来解释这种颠倒,除非我们认为形而上学不是思考作为存在的存在,而是思考整体。为了初步导入我的理论,我需要强调,尼采颠倒了柏拉图哲学中理论因素与实践-生产因素的排位。诚然,尼采并不相信有型。然而,即便柏拉图相信有型,他信的也不是海德格尔改造过的亚里士多德意义上的形而上学。无论柏拉图相信的是什么,尼采保留了柏拉图主义有关哲人之本质的基本看法,及其对哲学的 paideia 的认识:哲人的政治使命是生产新的人类,这是他颠倒了的柏拉图主义的一部分。"政治"在此是古希腊的塑造公民灵魂的意思。

如第一部分所言,型说是一种用于解释日常生活中的存在物的稳定性和可知性的假说。我们因为使用这些物而活着,但是能证明假说的有用性的只有实存的需求,而非意志活动,或者把一种元主体的视角强加给哲人。问题不在于我该如何认识世界,以便行使我的强力意志?而在于我该如何认识世界,承认其显见的自然。而且,型说尽管让我们无法确定这些有关稳定性和可知性的假说的性质,却从未说它们是可以通过话语认识的。对话集对型的认识往往是采用诗歌、神话或隐喻的方式。诚然,我们只能通过神话的语言讨论灵魂本质,但是对幸福的渴望或者区分生活中的好坏的需要却并非如此。我们可以直接把握这种需求,这与型或灵魂的本质不同;再用一个尼采的比喻,它是通向灵魂深处的大门,也是通向诸型的大门。不进入那扇大门,我们就可能毁灭在本体论的深渊中。

接下来,我要借用尼采的一个比喻来解释他的柏拉图主义,这个比喻是他从品达那里套来的。在《达尔菲日神殿颂·十》中,品达提到了乐土之人,神话中一群居住在极北之境,享受着无上福祉而无生老病死之人。他写道:"航船或脚步都无法把你带向通往极北乐土的奇妙旅途"(11.29—30)。乐土之人崇拜日神,认为他在那里和他们一起过冬,享受着"无尽的宴饮和颂歌",缪斯也生活在极北之地,她的生活远离复仇女神的支配。

简要地说,我认为乐土之人代表着尼采的酒神音乐中的日神本质。初看去,酒神是创造之前醉的毁灭,而日神则代表整体或超视角的观点的明晰性,它可以让哲人-立法者创造新的价值表。在此,尼采的隐喻性语言显得极为含糊。他认为实际创造一个新时代或新人种是强力意志日神的和酒神的表达,前者符合柏拉图的意向性,但强力意志的表达是哲学明晰性的产物,也是哲人创造本质的工具。

在尼采出版的著作中,有两处提到了乐土之人。第一次是1880年,出现在《人性的,太人性的》中。尼采在此提到孩童的幸福仿佛乐土之人的幸福,具有神话性:"古希腊人认为,世上真有幸福,也是远离人世的,一定在世界的尽头。"[1] 9年后,在他授权出版的最后一部著作《反基督者》(1889年)中,尼采解释了为何幸福是神话性的。尼采在这部著作第一和第七段自称为乐土之人。科利(Colli)和孟提纳里(Montinari)评论道:"根据1888年8月26日的计划,(这段话)曾是《强力意志》的序言,标题是《我们乐土之人》。"[2] 尼采也曾在其他地方多次自称"乐土之人"。[3]

在我们节选的《反基督者》的第一段,尼采说道:"我们是乐土之人——远离人世。海上陆上,你都无法找到通往乐土之路:品达知道我们的存在,在北风、冰雪和死亡的那一端——我们活着,幸福着……我们找到了幸福,我们懂得幸福,我们已经走出了千年的迷宫。"接着,尼采把乐土之人与现代人进行了对比:"心胸宽阔,十分大度,'知道'一切事情,所以'原谅'一切,我们对此

---

[1] II, p. 666 [II. 2, no. 265].
[2] XVI, p. 437.
[3] 同上,第413、415页。

一无所知。宁愿居于冰雪之地,也不愿意服从现代的道德和狂乱的南风!"①

在这段话中,幸福就是找到迷宫的出口,这个出口就像《国家篇》中苏格拉底描述的瞭望塔,可以超越善恶,也可以走出有限的历史视角的迷宫。尼采把哲人的生活指认为柏拉图式的沉思,但不是沉思诸型,而是沉思人类实存。对于尼采以及柏拉图而言,幸福就是摆脱单纯的人类生命,但这不是消灭有意识的生命,而是消除我们的历史局限性。

在1888年发表的《瓦格纳事件》中,尼采阐明了这一点:"一个哲人首先和最后要求的是什么?在自身内克服时代的局限,变得'不朽'。那么,他必须通过什么来承受最艰难的斗争?就是让他成为时代之子的东西。对!我和瓦格纳都是这个时代之子,都是颓废派:只不过我明白这一点,抵御这一点。作为哲人,我抵抗这一点。"②

如果我们把前面一段话读完,也记得尼采一贯强调自己的特立独行,就会明白古代或现代的乐土之人都未走出迷宫,只有尼采完成了这一点。他认为自己的功劳就是认识到成功跨越出口所需的勇气就是强力意志,他认为这就是善。有一段话至关重要,尼采在第三段话中谈到了这样理解善带来的问题:"不是在自然更替中什么会取代人类……而是我们应该培养,应该渴望什么样更具价值、更值得活着、更清楚未来的人类。"③

在这里所选篇章的最后一段中,尼采指出基督教的怜悯是"孱弱的现代性"中最为病态的。"要成为这里的医生,要变得势不可挡,在这里舞刀弄枪——这是我们的职责,是我们热爱人类的方式,这样我们才能成为哲人,我们这些乐土之人!"④总之,乐土之

---

① VI, p. 169.
② VI, p. 11.
③ 同上,第170页。
④ 同上,第174页。

人的幸福在于他的哲学使命，即生产新的人类。这种幸福具有神话性，这具有两个方面的意思。首先，它不在历史中，不在政治活动的世界中，它在极北的冰雪之外，在苏格拉底信奉的日神的圣地里。其次，它表达在日神的音乐中，既不在哲学中，也不在与之对立的诗歌中，而是在两者的结合中。

哲人即乐土之人，这种观点柏拉图也很熟悉，但是尼采篡改了柏拉图主义，为诗歌在哲人的生命经济中赋予了更高的地位。我们可以赞同海德格尔的观点，认为尼采强调意志的本质就是创造新的法律、价值和人类，是因为他抛弃了型说，但是用一种假说取代另一种，在此是用混沌乃生成之核心一说取代了型说，表达的却并非一种形而上学。我们将在下文中看到，海德格尔想证明尼采的混沌说是型说的主观论变体，从而把所谓混沌的法则和生产性思维的法则混为一谈，无意中使用了亚里士多德而非柏拉图的模型。

不过，要探讨此问题还为时尚早。让我们一步步地来。上文引用的《反基督者》和《瓦格纳事件》中的两段话，有助于我们对尼采的毁灭性创造说进行整体或全面的解读。这两段话让我们想起了《国家篇》①中苏格拉底对格老孔所说的话，要建立一个哲人-王治理的公正城邦，就要把所有10岁以上的居民"送到乡下去"。为了接受"培养一种超越整个'人'类的生灵"的挑战，尼采准备牺牲自己和"那些最接近我的人"，即牺牲他身处的时代以及他自己的历史身份。② 苏格拉底谈到了劝说，尼采则转向了刀柄。尼采的言辞更锋利，但是两人的观点却是一致的。用亚里士多德的话说就是，人并非天生的政治动物。必须由 muthos 塑造公民，但这意味着必须消除他们先前的神话性存在（比如，苏格拉底对荷马和诗

---

① 7, 540e5ff.
② XII, 39[1(120)], 1885/1886.

人的批判)。

柏拉图披着苏格拉底的外衣,把自己对新人类的生产展现在对话的神话中,尼采则扮演乐土之人,谈到了自己未竟的事业。两种神话都是有关哲人本质的解释或视角。而且两种神话解释是一致的,其内容都是永恒的或非历史的。所以,苏格拉底把历史的或不断创新的诗歌驱逐出那个公正的城邦,这样他和他的随从们就可以用"神话故事一样的"语言构建那个城邦了。① 后来,②苏格拉底又把建造公正的城邦比作给一座雕像着色,丰富了这一话语形象。再后来,苏格拉底说,"我们已经在讨论好的城邦中建立起了一个范例"。③《国家篇》中的对话不是"天上有的国家的模型",④即哲人的心中建构的模型。

差异在于此。苏格拉底与随从们谈的城邦是 praksis 的描摹,比话语(leksis)分有的真理还少,⑤话语在此指的是苏格拉底与柏拉图等真正的哲人之间可能说的话。《国家篇》中建构的城邦已经提供给了 praksis。因此,苏格拉底表示存在两种话语,哲学的和政治的。政治话语是视角性的,是哲学进入历史的入口,但哲学不是视角性的,而是乐土之人的。尽管城邦建造者并非传统意义上的诗人,⑥但城邦卫士以及城邦中的哲人都受过良好的教育,是"保卫城邦自由大业的专家"。⑦ 他们主要受的是音乐或诗歌教育,它们生产美好的形象,滋养着灵魂。⑧ 政治上的至善就是统治

---

① 2,376d9—e1.
② 4,420c4—5.
③ 5,478d8—c2
④ 10,592b2—5.
⑤ 5,473a1—4.
⑥ 2,378e4ff.
⑦ 3,395b9—c1.
⑧ 3,401b1—d4.

和被统治的灵魂达到和谐。① 这就是节制,像颜料一样渗透入城邦卫士的灵魂里,或者潜入工匠的心里。②

因此,节制与正义几乎无法区分,就是灵魂中统治和被统治的部分各司其职。③ 节制和正义都是理智的产物,也是理智分别提供给卫士和工匠的视角。理智是关心城邦整体的能力。④ 所以,智慧不同于其他的 technai,因为后者有具体的目标。⑤ 智慧的 technē 是去生产好公民,或者用城邦 nomos 培养城邦卫士。⑥

核心的 nomos 其实是一种巫术,迷住卫士们,让他们相信于他们有益的也是于城邦有益的。⑦ 如果可能的话,需要一个美好的谎言去劝说统治者,而非其臣民,相信灵魂的自然等级。⑧ 美好的谎言就是一个医疗神话,⑨于神无用,于人有用,是他们的灵丹妙药(但它不是灵魂中真实的谎言,这是人神共愤的)。⑩ 甚至要迫使卫士们行动(poiein),"要他们竭尽全力做好自己的工作"。⑪ 在《法篇》中,雅典客人与对话者说道:"我们自己就是诗人,我们知道如何创作最优秀的悲剧。"⑫《国家篇》中的苏格拉底尤其如此,非常明确地解释了如何培养新的公民。尼采对此不会有丝毫的反驳。

现在,我们可以确定尼采在哪个点上"颠倒了柏拉图主义":对

---

① 5,462a9—b3.
② 4,431d9ff.
③ 4,443b1—2.
④ 4,428d8;429a5—7.
⑤ 4,428a11ff.
⑥ 7,519e1—520a4.
⑦ 2,412b1ff.
⑧ 2,414b8ff.
⑨ 3,382b9—c6;415a1;5,459c2—7.
⑩ 3,382b1—c5.
⑪ 4,421c1—2.
⑫ 7,817b1ff.

第四章　尼采的柏拉图主义

哲人的综合政治意向的看法。引用《超越善恶》中的一句话:"我们所理解的哲人,我们自由的精神——是最具综合责任的人,具有人的全面发展的良心。"①和柏拉图一样,尼采使用"繁多和伪装术"②去运用真正的哲学艺术:"真正的哲人……都是指挥官和立法者;他们说:'该这样!'"③

尼采认为,人性的伟大在于他"综合而多样",哲人最伟大,负责人的全面发展。④ 柏拉图在对话集中把基本的人类类型全部模仿了一遍,尼采也这样评价自己:"我想亲历全部历史,拥有一切强力和权威。"⑤这才是尼采这一名言的真谛:"深刻的东西都带着面具。"⑥哲人吸收了人类灵魂展示的不同人格,隐藏了自己。哲人通过自己认识一切,他就是人类精神总体。⑦

尼采认为柏拉图隐藏了自己:"prosthe Platōn opithen te Platōn messē te Chimaera"(前有柏拉图,后有柏拉图,中间是吐火兽)。⑧ 哲人是把自己的吐火技艺隐藏在面具后的巨兽,面具的花哨分散了传统读者的注意力。面具就是哲人的等级排序天赋的表达,⑨也彰显了哲人的狂妄:"最高的灵魂敬畏自己。"⑩面具也让类似的灵魂看到了别人看不到的东西,认识到哲人的本质是乐土之人,所以尼采说柏拉图通过日神的眼睛看见了整个

---

① 5, p. 79[61].
② 同上,第 151[214]页。
③ 同上,第 145[212]页。
④ VII, p. 199[7(156)]; 1870/1871.
⑤ IX, p. 666[17(4)]; 1882.
⑥ *Jenseits von Gut und Böse* in V, p. 57[40](下文略写为 *Jenseits*)。
⑦ 在 *Pythian* 2, 72 中,品达说道:"通过认识成为你自己"(*genoi hoios essi mathōn*)。尼采对此进行了柏拉图式的解读;现代的讨论忽视了 *mathōn*。
⑧ X, p. 340[8(15)]; 1883. Cf. VII, p. 199[7(156)]; 1870/1871 and *Sämtliche briefe*, 8 Bände, KSA, 1986; VII, p. 449(22 Oct. 1883)on"wie sehr Zarathustra platonizei"。书信引自 Colli-Montinari 的版本,注明卷、页和起草时间。
⑨ *Jenseits*, in V, p. 217[263].
⑩ 同上, p. 233[287].

世界。① 尼采颠倒了柏拉图主义,也颠倒了《悲剧的诞生》中的观点,他早期认为酒神是万物的内核,希腊英雄形象都是日神创造的。②

请注意尼采在创造问题上的模棱两可。当然,酒神一直代表着创造的疯狂:"否定了最美的幻象,酒神到达了幸福的巅峰。"③但是否定不是创造。不能简单地认为日神就是创造神,原因上文已经解释过。创造本身始终是酒神的;阿波罗的弟子从不生产任何东西(除非我们认为医生的治疗术可以生产更健康的新人类),他们只沉思,然后决定该做什么。这是尼采的学说无法摆脱的谜团。就在这段话里,尼采还提到《悲剧的诞生》是自己青年时代的浪漫告白,其基础是一种"艺术形而上学"。④ 8年前,尼采还在一个注释中提醒读者小心自己的前期作品,声明"我已经放弃了支配那些作品的形而上学的艺术观,它们很迷人,却不能长久"。⑤ 酒神现在代表着"形成的幸福",形成即否定,是创造乃至创造本身的必要条件。它始于日神的沉思,也终结于此。它为非乐土之人生产了稳定的幻象,人类的幸福实存这一生命幻象,而非真正的大存在:普通人对柏拉图主义的颠倒。另一方面,乐土之人的幸福与通常或虚假的人类实存毫无关系。柏拉图用神话生产了一种永恒的幸福幻象,尼采借助日神之手调用酒神的疯狂制造了一种日神视像的象。

通常或历史的人类实存是视角性的,需要我们沉浸在看似真实、稳定的幻象中。确定此幻象或视角的结构的是其价值表,但乐土之人的实存是一种完全不同的幸福:"我的哲学——不惜一切代价把人类拽出幻象! 无所畏惧地面对生命的毁灭!"⑥用柏拉图的

---

① VII, p. 70[3.36]; 1869/1870.
② I, pp. 62, 72, 103, 141.
③ XII, p. 116[2(110)]; 1885/1886.
④ 同上。
⑤ VIII, p. 463[23(159)]; 1876/1877.
⑥ LX, p. 620[13(12)]; 1881.

话说:让 praksis 之城的公民拥有稳定幻象;让真正的、超越政治的乐土之人摆脱幻象。如上文所见,为了接受挑战,"培养一种超越整个'人'类的生灵,"尼采时刻准备牺牲自己,以及自己的历史性或视角性。①《偶像的黄昏》中的这段话精彩地表达了这一点:"要遗世独立,你就必须成为野兽或者神——亚里士多德说。还有第三种情况:你必须成为两者——哲人。"②野兽和神,但不是历史的人。

柏拉图的著作早已预示了这一点,也显示了他与尼采的细微差别。在《裴德罗篇》③中,苏格拉底曾提到他没有闲情来用科学解释宗教神话,因为他忙于认识自己,想弄清楚自己是提丰一样的巨怪,还是某种温柔而神圣的东西。尼采把苏格拉底的详细划分混为一谈。

技艺乃生活之真

让我们来仔细研究技艺(艺术)与真哪个更高级。海德格尔是简短评价了一下柏拉图的《裴德罗篇》④中真与美的关系之后,就开始讨论尼采颠倒的柏拉图主义。他把这两者放一块儿,是因为尼采曾提到自己已经"在生活中(erlebt)体验到"艺术比真理更有价值。⑤尼采的同年笔记中曾有一处对此进行过阐述:"艺术,只有艺术。艺术才是生命伟大的促成者,伟大的诱导者,伟大的激励者。"⑥同样,在《超越善恶》中,尼采也提到,重要的不是判断的真假,而是"它如何推动了生命,维持了生命"。⑦ 总之,对于生命而

---

① X, p. 244[7(21)]; 1883.
② III, p. 59[3].
③ 229e4—230a6.
④ NI, p. 231ff.
⑤ XIII, p. 227[14(21)]; 1887/1888.
⑥ XIII, p. 194[11(415)]; 1887/1888; Cf. p. 114[2(108)].
⑦ In V, p. 18[4]; 1886.

言,艺术比真更具价值。这并不是说真毫无价值,或者真不存在,也不是说对于哲人或乐土之人而言,艺术比真更有价值。

哲人是乐土之人,他包含整体,但不是因为他思考型,而是因为他戴着每种基本人类或者可能的人类精神的面具。如果我们认为一张面具即一种视角,可以解析为无限小视角的回归,却统领着这些小视角,是这一构成同一事物永恒回归的有限序列的基础,我们就可以调和尼采学说中看似矛盾的两面了。尼采曾经提到根本没有所谓的真,只不过是为了抛出他的世界-解读说。① 他还提到,只有超越善恶的乐土之人能够认识此学说的真。

提到乐土之人,是为了表达孤独的尼采代表的客观的真。孤独是哲人遗世独立的生存状态的心理学或个人表现。尼采时常提到这种遗世独立,最典型的就是他在1887年11月12日给奥韦贝克的信:"在童年的孤独中,我已经走上了这条路,如今我44岁了,依然孤独。"②尼采的孤单不是心理上的,而是他作为哲人的使命和本质。尼采感觉到了新的创造阶段的来临,他在一封信中提到希望能超越一切现有成就(1887),他写道:"现在,我必须进入一种新的更高级的形式,我首先需要一种新的疏离,一种更高级的非人化(Entpersönlichung)。"③还有很多类似例子;上述笔记中已经预设了这些,尼采在此提到哲人的孤独是神和野兽的结合,他无法也不可能生活在城邦里。

哲学隐士④居住在一个世界里是何意? 尼采说自己完全超越了同代人,包括瓦格纳,⑤甚至超越了所有活着的和死去的欧洲人,⑥还

---

① XII, p. 41[1(128)]; 1885/1885. Cf. p. 114[2(108)].
② Briefe, VIII, p. 196. 参见上文引用的海德格尔有关哲学的 Schwermut 的看法。
③ Briefe, VIII, p. 214[20 December 1887].
④ E. g., Jenseits, in V, p. 33[283]; p. 34[289].
⑤ IX, p. 577[12(8)]; 1881.
⑥ X, p. 109[4(2)]; 1882/1883.

说他只为自己写作,①说自己属于死后流芳的人,②只有死后才能得到理解,我们只能把这些话当成疯言疯语吗？还是说这些话很好理解,因为尼采认为哲人就是预言家、立法者、创世者,他必然会培养出新的读者,可以解读自己的学说。强调一遍,尼采并未创造自己的乐土同胞,包括赫拉克利特、恩培多克勒、斯宾诺莎、歌德、③陀思妥耶夫斯基和司汤达,④还有(至少在《人性的、太人性的》中)伊壁鸠鲁和蒙恬、柏拉图和罗素、帕斯卡和叔本华。但是如果我们接受他的祝福,生活在尼采的律法或价值表生产的世界里,就会改变有关先前的乐土之人的看法。

哲人的生命结合了神与兽的本质,并不发生在这个世界中,而是一个孤独的创世过程。当然,与此同时,哲人也是人,也要生活在某个世界中,遵守自己制定的律法。显然,从这个角度看去,没有真正或纯粹的乐土之人;这个隐喻只表达了一种精神特质。它确立了哲人本质中至深、至高的倾向。我们必须从背景中理解尼采的话——艺术比真更有价值。艺术即真理——对于生命而言。让我们来看看尼采有关生命的几段典型的说法。我们会注意到这个词的含糊性,以及尼采的思想内核中的含糊性。在 1885/1886 年的一段残章中,尼采写道:"'存在'(Das 'Sein')——我们只能用'生命'表达它——然而,逝去的如何'在'？"⑤不过,尼采也提到了"行动、活动、形成的背后并无'大存在';'行动者'只是假想地附加在行为上的——行动即一切"。⑥ 这句话涉及尼采对自主的自我的否定,他常常把自我还原为生理产物,从而还原为源自强力意志

---

① X, p. 341[8(20)]; 1883. 亦可参见 XII, p. 450[9(188)]; 1887。
② *Götzen-Dämmerung*, in VI, p. 61。
③ XI, p. 134[25(454)]; 1884。
④ *Briefe*, VIII, p. 24[13 February 1887];亦可参见 *Götzen-Dämmerung*, in Werke, VI, 147。
⑤ XII, p. 153[2(172)]; 1885/1886。
⑥ *Zur genealogie der Moral*, in V, p. 279[1(13)](下文略写为 *genealogie*)。

的力点。①

换言之,尼采认为现实即 Schein。下文对此还有详述,我们暂且将其译为事物在一个视角中的表象。不过,Schein 或者该视角本身即强力意志。② 理智、意志和感觉都服从我们的价值;价值又符合我们的本能(Triebe)及其存在的条件。"本能可以还原为强力意志",此乃终极真相。③ "我们每种基本本能向外产生了一种有关所有事件和活的经验(Erlebens)的不同视角评估……人即多元的'强力意志':各自带着多样的表达手段和形式。"④尼采认为强力意志即终极原因,但是我们可以更深入一步。严格地说,根本没有意志,因为这里根本没有自我或主体,更没有先验或绝对自我。强力意志并非自我意识或目的论的力;它根本是混沌。

"'宇宙的混沌',它排除了活动的一切目的性,并不与循环运动一说相矛盾"——尼采在此提到了他的同一事物的永恒轮回说——"后者恰恰是一种非理性的必然,不具有任何形式的、伦理的、(或)审美的意向。"⑤尼采还提到:"整个世界并非一个有机体,它是混沌。"⑥1888 年的笔记中也有这样一段话:"作为认识,强力意志不是'知',而是图型化,它给混沌加上各种法则和形式,足以满足我们的实践需求。"⑦请注意,尼采并未解释我们作为混沌的一个方面,作为实践的行动者,是如何组织整个混沌或者将其图型化,让其"表现"为一个可以满足我们实践需求的世界的。还有,拥有实践需求的我们是如何"被图型化的"? 答案只有一个:混沌自我分化为千差万别的视角,这些视角产生了主体性或者统一的自

---

① IX, p. 212[6(70)]; 1880. Cf. p. 263[6(52)]; XI, p. 434[34(46)]; 1885.
② XI, p. 654[40(53)]; 1885.
③ XI, p. 661[40(61)]; 1885.
④ XII, p. 25[1(56)]; 1885/1886.
⑤ IX, p. 528[11(225)]; 1881.
⑥ XIII, p. 37[11(74)]; 1887/1888.
⑦ XIII, p. 333[14(152)].

我的幻象。总之,大存在即生命,生命即强力意志,强力意志即混沌。

如果我们把尼采的两种学说结合起来,一是先知-哲人即立法者,其基本责任是制定一个世界的等级排序或定义其价值,①一是视角论和解读说,就会认识到对于一个生活在某个世界中的生命而言,艺术比真理"更有价值"。哲人也是人,甚至是超人,也必须活在某个世界中,但这并未包含或解释他的创世活动,这种活动是超出世界之上的,是属于乐土之人的。理解尼采最深度的问题,不是如何把哲学真理说,包括尼采本人学说的真理性,与视角论和解读说结合起来,而是如何解释哲人即强力意志的最高代表或创世者-立法者,与强力意志的内在本质即混沌之间的关系。

如果世界是一个自我创造和自我维持的有机体,②或者如晚期尼采所言,世界是"一件孕育自身的艺术品",③又怎么能说它是哲人及其门徒创造的呢?当尼采披上更通俗的或政治的面纱时,他会说世界是一个伟大人种创造的,他在为混沌赋形时也生产了自己,顺带说一句,这种形式是恐怖的暴力行为的产物。④ 我们也可以说这就是混沌本身的激荡。因此,哲人必然是一种塑造和加速之力,让伟大人种的意志服从自己的强力意志,他是混沌内部激荡的集中表达。总之,一切把创世意志引向自我意识的说法都是通俗的说法,而更秘传或深奥的说法是斯宾诺莎的 amor fati 包含着哲人的解释。⑤

在一篇题为《我通向"对"的新方式》的残章中,尼采指出酒神

---

① X, p. 210[5(1)106]; 1882/1883. Cf. XII, p. 385[9(91)]; 1887.
② VII, p. 111[34(33)]; 1870/1871.
③ XII, p. 119[2(114)]; 1885/1886.
④ XIII, p. 18[11(31)]; 1887/1888.
⑤ "命运之爱:这是我最内在的本质"(*Amor fati*:das ist meine innerste Natur):*Nietzsche Contra Wagner*, *Epilog* in VI, p. 436[1]. Cf. *Briefe*, VI, p. 111(30 July 1881)。

对世界的肯定是哲人能够达到的最高境界,"我对此的表达是 amor fati"。① 狄奥尼索斯既是创造神,也是毁灭神。重申一遍:"否定了最美的幻象,酒神到达了幸福的巅峰",②即回归混沌。要创造必先毁灭,查拉斯图拉就是这样教导自己未来的门徒的。③ 创造和毁灭都是混沌的形式,哲人是混沌的自我肯定(也即自我意识)的最高表达。尼采从未解释为何如此,这是他的学说中与海德格尔从亚里士多德那里借来 to hoti 对应的部分,to hoti 即事物存在的方式,给出的世界。我们在此也看到了强大的德国唯心论的残余。

在下文中,我们还会详细研究这一尼采学说中的"形而上学"之核。在此提到它,是为了介绍尼采区分哲人的创世活动和人类或超人在世中的生活的背景。只有在此背景中,我们才能理解艺术比真更有价值的说法。艺术比真更有价值,因为它可以保存这种幻象,即于我们而言,可见的(Schein)并非纯粹意志的产物,而是维持着我们的生命,满足着我们的实践需求。艺术这一更高的价值并不会取消或废除真理。尼采与柏拉图主义讨论的是什么对于生命是有价值的,尼采认为生活的本质就是混沌,所以这也是关于真的争论:不是是否有真,而是何为真。尼采诉诸于创造、克服、不断的价值重估,呼吁哲学回归大地,抛弃超感性的柏拉图的型世界,以及基督教等民间的柏拉图主义,都是尼采为了生命制造幻象的一部分。

让我们换一种方式,假设柏拉图主义确实是型说。这样的话,按照海德格尔的思路,尼采颠倒了的柏拉图主义就应该是用一种

---

① 转引自 *Friedrich Nietzsche. Werke in drei Bände*, ed. K Schlechta, Munich: Hanser Verlag, 1956, *Bd.* 3, p. 834。
② XII, p. 116[2(110)]; 1885/1886.
③ *Also sprach Zarathustra*, in IV, p. 75(*Von Tausend und einem Ziel*)(下文略写为 *Zarathustra*)。

关于作为存在的存在的"形而上学"取代诸型。海德格尔还提到，尼采的形而上学包含在强力意志和永恒轮回中。不过，这对双胞胎说白了就是大存在即混沌说。不断轮回的是有限几种混动的整体运动。因此，如果尼采是一个形而上学家，他提出的就是混沌形而上学。既然型是柏拉图对永恒秩序的表达，能否称一种有关混沌或秩序缺失的形而上学为颠倒了的柏拉图主义，就委实说不清楚了。

当然，最让我们感兴趣的还是下面这种海德格尔的离奇解读。在柏拉图的对话集中，型说并未得到充分的解释，但也从未被否定。尽管对话集都是深奥的文献，即有的文件是向少数人、有的是向多数人宣传一种思想，型说却是两者兼备。然而，尼采从未一以贯之地说创造和秩序只是混沌的幻象显现。混沌是激进的创造性的第一原则，但它不是也不可能是尼采基本的等级排位说的第一原则。高低之分，或者乐土之人超越善恶的整体视角和普通人或历史的人的视角之别，尼采从未把它们还原为混沌。恰恰相反，这是有关混沌的两种基本的却完全不同的回应。这种区分是尼采的柏拉图主义的基础。我们可以诗性地称为尼采的混沌形而上学的，绝不适合他对人类本性的看法。

按照尼采的说法，我们应该把他的"哲学"和他的"任务"区分开来：(1)"我的哲学——不惜一切代价把人类从 Schein 中拽出来！从不担心回归生命的根本！"① (2)"我的任务：人即诗人，思想者，神，强力，悲悯。"② 在上文所引的笔记中，尼采还把此任务或者这句话在政治中的运用称为"我的使命"或"挑战"："培养一种超越整个'人'类的生灵：为达此目的，牺牲我自己和那些最接近（我）的人。"③ 因此，

---

① IX，p. 620[13(12)]；1881.
② IX，p. 582[12(34)]；1881.
③ X，p. 244[7(21)]；1883.

指引尼采和柏拉图的是同一个实践目标:把化身为哲人的人类拽出 Schein。这可以与柏拉图的实践任务相媲美:用一种全面的学说生产新的人类,这种学说的政治意义在于,它要求以哲人为王。至于那个哲人,它在该学说之外,也在柏拉图的洞穴之外。

也就是说,在洞穴之内,艺术家是高于所有先哲的。从这个角度看去,尼采颠倒了的柏拉图主义会通向艺术家的统治,他取代了带着面具的哲人。这与其说是一种颠倒,不如说夸大了艺术家的功能;它是哲人的面具——而非面具后的哲人——也即创造力的延伸。此处又出现了尼采在谈到整体视角和立法或创世时的模棱两可。尼采并未精确区分作为乐土之人的哲人和作为创世者的哲人。哲人在历史之外,是乐土之人。艺术家是历史的生产力或者混沌的赋形者,是创世者。创造一个世界是日神的,根在乐土之人的视域里,遵照一种精妙的理论纲领完成的,纲领的基础是有关人类本性的认识,但它又是酒神的,因为要创造必先毁灭,必先经历消灭先前早已衰落的形式的快乐。

艺术高于真理是有条件的,尼采在 1885 年的笔记中写道:"我们保卫艺术家和诗人之类的大师,但我们是高于这些的生灵,他们只是会'生产的人',我们不会把自己和他们混为一谈。"① 他在《道德的谱系》中还说到,艺术家"历来都是道德或哲学或宗教的仆人"。② 对传统艺术家的赞美只适合在 Schein 中;超出 Schein 之外,本真的艺术家即哲人,把自己的整体视角加诸人类,加诸混沌。如上所述,尼采在 1876/1877 的笔记中明确表示,自己已经抛弃了早年在《悲剧的起源》中探讨的"艺术形而上学"。③ 传统或通常意义上的艺术家的价值完全是"通俗的"或政治的,它只能服从哲人的修辞。

---

① XI, p. 544[35(76)].
② V, p. 344.
③ VIII, p. 43[23(159)].

还要澄清一点。我们需要注意1888年的一篇残章:"对表象（Schein）、幻象、假象、形成和变易的意志更为深刻,比对真理、事实、大存在的意志'更加形而上学';快乐（Lust）比痛苦更原始,痛苦只是一种快乐意志（创造、赋形、夷为平地、毁灭）的结果,最高形式的痛苦,也是快乐的一种。"① 尽管听起来很吊诡,但我们可以说,对于尼采而言,对表象、幻象等的意志,比对真理、事实等的意志更真;"更真"的意思是"对人类生命更有价值"。

在真理与艺术的关系问题上,海德格尔是如何解释柏拉图和尼采的关系的呢? 海德格尔选择了《裴德罗篇》,认为爱欲的功能即"超越自身并被大存在吸引"。② "大存在"（Sein）,海德格尔在此指的是型。③ 因此,爱欲符合尼采的"醉"（Rausch）。美之型让爱欲成为将型把握为型的基础。美型"最可爱且最明显"（erasmiōtaton 和 ekphanestaton）。因此,是美照亮了型的世界,让诸型可以看见并且呈现给理智;海德格尔说:美"带出了大存在（zum Vorschein bringt）"。④

尼采那里也有类似的情形:"真理,即永恒的真理,是一种 Schein。"现在,我们可以把后者翻译为幻象和表象的展露,只是一种人类视角,而非型在美型的照亮中跃然而出的过程。Schein"是维持生命的必要条件。然而,深入思考一下,我们就会明白,一切表象（Anschein）和外观（Scheinbarkeit）一般只出现在某物显现（sich zeigt）或出现（zum Vorschein kommt）之时"。⑤ 最后一种表达有"带出"之意,海德格尔用它来指柏拉图为美赋予的相对于大存在的职能。涉及尼采的那段话还没完:"正是视角带来了这种提前的显

---

① XIII, p. 226[14(24)].
② N I, p. 226.
③ 同上,第195页。
④ 同上,第226页。
⑤ 同上,第247页。

现(Erscheinen),这是真正的展露(scheinen),将其带入,使其自我显现(zun sich Zeigen-bringen)",这里的表达很难译成英文。①

换言之,Schein 即视角。它只是在与柏拉图的型对照时,才被视为幻象,但它本身却是形成的自我出场的展露(试对比黑格尔),它把自己带出为表显的,而非永恒。决定表显和呈现给人类之物的存在的是人类的观看活动,人类观看形成过程的立场或视角。这是柏拉图的 noēsis 的内涵,它是对貌似远离并独立于我们的观察活动的诸型的观察。不过,在海德格尔看来,柏拉图并未认识到这一点,或者从未思考过这一点。因此,对于尼采而言,大存在不只是形成,而且作为表现为形成的东西,它还是视角性的。可以说,在尼采看来,大存在即解读。

在上文提到的 1885/1886 的残章里,尼采简明有力的说道:"解读世界,不是解释世界。"②下面这段话对此作了详细的解释,把解读的功能和先前有关真假以及 Schein 的多重含义的讨论联系起来:

> 世界的价值在于我们的解读(可能别处还有人类以外的其他解读——);现有的解释均为视角性评价,我们因之得以持存在生命或强力意志中,为了强力的增长,人类的每次提升都会克服更狭隘的解读;强力的每次增强和扩张都会打开新的视角,在新的视域中表达信仰——这些贯穿着我的书写。与我们有关的世界是假的,并非事实(Thatbestand),而是发明或者打磨些许的观察;世界在"流动",在形成,不断变来变去的假象,永远不会靠近真:因为——无"真"。③

---

① 同上。
② XII, p. 39[1(120)].
③ XII, p. 114[2(108)]; 1885/1886.

无真,即不存在独立于我们的解读视角的恒定世界。否则,这段话的意思就是自明的。对此,我们还可以加上美在尼采那里的功能。在1883年的一篇残章里,尼采说道:"(历史地看)我认为这就是美:时代(Zeit)娇子看到的一切,最值得赞颂的东西的表达。"①海德格尔引用了另一篇残章,尼采在此提到美即肯定,并作了如下概括:"美即我们评颂为人类本性之典范(Vor-bild)的东西。"②在海德格尔对柏拉图的解释中,美型照亮了独立且永远出场的型王国,爱欲把我们引向这个王国。在尼采这里,美即我们对强力意志的表达,酒神的醉把我们引向它。存在是观察者的视角定义的,存在的可见性是从观察活动中辐射出来的,观察活动不是theōria,而是自我肯定。

尼采有关艺术的讨论,以及海德格尔对其的解读,在解释混沌形而上学和人类美好的关系问题时都有些含糊不明。概括地说,柏拉图的型世界中的美,在尼采那里对应的是视角,视角是由创造者的价值决定的。然而,在柏拉图那里,有一个视角的等级排序,准确地说,唯一健全的视角即哲人的视角,他自己就足够热爱并沉思型,所以在柏拉图看来,只有一个真正美好的世界,即哲人表达的宇宙,但是尼采却一直在有关美的两种表达之间举棋不定。一方面,他明确表示美是时代骄子赞颂的东西:即美是强力意志背后的力。这种表达很容易陷入相对主义,除非我们认为美好即力的量。在海德格尔的解读中,柏拉图那里型的多元性变成了尼采那里视角的多元性:任何在某种有关混沌的界定中展露的东西。然而,这无法解释我们以什么为基础对不同世界进行等级排序。海德格尔的形而上学或本体论的解读,立足于对诸视角的功能或结构的认识(根据视角与柏拉图的型之间表面的相似)。因此,海德

---

① X, p. 243[7(18)].
② N I, p. 132.

格尔忽视或者小看了排位的问题。有些幻象比其他的更好或者更高贵,但这无法得到本体论的解释。强力的表达不是精神的卓越,尼采在批判斯多葛派时指明了这一点。①

艺术与真的关系即尼采颠倒了的柏拉图主义的意义内涵,相关讨论到此为止。海德格尔对这种关系的呈现,是他对所谓尼采的核心艺术观长篇大论的评价:艺术是生活居功至伟的刺激物。② 接下来,我想仔细研究一下海德格尔在一个题为《尼采颠倒了的柏拉图主义》的讲座中说到的一段话。③ 在这段话中,海德格尔首先概括了一下自己对美与真在柏拉图那里的关系问题的看法,接着演示了尼采的颠倒,分析了后者最著名的一段话:Götzen-Dämmerung 中的一节,题为《"真之世界"为何最终变成了寓言》。④

从真理到寓言:阶段一

尼采的这段话分为六个部分,每部分都对应着海德格尔所谓柏拉图主义史中的一个阶段。《圣经》中上帝用六天创造了这个世界,尼采把其分解为六个步骤。不言而喻,第七天要献给一种全新的创造,而不是休息或沉思。第一部分是这样开头的:"智者、诚者、德者可通达真的世界——他活在其中,他就是这个世界。"接着,他在括弧中对此进行了解释:"(最古老的型,比较智慧、质朴、令人信服。诠释了这句话:'我,柏拉图,即真理。')"尼采一开始就把世界视为哲学思考的产物,既不是像在黑格尔那里,是绝对发展的一个阶段,也不是如海德格尔所言,是大存在的一种馈赠,而是

---

① *Jenseits*, in V, p. 21[I(9)].
② N I, p. 90f.
③ 同上,第 231 页及以后。
④ VI, pp. 80ff.

一种人类的视角。这种视角相当简明：智者（当然是道德智慧）不仅可通达"真的"世界，而且本身就是该世界。该世界乃是一种生命方式的投射，是圣人意志的伪装，柏拉图就是圣人的代表。

要证明尼采的观点，我们可以引用《斐莱布篇》28c6 及以下，苏格拉底在这里说道："所有聪明人都同意，并因此真诚地夸耀自己，我们拥有的理性（nous）是天地之王。"在柏拉图的皇皇巨著中，这一段话最接近尼采对真理世界之本源的解释，但是两者之间却有着云泥之别。苏格拉底说哲人夸耀自己，因为他们把理性（nous）变成了他们的王，但是他没有说他们就是真理，或者 nous 就是真理；相反，他说的是 nous 把握真理。至于"天地"，苏格拉底指的是宇宙，而非"真的世界"。宇宙是 nous 可以把握的秩序，既然人属于地，却又渴望各种天国，人尤其是人类思想确实是宇宙的一部分。我们甚至可以说，nous 参与了宇宙确立秩序的工作，因为秩序只能揭示给 nous。不过，这不是从意志中获得秩序，nous 是投射向宇宙的视角，但它是整体视角，对所有人都是一样的。Nous 并非意志；在柏拉图那里，没有独立的意志，所以苏格拉底才让欲望服从哲人心灵中的理智。哲人理智的爱欲不是意志，既不是理智向外的投射，也不是一个世界的建构，而是一种来自上面的力，它在心灵之外，却降临于心灵，带着它飞向天国。

另一方面，一个世界即一种理智投射，无论是康德的还是尼采的理智。在尼采所有涉及人类感知的著作中，"Welt"一词都具有这层含义，逐渐被确认为强力意志。有两段话非常典型：(1)"世界不会比人更好，脱离人类的感觉（Empfindung），它如何存在？"①(2)"世界即强力意志——仅此而已！"②在尼采那里，empfindung 取代了 nous，世界是由内向外投射的；但这样解释的世界起源仿

---

① VII, p. 803[34(33)]；1874.
② XI, p. 611[38(12)]；1885.

佛来自对 Schein 的观察,即对表显给人类的世界的观察。"我,柏拉图,即真理",对此的诠释五花八门,却都解释了一种努力,即通过组织混沌或者将其图型化来创造一个世界。然而,如上所述,尼采将世界视为一件自我孕育的艺术品。不是历史人物柏拉图的意志创造了世界,而是混沌,它既表显为上古的世界,又表显为柏拉图改造世界的意志。混沌通过无章的激荡组织自己,或者把自己图型化,激荡产生了"柏拉图的世界"。

海德格尔解读的尼采的混沌与原著不符。他曾提到,对于尼采而言,混沌并非无章的混乱(Durcheinander)或杂乱(Gewühl),不是一团乱糟糟的感觉(Empfindungen)。相反,它是"das leibende Leben",可以译为"生命的肉身化"。它不是无序,而是"那种奔腾不息的激荡,隐藏着自身的秩序,我们无法直接把握其法则"。[1] 几页后,海德格尔又把混沌与实践活动(praksis)联系起来,认为前者是在 Lebensvollzug(即日常行为)中被图型化的。一种视角的视域,通过图型化规定着一切,既把握混沌,也把混沌显示为混沌。[2] 有了视角,世界就表现为对持存的确保。相应地,"理性(Vernunft)及其诸概念和范畴起初不是来自把握混沌的需求,它本身已经是对混沌的感知(Chaos-Vernehmung)"。此处的"理性"即康德的"实践理性"。[3]

在海德格尔的解读中,混沌是生命的原则,也有自己的内部法则,我们在日常生活中通过基本是评估性的 praksis 活动把握这一法则。而要做到这一点,我必然已经是在日常 praksis 的世界中活动的人了。确实,尼采在 1888 年的那篇残章中提到,图型化是根据实践需求展开的,但这段话不足以解释尼采的形而上学。尼采

---

[1] N I, p. 566.
[2] 同上,第 575 页。
[3] 同上,第 576 页。

是从实践的立场(即在幻象中)讨论 praksis 的。这种 praksis 与其在柏拉图或康德那里的作用完全不同,因为我们与日常世界早已是混沌的产物。在柏拉图那里,没有世界的建构,只有对宇宙的把握,并且将人把握为宇宙得以揭示的"场所"(海德格尔语)。在康德那里,实践理性并不建构世界,只建构道德法则,我们必须按照道德法则生活在一个理论理性建构的世界里。

换言之,从哲人尼采的立场来看,人投射的一种视域即一种幻象,它实则为混沌无序的激荡所产生的附带现象。人对混沌的"图型化"只是次级的或工具性的,是混沌的工具。世界是自我孕育的艺术品就是这个意思。因此,没有混沌形而上学,只有一种实践-生产的学说,是关于人类如何展示混沌的,他通过等级排序展示混沌,但排序不是混沌,也不能通过混沌认识它。我们按照实践的需求进行图型化,因为没有理论的或形而上学的需求。人毕竟不是神,神可以从混沌的无中创造世界。人类把自己的意志加诸于现有的世界。他们更像是批评家或诠释者,而非艺术家或创世者;人为那个自我生产的世界赋予价值。混沌也无内部法则,因为法则无疑是一种不变的形上结构,不依赖人的主体性或意向性,图型化却必须符合那种结构。

尼采从未提到过混沌的内在法则,而且明确表示根本没有这种法则。规律和形式都是柏拉图和尼采这样伟大的思想家从幻象内加诸于混沌的,但其实这不过是以一种混沌的激荡取消或重整另一种激荡罢了。在上述引文中:混沌作为永恒轮回是一种"非理性的必然"(unvernünftige Notwendigkeit)。[①] 这种"必然"并非一种法则的功能,因为法则必须是理性的;"必然"在此指的是混沌的结果,无需人的意志即可产生,是各种可能的物质、力或能量组织的不断复现。尼采提到 amor fati,他指的是这个哲人和斯宾诺莎一样,接受了并非由其意志或理智,或者任何他人的视角,而是由

---

① IX, p. 528[11(225)]; 1881.

非人和非神(至少在尼采这里是如此)的必然带来的一切,这种必然也就相当于偶然。

不过,这个尼采式的哲人不能像斯宾诺莎那样,去认识必然性的结构,因为根本不存在这类结构。或者说,混沌的所有结构都是短暂的,如果它只是循环生产无结构的东西。如果基本的世界-时代的数量是有限的,我们确有可能认识混沌总体产物的结构,但这并非混沌本身的结构。如果拥有结构,它就不复为混沌或形成了,而是准柏拉图的大存在了。然而,尼采并未说混沌即大存在;相反,他说的是(我们所谓的)大存在即混沌。还可以加上一点:海德格尔认为大存在是显现过程,混沌则是其祖先。为混沌赋予结构如同为海德格尔的大存在赋予结构,将使其合理化和物化。

现在,回到海德格尔所说的柏拉图主义史的第一阶段。我们在前面已经看到,尼采把这一过程划归柏拉图,因为他想说明哲学是一种生活方式,意志把自我投射为一种世界-秩序,从而支配着一切。为了证明尼采的思想是柏拉图主义的终极阶段,还需要把这一命题颠倒过来:柏拉图思想是尼采主义的第一阶段。基于尼采谈到的真之世界的命运的第一阶段,我们可以说他是这样理解柏拉图的。不过,海德格尔十分谨慎,否认了柏拉图是个柏拉图主义者;他也否认柏拉图是个毫不含糊的或者故意的尼采主义者。① 对于海德格尔而言,柏拉图和尼采之间的联系不是有意的或故意的,而是在于大存在本身的命运,海德格尔称之为被遮蔽的大存在的"馈赠"。

柏拉图开创了柏拉图主义,而非尼采主义。柏拉图从未提到强力意志或混沌,他只是离开了希腊原本的 phusis 概念,以及相关的 alētheia 概念,alētheia 是遮蔽和揭示的结合。② 从 alētheia

---

① 比如,*N* II, pp. 217, 273。

② 关于此的最佳讨论在 1931/1932 年弗莱堡大学的研讨会中:*Vom Wesen der Wahrheit* in *Gesamtausgabe*, Bd. 34(1988)。

第四章　尼采的柏拉图主义

向有关相的话语命题的"堕落",尼采主义似乎是某后黑手。不过,从柏拉图到尼采中间还有一个关键环节,那就是笛卡尔式的主体性,它把基督教和古罗马的意志说及真理即 rectitudo 说激进化了。① 说柏拉图不是尼采主义者,而尼采是柏拉图主义者,即便不是完全自相矛盾,也存在一种张力。"柏拉图主义"因此变成了一个中项,在好几个节点上都发生了根本的改变,因而在貌似其提出来的东西的终点上再也看不到创始人的影子。

不过,海德格尔强调西方哲学的"整个历史"就是柏拉图主义。② 因此,问题出现了:如果柏拉图不是尼采主义者,尼采怎么会是柏拉图主义者?我们已经看到了海德格尔对此问题的回答:尼采是柏拉图主义者,因为他翻转了柏拉图的主要观点。这又意味着柏拉图主义的主要术语都是"本体论的",或者说,phusis 和 ousia 即 on 之型。对于柏拉图而言,一直出场和可见的是浮现过程的产物,而不是该过程本身的展露,而对于尼采而言,一直出场的(永恒轮回)是浮现过程(强力意志)的产物。这就需要我们像海德格尔一样,认为强力意志即"出场的形成的恒常性"(die Beständigung des Werdens in die Anwesemheit),③永恒轮回即"恒常事物的形成最恒常的恒常性"。④ 总之,在柏拉图那里,永恒或持续的是可知性的结构;而在海德格尔看来,在尼采那里,永恒或持续的是可知性结构的永久缺席,或者出场"缺席"的永恒在场。这与海德格尔的混沌内在法则说相矛盾。

强力意志即大存在的"什么",它取代了柏拉图主义的 ousia 或型。在第一章中,我已经指出,把型等同于 ousia 是把柏拉图混同为亚里士多德。海德格尔认为永恒轮回即"那个"(the that),犯

---

① 参见 1942/1943 年有关《巴门尼德篇》的研讨会,收录于 *Gesamtausgabe*, Bd. 34。
② *N* I, p. 433.
③ 同上,第 656 页。
④ *N* II, p. 14.

了同样的错误。在柏拉图那里,有没有与"那个"或者给出事物对等的词？在亚里士多德那里,它指的是生成的实体或自然,早已是eidos的体现。柏拉图那里对应的可能是 ta phainomena。为了让这个术语尽可能地接近海德格尔的解读,我将其译为"从自身展露出展现自己的东西"。① 此译法忠实地表达了可见事物的两面,它既是原相之象,也是被遮蔽的原相的呈现。

可以用作柏拉图的"出场"(parousia)的词只有型。善照亮了诸型,诸型的出场又"照亮了"ta phainomena,或者让我们看见了给出的生成实体或自然。尼采那里的"出场"指的是什么呢？当然不是柏拉图的型。海德格尔说强力意志持续在场。这是何意？出场与强力意志是分离的,是它作为可见物被把握的手段？当然不是,因为海德格尔认为强力意志是终极因素,含糊地排除了混沌,它只作为出场缺席而"出场"。至于永恒轮回,它是恒常性,不是出场：强力意志的恒常性。强力意志把混沌图型化,通过实际运用一种视角,建立了一个世界,尼采的"出场"只可能是指混沌分化为一个观察者和一种观察的过程,即分化为强力意志的一个行动者和一个产物。分化进入了各种协同过程,每个过程都是构成强力意志诸力点的一次幻象统一,海德格尔并未解释统一的方式。"出场"因此就是 Schein,不是诸型由内向外的突出,或者 phusis 的浮现过程的自然产物,而是人类实存的幻象,表现为混沌投向自己的这种或那种视角。

因此,视角和"解读"(Auslegung)变得至关重要。大存在并非将得到阐明或解释的东西的出场,它是一种视域或解读视角的出场；而且如上所述,Auslegung 不是 Erklärung 或解释。怎么能说它是颠倒了的柏拉图主义呢？尼采把认识变成了解读,认识是思考需要阐明和解释的东西,解读则是为一个动荡的混沌世界赋

---

① 参见 N I,p. 604。

予秩序和价值。这样，尼采就把解读者变成了混沌必然性的非理性主体。一切归宗：对于海德格尔眼里的尼采而言，唯一永恒或不变就是变的永恒。同一事物的永恒轮回就是混沌对自己的视角性图型化的永恒轮回。因此，根本不存在海德格尔所谓的柏拉图的"出场"，只有**缺席**。或者，在海德格尔笔下的尼采那里，出场就是出场的自我缺席。海德格尔认为尼采是最后的柏拉图主义者，这种想法夭折了，因为他同时也极度渴望在尼采那里看到自己。①

回到真之世界的寓言问题，在第一阶段，尼采说到真之世界是对"我，柏拉图，即真理"的解读。海德格尔评价道：

> 此时，"真之世界"尚不是"柏拉图主义的"（Platonisches），即尚不是遥不可及的，尚不是纯粹向往的，不是纯粹"理想的"。柏拉图本人正在努力，直截了当地把这个型的世界变成了大存在的本质（Wesen）。超感性的世界即型……有关诸型的思考以及相应的有关大存在的解读完全是创造性的。柏拉图尚未变成柏拉图主义。那个"真之世界"不是一种学说的对象，而是 Dasein 的强力，通过接近来照亮（das leuchtend Anwesende），是完全无蔽的纯粹展露。②

海德格尔的评价并不符合传统的哲学认识。他在解读尼采时总是想召回柏拉图和尼采未曾思考的问题。他从对话集中演义出"柏拉图主义的"型说，却没有把柏拉图当成对话集的作者，而是把他看成一个行动者而非思想家，认为他的思想大胆运用了大存在原本的馈赠，此处的大存在即 Phusis，自显为出场物的展露。"das

---

① 参见 Jacques Taminiaux, *Heidegger and the Project of Fundamental Ontology*, Alnamy: SUNY, 1991, tr. M. Gendre, p. xxii.

② *N* I, pp. 235f.

leuchtend Anwesende"在此指型,向我们走来之物的相,而非那一向我们走来或出场(海德格尔语)之过程。柏拉图本人并未接受大存在的馈赠,让其服从自己的意志,为其印上自己的视角。海德格尔认为柏拉图创立了而不是接受了柏拉图主义的视角。在这幅画像中,海德格尔转移了重心,尼采强调这个智者虔诚而有德,海氏则强调德性就是通过"实存的强力",或者(我们可以用一下这个表达)在一种把混沌图型化的视角中的强力凝聚,生产一个世界。

尼采从未谈到型说,也未提到"出场的展露"。他的陈述不是形而上学或本体论的,而是道德的,是他自己这一观点的运用:每种生产世界的视角都是一种等级排序的表达或价值表。从这个角度看,"我,柏拉图,即真理"指的就是诸价值,或者柏拉图本人示范的 aretai,他还把这些 aretai 灌输给他的弟子,认为应该用它来界定生命的方式,生命方式构成了活在其中的人的"真之世界"。尼采脑海里回响的可能是这样一些段落,比如,在《国家篇》中,苏格拉底称自己和那些年轻人一起建构的城邦为"我们按照好城邦的 logos 设立的典范"。praksis 不如 leksis 能把握真理,本就是如此。① 在卷九结尾处,苏格拉底称语言中的城邦是为那些希望看见和居于其中的人构筑的天上有的国家的范例。② 但此范例并非海德格尔的型,甚至不是《裴多篇》中的假说,而是"有德者"的"所愿"(tōi boulomenōi)。

如果有人反对只有运用辩证法(也即对型的认识)的哲人统治时,才能建立起公正的城邦,我们可以回答说,尼采对此的沉默至少得到了亚里士多德这样的权威的支持。他在《政治学》中概括《国家篇》的观点时,③未曾提及任何有关型的重要哲学讨论,更没

---

① 5,472d9ff.
② 592b2—5.
③ B1,1261a4.

有提及型说。在《国家篇》中,哲人-王的哲学观点并不属于政治学;苏格拉底认为它们"跑题"了。① 原因之一就是,型是否存在,有没有关于辩证法的科学,与城邦的建立毫无关系。唯一重要的是,哲人们要讲一个美好的谎言,让人相信诸型确实存在,而他们作为统治者的高高在上,恰恰是因为他们掌握了辩证法或修辞。既然所有城邦居民从小就受着这种教育,又会有谁反对他们呢?

尼采文风简明,要理解他的文本,我们根本不需要这种极端的假设,只需强调尼采认为"真之世界"从生存论和伦理政治学的角度表达了柏拉图的意志。如果为了强调那个柏拉图主义的哲人-王的权威,就必须谆谆教诲人们相信型假说,随它去。请注意,这完全符合我们看到的尼采的观点:我们是根据"实践需求"把混沌图型化的。② 这也符合尼采对自己使命的解释:用一套新的价值改造人类,③让人类可以把控自己面临的巨大的虚无主义危机,尼采详述过这种努力,它也构成了接下来两百多年的历史。④

海德格尔让我们关注尼采的信念,这是对的。比如,在给福克斯(Carl Fuchs)的一封信中,尼采提到,到目前为止(约为1887年),他的工作在他的生命中已经告一段落:"我的整个'迄今为止'应该说在此结束了(da acta zu legen)。"⑤一周后,尼采又写信给冯·格斯多夫(Carl von Gersdorff)说道:"我的生命历程现在已经走到了如日中天的时候:一扇门关上了,另一扇门打开了,意义非凡。"⑥但是他所期待的价值重估从未脱离其"实践的"或者(柏拉图意义上的)政治的维度。要控制虚无主义,需要的不是关于大存

---

① 8, 543c4;亦可参见 5,449a7ff.。
② XIII, p. 333[14(152)];1888.
③ 比如 IX, p. 525[11(211)];1881; X, p. 244[7(21)];1883。
④ XIII, pp. 56f. [11(119)];1887/1888.
⑤ *Briefe*, VIII, p. 209(14/12/1887).
⑥ *Briefe*, VIII, p. 214;亦可参见 1886 年 9 月 2 日写给他姐姐、姐夫的信,收录于 VII, p. 241。

在的学说,也不是按照型说建立一个柏拉图式的城邦。这两种情况都需要合适的修辞。这样说当然太过简单化了,但它无疑为我们指明了方向,让我们可以断言柏拉图的修辞是为了让读者相信他们是哲人,尼采的修辞则是要让读者相信他们是超人,或者新价值的先知,至少是先知的喉舌。

我在尼采寓言的第一阶段逗留了很久,是为了让读者更清晰地认识海德格尔解释的尼采的柏拉图主义的本质。为了让颠倒的柏拉图主义一说站得住脚,海德格尔必须把混沌"理性化",强调其形而上学的重要性,却抹除了 Schein(即人类生产的幻象)和形成的内在秩序之间的差异。海氏的解读最直接的后果就是把尼采变成了黑格尔,但尼采其实是反黑格尔的,否认 Schein 和 Wesen 本身是同一的。尼采确信根本不存在本体论的本质,又显然认为世界是一件自我生产的艺术品,还明确强调人类以及世界的等级排序,他要求我们把来自混沌的各种秩序原则变成幻象。混沌最多是人类自由的消极条件:它偶然创造了我们,却丝毫不在意我们把握其产物的努力。尼采认为 Schein 和 Wesen 是对立的;辩证法无法解决这两个对子,因为必然性是非理性的。

寓言:余下的阶段

总之,在我们正在详细阅读的文本中,尼采把柏拉图当成了尼采分子,海德格尔又在自己的评价中把尼采变成了海德格尔分子。现在让我们转向尼采的"一个错误的历史"(该文副标题)的第二阶段。开篇第一句话是这样说的:"真之世界,尚无法抵达,却承诺给了智者、诚者、德者('给赎罪的有罪者')。"在这个括号里的评论中,尼采把自己的意思说得很明白:真之世界一说"变得更微妙,更狡黠,更难以捉摸——它变成了女人,变成了基督徒"。我们在此或许会想起尼采的名言:基督教是民间的柏拉图主义。① 不过,这并不意味着基督教是改成民间版本的型说。尼采指的是有德者触及真之世界的可能性延伸到了虔诚的基督徒。柏拉图主义,原来的和现在的,被视为一种生活方式,而非有关大存在的学说。

在评价这一阶段时,海德格尔十分强调超感性世界和感性世界之分;因此,"人类的本质和实存中出现了分裂(die Gebrochenheit,即黑格尔的 Zerrisenheit),同时也能容下暧昧了。开始有了是也不是、既是又否的可能性。"②这句话很有帮助,也切中要害,但接下来的话却又遮蔽了这一要害:"现在不是柏拉图,而是柏拉图主义在左右一切了。"海氏认为这表明"超感性世界超出了人类实存的范围,不再像感性世界那样触手可及(anwesend)";其结果是彼岸(Jenseits)和现世(Diesseitigen)的分裂。海氏暗示柏拉图主义彻底把出场(Anwesenheit)从这个世界移到了另一个世界,再次突出了尼采所作的柏拉图和柏拉图主义之分。③ 不过,这样一来,柏拉图就不是这样区分的柏拉图了,而且在此世,在日常生活中,就可以触及超感性的世界——海德格尔指的可能是诸型。然而,在第一阶段,只有柏拉图及其哲学门徒可以触及超感性的世界。总体而言,海德格尔认为这一阶段的要点涉及人类的实存,而非形而上学,所以他并未(好的倾向)对第一阶段进行本体论的解读。

我们可以通过审视尼采在第二阶段使用的核心隐喻,更准确地理解海德格尔的方法。从柏拉图向耶稣或柏拉图主义之源的转移,相当于把真之世界变成女人。女人比男人"更微妙、更狡黠",即基督教的柏拉图主义从战士-哲人转变为家庭或个体私人:从城邦转向了内心。这是从柏拉图赞赏的理智和勇气转向了欲望。用

---

① *Jenseits*, in *KSA* V, p. 12.
② *N* I, p. 236.
③ 同上,第236—237页。

更尼采的话说,转向了情感和直观,转向了对日常生活的"细微感知"。柏拉图主义中统治和主动的因素被顺从和被动的因素取代,心灵受制于广泛传播的对微妙的个人生存的极度敏感,它让心灵变得更细腻,也更柔弱。基督教里孱弱的同情取代了柏拉图主义里的哲学正义:重心从极少数转向大多数。越来越细腻的女人气的敏感成为颓废的前兆。

第三阶段:"真之世界,无法到达,无法证明,无法言说,但已经成为一种安慰,一种义务,一种律令。"尼采在此想的主要是康德,他在括号里解释道:"苍白的,日耳曼的,königsbergish。"海德格尔当然明白这一点,也进行了评论。不过,这里也出现了一个问题。如果尼采的著作中包含着一部形而上学史,那么 17 世纪发生了什么?海氏在分析柏拉图主义在诸现代性之源中的变化时,通常会大肆渲染笛卡尔和莱布尼兹,而且主要集中在他们有关主体性的思考上,认为他们是通向康德和德国唯心论的台阶。泛泛地说,海德格尔认为现代科学的兴起,尤其是那些伟大哲学家们划时代的成就,就是主体性的发展,以及型说含义的物化,这是柏拉图未曾预料的。对于海氏及无数德国学者而言,笛卡尔首先是个"我思"思想家。我思,当代英语学界感兴趣的是它的逻辑难题,但在海德格尔继承和发扬的传统中,它却预示了费希特及其直接传人笔下的绝对自我,是其的先祖。

这条思路并非全错,也颇能解释现代主体性学说的发展,但它对于诸现代性之源或者现代科学在哲学中的重要性却甚为不公。只举一个例子。我曾在别处提到,现代——包括其中的实验科学——深受柏拉图的宇宙几何学的影响,也接受了他的数学乃基础哲学的看法,与他的实践-生产的人类活动说也有着千丝万缕的联系,这种联系甚至更为根本。[1] 果真如此的话,我们就可以证明

---

[1] "Technē and the origins of Modernity",即将出版。

尼采的柏拉图主义来自柏拉图对整体意义上的政治(尼采会称之为 die grosse Politik)的理解,政治是一种生产技艺。柏拉图并未区分 praksis 和 poiēsis(生产),却区分了实践-生产世界和理论世界。海德格尔完全无视柏拉图的政治思想,或者他对人类日常生活的详细解释;通过把技艺与政治剥离开来,把政治引向对理论之真和型的追问;把爱欲还原为一种本体论的 nisus;强调原型-主体性和视角主义的本体论功能,彻底颠倒了柏拉图和柏拉图主义。这也让他对作为形而上学的柏拉图主义的西方哲学史的解读过于简单、简化和苍白无力。

另一方面,我同意海德格尔的看法,康德在很多方面都是个柏拉图主义者。然而,要详细说明这一点也会证明康德同时是个反柏拉图主义者,柏拉图也是如此。① 说一点我自己的观察。康德的超感性世界和感性世界属于思维的不同维度(当然不是具有自我意识的主体的思维,而是我们思考我们这样的世界的"逻辑条件")。这种二元论是黑格尔的起点,而黑格尔的观点在尼采那里也是有效的,尽管有着厚厚的伪装。同一事物的永恒轮回是尼采版的黑格尔的概念循环(当然是无意的,或"未加思索的"),强力意志则是尼采版的黑格尔的 Bewegtheit,即精神的否定和生产活动。查拉斯图拉说创造即毁灭,这说法很黑格尔,当然他没有沿着这个话题继续下去。

柏拉图向人之自然宣战,那个现代哲学-科学家则把它变成了向宇宙或神圣自然宣战。因此,他不断强调阳性的强力意志高于阴柔的幽微和隐秘。灵魂说变得简单而粗俗,灵魂臣服且被还原为肉体。尼采想把阴性的微妙和阳性的强力糅合在一起,或者说,尼采尽管对心理作出了生物学和唯物论的解释,还是想保留敏感

---

① 参见我的"Antiplatonism: A Case Study", in *The Ancients and the Moderns: Rethinking Modernity*, New Haven: Yale University Press, 1989,第三章。

的心灵一说。也就是说,尽管尼采的 grosse Politik 披着柏拉图的形式,却充满了混合着基督教的精神和现代科学的残忍的因素。

在那段寓言里,尼采没有提到 17 世纪,也没提到英国经验论,尤其是霍布斯,后者把科学哲学和经验论哲学糅合在一起,让我们即便是站在海德格尔的立场上,也无法把海德格尔对这篇残章的盛赞当真。当然,我无意否认该寓言含义深远,揭示了哲学史发展历程中的关键因素,但它也绝不是什么"重要一环",可以帮助我们重新认识尼采的整个思想;① 就算能,它也不过是让我们看到了尼采思想的不足。同时,海德格尔对这段话的反应也充分显示了他对柏拉图主义理解的不足,以及他模棱两可的态度转变——先是认为柏拉图主义是柏拉图思想的概括,后面又认为完全不是那么回事。

海德格尔认为,尼采寓言的第四阶段,描述了康德这一观点带来的实证论后果:理论无法认识超感性世界。② 海德格尔的评价引人入胜,但是并未阐释清楚其与柏拉图主义的关系。这段评论是这样开始的:"这第四阶段历史地扣住了柏拉图主义的 Gestalt,作为先前康德哲学的结果,它否定了自身,但缺乏全新的创造性克服。"③ 这也许是在说柏拉图主义出现在黑格尔死后回归康德带来的各种实证论中,后者导致了马堡学派科学的康德主义(我们想起了柯恩[Hermann Cohen]和雷拓普[Paul Natrop]);但海德格尔说的其实是尼采对从莱布尼兹到叔本华等伟大德国思想家的蔑视。尼采认为他们都是施莱马赫,遮蔽了物,而康德却认为超感性世界是不可知的,是第一缕诚实的曙光。尼采对这段哲学史的描述和海德格尔的分析都非常的晦涩难懂。

---

① N I, p. 234.
② 同上,第 238 页。
③ 同上。

第四章 尼采的柏拉图主义

挑重点讲讲:新康德主义者们——海德格尔当然很熟悉——把柏拉图的型改造成了康德的概念或话语法则;从而为英国"述谓论"学派铺好了道路。要说这与柏拉图有什么关系的话,那就是它相当于把上文讨论的《斐多篇》中的 logos 解读为一种话语理论,无论是先验的,还是历史-经验的。那些尼采眼里的"面纱工"们即便不全是,也有很多都是如此。我们需要甄别"柏拉图主义"在不同思想中的表现,新康德主义和现象学的不同于孔德等实证论的,它们又不同于费尔巴哈和马克思的。这里的部分思想家可以归入尼采的第五阶段,在第五阶段,真之世界被抛弃了,因为不再具有约束性或者有用。也许最好的方法是不再僵化地按照历时方式进行划分,而是认为第四和第五阶段是 19 世纪下半叶的两面。在这个时代,一方面由于康德否定了超感性世界的可知性,另一方面由于德国形而上学(显然包括康德)编织的蒙昧主义面纱,哲学想象逐渐失去了对真之世界的兴趣,最终完全抛弃了它。

19 世纪是一种巴罗克的混杂,它混合了形而上学、浪漫主义、反形而上学,甚至反哲学的革命、实证论、现象学——当然,还有尼采本人。想证明这里的每种运动或倾向都是柏拉图主义的表达,或者包含着其因素,当然是非常有意思的事情。尼采的著作让我们看到,柏拉图主义的历史就是型不断稀释直至消失的历史,或者说,超感性世界逐渐转变为感性世界的先验或内在结构的历史。不过,尼采不是这样解释的,他关注的是柏拉图的计划——认识人类可居于其中的真之世界——蒸发掉以后给人类实践带来的影响。这种蒸发正合着那些为尼采本人铺好道路的条件,尼采曾在《人性的,太人性的》中大声欢呼过这些条件。该寓言写道:"明亮的天光;早餐;bon sens(常识)和宁静的回归;柏拉图的羞报;所有自由灵魂的鬼号";这似乎描述了那种因为赞同类似于实证论或伏尔泰对形而上学的抛弃而否定柏拉图主义的做法。

海德格尔正确地把第五阶段和尼采的早期发展联系起来。①他也让我们注意到"真之世界"被抛弃了,"因为它已经变得无用而多余"。我们应该记得,晚期尼采也提到建构世界或者把混沌图型化是为了实践需求。海德格尔在此并未提到这一点,而是继续说道:"超感性世界即真之世界已经被废黜,柏拉图主义也被克服。"然而,"真之世界或超感性世界被废黜了,却留下了这个空场的'上层'(Oberen),和上下层的草图:柏拉图主义"。② 超感性世界被废黜了,但是柏拉图主义的周围却保留了作为真之世界的感性世界,因为还是必须把世界的真理与对世界的感觉区分开来。换言之,如果感性世界即真之世界,那就只剩一个世界了:此世,会相应地拥有或展示真理的结构。此真理必须有一个"场所",但此时它是一个空场。

尼采对第六阶段的表述显然表明了这一点:"我们废黜了真之世界:余下什么世界? 表象的(scheinbare)那个? ……绝不是! 随着真之世界的废黜,我们也废黜了表象的世界(正午,影子最短的时刻,最长的错误的终点,人类的最佳时刻;查拉斯图拉由此开始)。"查拉斯图拉进入世界历史舞台的时刻,就是"真理"世界的残余(即"表象"世界)被废除的时刻。海德格尔把这其实是同一个世界的两面称为"超感性的"和"感性的",因为这样更容易把诸世界与诸型联系起来,认为它们就是本真的或者真实的 Schein 和它的感性幻象或 Erscheinung。然而,对于尼采而言,"真"的意思是"值得人类居住",这是海德格尔说的。表象世界是真之世界的影子,因为它妨碍我们创造新世界,或者把人类生存构想为不断克服或衰落。因此,尼采必须抛弃型说,因为诸型是日常世界的永恒结构的基础,而日常世界又是那个传统的柏拉图主义的世界的前提条

---

① 同上,第 239 页。
② 同上,第 240 页。

件。然而，尼采抛弃诸型不是因为它们是假的，而是因为它们已经没用了。

从现在的立场看去，"假"不是废黜的标准。尼采自己的学说也是假的或者是艺术作品。没有真之世界，因为没有世界之真理，只有实践需求的真理，那种激励人类摆脱虚无主义的需求。另一方面，我完全赞同海德格尔的这一看法：对于尼采而言，"柏拉图主义的终点，立着改造人类的决心"。① 我再三强调，这种决心是实践的或政治的，但不是一般的实践或政治，而是坚持认为哲人即先知和立法者。② 新法，或者尼采常说的新价值，创造新人类。尼采早先（1872/1873）有关哲学与艺术的关系的看法一直延续到他成熟时期的思想和著作中："哲人应该知道需要什么，艺术家则应该创制它。"③这是尼采的柏拉图主义。

不过，这也是柏拉图的柏拉图主义的核心，而不是其的颠倒。我们也应该小心一种观点，海德格尔把这种观点归于尼采，而他自己显然也会接受，那就是柏拉图主义，不同于柏拉图，废黜了感性的或表象的世界。但这样说是不是更准确：柏拉图主义，比如基督教，改造了感性或表象世界，或者说，黑格尔在基督形象中看到绝对进入了历史，虽然是以二元论的形式，而不是为了超感性世界抛弃感性世界，这是正确的？海德格尔在评价整个寓言时说道："在对感性世界的废黜中，初次打开了肯定感性世界以及非感性的精神世界之路。"④但在我看来，也可以或者更应该这样说：消灭超感性世界带来的即便不是逻辑的也是历史的后果之一就是消灭感性世界，导致感性世界消解为感觉的混乱（Gewühl），精神世界消解为黑暗或者差异的王国。

---

① 同上，第240页。
② *Jenseits*, in V, pp. 142f. 亦可参见 XI, p. 611f. [38(13)]；1885。
③ VII, p. 423[19(23)].
④ 同上，第242页。

海德格尔认为,把感性世界抬至超感性世界之上,只是颠倒了柏拉图主义。然而,尼采想要的是一幅新的等级排序图,把颠倒变成"脱离"(Herausdrehen)柏拉图主义。在下一章中,我将和海德格尔一起,研究尼采是否完成了此任务。在本章结束之时,我要强调,海德格尔从未清楚明白、令人信服地揭开柏拉图和柏拉图主义以及尼采和柏拉图之间的差异。无法区分前者,导致他把型说变成了准亚里士多德的作为存在的存在说,没有区分后者,导致他忽视了"实践需求"的重要性。在柏拉图那里,强调实践需求绝不是贬低理论;它恰恰让我们想起了海德格尔自己常说的话:理论是最高形式的实践。理论思考的不是彼岸,而是此世。在尼采那里,我们无法沉思"此世",只能思考强力意志先前活动的残余(或者当今科学哲学所说的背景理论)。因此,哲人可以忽视过去的瓦砾,重返寓言的第一阶段,高呼"我,尼采,即真理"。

第五章 存在问题

蜘蛛与苍蝇

因此,对于海德格尔而言,柏拉图主义基本就是型说,型则是准亚里士多德的本质,所以诸型也是关于存在的存在的科学的原型,以及海德格尔把西方形而上学解释为虚无主义的基础:"虚无主义的实质即一段忽视大存在的历史。"[①]为了做好准备诠释海德格尔,我首先研究了苏格拉底的型说的思想基础。可以总结如下:(1)不能把在场与缺席的共在解释为统一的事件或过程,也就是说,不能把其解释为最终实现、出现和显现的事物,只能把其解释为实现、出现和显现本身。要揭示这一照亮过程,只会让人眼瞎,就像直接观察太阳一样。(2)但是我们也不能通过直接转向 ta onta,即显现的物,来纠正此情形;这不过是换汤不换药,想认识作为照亮过程的大存在。直接看去,诸存在物既非无,也非"本质"(ousiai),而是生成的激荡。古代和现代的物理学,总是把人的生命还原为幻象。即作为一种 epistēmē,物理学也需要尺度,还是以

---

① NII, p. 338.

变化率为根由的,而且必须用 logos 把握变化率。因此,一切都取决于 logos 的本体论状况。

最后,这一点需要解释,可以由言行之分开始。我们通过言行把握生成的激荡。行动即执行意向;产生意向就已经限定(或者组织)了我们有关日常性的前话语的意识。行动时,我们进入话语思维的王国;即便我们把两者区分开来,意向性和话语思维也会产生相同的结果,即物化生成,或者把天衣无缝的日常生活之网划分为小的单元,比如事、物或者抽象的东西。日常生活之网保留在言行中,但它得到了表达。这发生在我们在网线上行走之时,无论我们是一只蜘蛛,通过意向性的功能秘密纺织了这些线,还是一只撞进网里的苍蝇,一开始并未注意到正在逼近的蜘蛛。

这个比喻并不准确,但也没什么坏处。蜘蛛和苍蝇的比喻有利于我们初步了解哲学上这一根本的区别。我们必须弄清楚是我们织的网,还是我们只是掉了进去。又或许两者皆对:我们可能既是蜘蛛,又是苍蝇。一个更诱人的比喻是,日常生活之网也许是我们的感知和认识活动获得和生产的。这一点至关重要,因为它会影响到理论和解读之分,或者说,涉及尼采为何主张谈论 Welt-Auslegung,而不是 Welt-Erklärung。

把这一点与我们先前的思路联系起来,该网并非作为一个照亮过程给我们的,无论是来自我们自己,还是通过它的力量。再强调一遍,它是作为一个激荡之网给出的,也就是说,一旦我们反思地脱离自己在网中的日常活动,去思考它,无论整体,还是部分,那张网就分解成了事和物,我们言行的节点。然而,当我们把视线集中在那些节点上,想直接看清它们,看见其所是或者显象,而非我们与其的相遇或者对其的经验,我们就把那些节点剥离了日常生活,但并未剥离那张网。

现在,我们不再把这张网视为日常生活,而是把其视为生成,phusis 或自然过程。我们必须把视线从 ta onta 转向反思地把握

phusis 的活动，phusis 在此并非理解过程，而是我们关注的存在或存在物的 phusis。苏格拉底称之为转向 logos，是他的型说的中间环节。这是一个关键环节。苏格拉底认为 logos 认识的相与存在物内的相是同一的。也就是说，两种相都不是人类意志、感知或话语能力的投射，而是基础和根由，打开了我们生产的有关该相的意念、观察和话语建构。这条思路最难理解的地方在于相（型）和观察到的形状（morphē）或象（fantasma）之间的关系。苏格拉底（或柏拉图）的主张必定是，我们通过形状或象把握相，但相非象。

也就是说，要把理论与解读，对物之原相的观察与视角建构的投射区分开来，我们必须正确认识起调节作用的日常经验。任何假说都不会是稳妥或健全的，如果它与日常生活相矛盾，或者否定其意义和价值，把其视为幻象，背后藏着真实或本真的结构，比如现代唯物论的主要特征，数理物理学的等式，形而上学的本体论范畴，或者后形而上学的诗性建构等等。依然用那个老生常谈的例子。一头牛的形状或象当然会涉及我们的感官性质，所以此象是一种建构或解读（参见《斐莱布篇》对感知的解释）。不过，这种建构乃牛之自然的功能之一，不是我们感知到的牛，而是那头自在的牛，它是 on ontōs on，调节着我们对其的感知和话语解读。

完成此调节过程的并非某种对世外之型的元经验认识；相反，它完成在日常生活中，也无法摆脱日常生活。我们努力融贯而全面地解释我们的经验总体，去完成这一调节过程。西方哲学史就是其结果：通过 logos 寻找假说。与海德格尔的看法相反，哲学史从未终结，因为根本无法盖棺定论哪种假说是最好的。要给出定论，我们就必须走出经验总体，成为广义的乐土之人。用海德格尔的话说，我们必须立足于本源；但此立足点已经不再是实存的人类的，也不会给我们提供任何调节性的帮助。因此，有没有本源，都无法确认柏拉图主义——真的而不是假的，康德主义或者任何其他的假说。哲学从未终结；相反，因为这一永无止境的事业带来的繁重任务，尚未有哲学家登场或者被承认。

因此，重构柏拉图主义不是轻率地重立一个古代的权威；重构柏拉图主义等于重构哲学，不是因为柏拉图主义等于所有哲学假说，而是因为它是解释整体的努力。在这一点上，我们可以同意海氏的说法：如果哲学即思考整体，那么西方哲学史即柏拉图主义。海德格尔想把思考整体与思考本源区分开来，这不是哲学，而是神学；他想用一种新的思考方式取代 logos，这种思考方式符合本源并非本体（nonontic）的性质。一切都落在这个问题上了：这种思考是否可能？如果可能，它是否就是我们想要的？

对于这个柏拉图主义者而言，这一点是确定的。我们不能从追问本源开始。这会让我们迷失方向；它会消除而不是丰富或者照亮生命的意义。甚至追问本源都是一种实际的开始：为至善而行动。物可能是常变的"力点"集合，或者本源的大存在过程的馈赠，前者是尼采的用语，或者是海德格尔的。人类与日常生活中的物相遇产生了五花八门的状况，但是每一种状况中都有事情要做，有决定要下，有行动路线要采取，有看法要坚持；所以，必然要在更好的或更坏的之间进行抉择，无论多么艰难。这是《裴多篇》中苏格拉底的故事，和《国家篇》中提到善或者善型的交集点。然而，《国家篇》的结构表明，必然会有从日常生活中的需求向运用辩证法的提升，辩证法的起点是数学的提炼，顶点是对善的认识。尽管这是对哲学通俗或政治的描述，对善的沉思却是根据并围绕诸型展开的，也是根据并围绕生命整体展开的。下一节再详述此问题。

因此，实际或真正的柏拉图主义要求我们负责区分有关生活中方方面面的更好和更坏的假说。这又需要保存日常生活，而不是虚无地把日常生活还原为幻象。此外，如上所述，尼采思想中还有一个方面也符合真正的柏拉图主义，与海德格尔有关大存在和存在物的区分几乎毫无关系。仔细研究海德格尔对尼采的话，即其哲学是颠倒了的柏拉图主义的解读，就会看到这一点。

有关哲学与诗学之争,尼采是赞同柏拉图的主要看法的,海氏几乎全盘接受了这种争论,只是说了一句十分暧昧的话:"一切哲学思考,包括最为严谨和枯燥的,都很诗性(dichterisch),但不是诗歌(Dichtkunst)。"①海德格尔并未给予足够重视的是,此争论基于一种先前的共识,柏拉图与尼采也有共识。上文我们引用了尼采的话:哲人决定该做什么,即何为至善;诗人去做。尼采与柏拉图的分歧不在于至善的普遍性质,而在于用于保存至善的假说的性质。他们之间的许多重要分歧当然都是各自所处的历史时代带来的。两位哲人回应颓废的内容各不相同;但更重要的是,他们的分歧在于如何应对颓废。

最后再回顾一下。你也许想说根本没有对日常生活融贯一致的前理论认识,以此来捍卫尼采的视角论。我想说的是,视角论其实柏拉图的。不过,柏拉图得出了与尼采完全不同的结论。我多次强调,柏拉图承认实存的人类的视角特性,以及对日常生活的多元解读。当然,不会有对日常生活融贯一致的前理论认识;这种认识是理论的,是一种logos,提供对诸视角进行裁决的基础。柏拉图认为,此基础即我们看见的人类活动中更好的或更坏的,它并不是要求本体论的基础,而是为本体论思辨划定视域和界限。当然,有人也会反对说"更好的"或"更坏的"也都是视角或解读。对此唯一的回应就是与反对者对话,确定这种反对意见是否与我们的共同经验相符,以及它是否站得住脚。

因此,柏拉图写了对话集:本源无法演证,它们带来了演证。海氏自己也说:"不可言的决定了可言的。"②倾听激进视角论宣扬者的滔滔之言,会让我们"看见"他们在说什么;这是驳斥激进视角论的第一步。这也是由logos中介的说和看之间的联系。我们只

---

① *NI*, p. 329.
② *NII*, p. 484.

能通过分享其视角理解他人,从题目的立场看事物,然后确定他们所见与我们所见是否一致。在很多问题上,共同的经验就足以确定谁对谁错,但也有很多问题是不能的;还有许多问题,根本没有共同的经验,而这些往往是最重要的问题。在这个节点上,哲学必须用诗性的修辞补充 logos。

说得够多了。在本章,我要分析的是导致海德格尔提出大存在问题关键的一步,即康德和胡塞尔有关存在并非一个谓词的说法。这将补充第一章讨论的问题,即海德格尔的亚里士多德式的柏拉图主义。在第一章,我们看到了海氏如何走向自己有关形而上学的大存在的认识,即大存在并非大存在,而是存在物的存在。在本章,我们将研究一个关键的假设,即本体论差异说。这将为我们进入第六章做好准备,去分析海氏有关尼采颠倒了的柏拉图主义的核心观点的解读,海德格尔认为这些观点是形而上学的顶峰。

遗忘大存在

海德格尔的主要观点可以简练概括如下:他认为,大存在的本源显现被忽视或遮蔽了,这不是因为柏拉图和柏拉图主义者们的大意,而是这种显现的性质带来的必然结果。这话说得极为含混,我们不确定柏拉图的"堕落"是因为他用存在物遮蔽了大存在,还是即便转向前苏格拉底的思想家们也无法避免这种堕落。形而上学是必然的,还是偶然产生的?海德格尔是个准黑格尔主义者,认为我们在柏拉图主义的代代相传中越走越错,是大存在的馈赠本身导致的必然结果?如果是这样的话,前苏格拉底的启示经由海德格尔"再次到来"也是必然的,黑格尔有关绝对显现的总体性的总结陈词也是如此。

许多著作,尤其是以 Gelassenheit 开头的,都会强调必然的

"飘离"一说,即人类错误的根源在于大存在的"漫游"。比如,那段有关不可言的说辞并没有完:"最属于思想者的并不为他所有,它是最属于大存在的属性,它的抛出,思想家在它的投射中接住了。"①海德格尔曾经解释过"Auseinandersetzung"一词,认为"Aus-einander-setzung 不是好为人师的'辩论'和闲来无事的'批评'。在此,它的意思是对一个用作某一决定的真理进行反思,此决定不是我们作的,而是大存在的历史决定的,大存在从自身内堕入人类历史"。②

另一方面,尽管海德格尔提到了"新的开端",却从未保证它可以实现。有一段话特别有代表性,现摘录如下:

> 随着形而上学的世界-时代(在尼采那里)的完成,远处(in der Ferne)出现了一种基本的历史立场,它因为已经决定了那场有关支配地球的强力的斗争(尼采预言的),再也无法打开和维持任何的斗争领域。那个西方形而上学的世界-时代终结在其中的基本立场被包容了进来,成为一种性质完全不同的冲突的一面。这种冲突不再是关于如何把握(Seienden)存在物的。后者现在以完全"形而上学"的方式显示和指导自己,却从不会基本把握形而上学。这种冲突就是把存在物之力和大存在之真区分开来(Aus-einander-setzung)。为这种区分冲突做好准备,是这里的反思最远的目标。③

海德格尔进而告诉我们,这"最远的"其实是"最近的",假如

---

① 同上。
② 同上,第 98 页。
③ 同上,第 261 页及以下。

"历史的人类会倾听大存在及其真理",如此等等;很难说这是在强调必然性。这让我们想起了马克思主义内部有关历史终结的争论,还有无阶级社会的到来是必然的,还是偶然的,取决于人类的抉择。此情形也十分接近尼采在永恒轮回说与他的通俗诉求之关系问题上的模棱两可,他祈求近代欧洲人用创造性的毁灭活动克服人类当下所处的颓废阶段。无论是在《查拉斯图拉如是说》中,还是在海德格尔喜欢的后查拉斯图拉的笔记中,都找不到根据断定永恒轮回说是在鼓吹创造革命是可以自由或自发地产生的,以及改造人类自然的根据。下文会详细分析永恒轮回的问题,现在我只想强调海德格尔在人与大存在的关系问题上是有波动的。如果人类可以自由拒绝海氏的观点——这当然是可能的,那么认为大存在本身应该为那些"飘离"的哲学学说负全部或主要责任的说法就显得不堪一击。另一方面,如果大存在主宰着人类历史进程,不再需要为新的开端做准备,我们也就被列入了长达千年的最后之人的计划,或者用海德格尔的话说,技术形而上学的胜利。换言之,要么大存在作用于人类,要么西方哲学史就是一系列偶然的解读。如果明天可以找到新的道路,为何昨天没有?如果是前一种情况,海德格尔不过是道出了目前不确定的阶段,我们处在一个两幕的形而上学的世界-时代的幕间休息中,这是新的开端开始之前的暂时停顿。如果是后一种情况,海氏把大存在解释为一个馈赠过程就存在根本的问题,甚至完全站不住脚。

  海德格尔把大存在史归于一种本源,我们都是其结果,其实把思维的飘离指认为大存在的飘离。我们很快就会看到,他也是这样解释尼采的,认为强力意志和永恒轮回说的是"同一个东西",但海德格尔从未像黑格尔那样,认为思维和存在的同一是无条件的。用尼采的话说,大存在以及世界-投射或思维的内在必然性是混沌的。logos 或 ratio 无法把握混沌的必然性,尤其是我们无法预知接下来会发生什么。哲学不是演绎或归纳推理,而是诸可能性的预言游戏。

然而,这里表述的困难还只是一个引子,真正的问题在于我们能否认识脱离物思考大存在的做法,鉴于海德格尔抛弃了黑格尔的辩证-思辨逻辑学,我们必须试试这种做法。换言之,我们如何脱离大存在的飘离思考大存在?脱离大存在-过程的馈赠,其中最根本的就是思维本身。我们来谈谈此问题。海德格尔著述繁多,核心也就下面这些了。需要考虑三个因素或维度:(1)具体的物,比如粉笔、黑板、树木、石头、星星等;(2)存在,为这些物所共有,并且展现在动词"是"中,我们说"这是一支粉笔"、"这是一棵树"等等;(3)大存在,向我们呈现物,还有它们的共性,也即我们用以定义那些物之存在的范畴结构。(3)中的大存在是一个使之显现的过程,既非物,也非该物的存在。上文在区分"出场"和出场之物(即浮现过程)的结果时,我们曾遇到过(3)和(2)的区别。这就是两种 phusis 之间的区别,一种是浮现过程,一种是 ousia, eidos, on ontōs on。

技艺和工艺完成了对第一类的物之自然的研究,最终发展出各种自然科学。形而上学和逻辑学研究第二维度中的存在。不过,直接关注第一和第二维度的人忽视了第三维度。为何我们需要第三维度的补充?如果第一维度的划分标准足够宽泛,我们不仅可以把物,还可以把事件、强力、德性、关系以及一切可识别的东西,都归为某种具体存在物。这样,我们的范畴表也必须十分广泛,足以囊括为了让某种东西实存,或者可以被计为一个存在物,必须出场的所有属性。

然而,一个范畴表,即便能够不辱使命,也只是一个普遍的物-谓词表。它有两点不足。上文已经提到过,让我们从海德格尔的角度重新阐述一下。首先,一个范畴表会指明必须拥有什么,才能让拥有者可以算作存在者;但它不会指明拥有者是什么(或谁)。如果我们想通过区分本质谓词和偶然谓词,来弥补此缺陷,就必须解释区分标准,这时又会遇到该问题。不过,很显然,我们根本无法指认本质谓词,即那些似乎可以定义拥有者的谓词,除非无需本质谓词就能够认识拥有者。如果有人反对说,无本质谓词就无拥有者,回答就是该本质的存在必然是那些谓词指定的本质属性集合的模式或方式,而且这种"集合的模式或方式"本身不是一种谓词陈述可以表达的属性:集合不能是自己的成分。其次,范畴定义物,但物进入视线的过程却非物,因此诸范畴不能用于该过程,只能是其的次级结果。

从海德格尔的视角来看,这两个缺陷具有内在的联系。在确认一套属性的拥有者之前,我们只能忽视偶然谓词与本质谓词的区别。仅仅是列出诸系列谓词,或者通常在一起的诸属性的名称,根本无法触及集合背后的存在,把其从经验性组合改造为统一性或者同一性,前者显示该集合构成了一种存在,后者则回答了该存在是什么的问题。我们可以观察常常划归为"猫"或"狗"这一名称的一套属性的出场,经验地识别猫猫狗狗,但我们无法说明这套属性何以显现为狗或者猫,而不是两者,仿佛胡乱出现的同一性,也不是完全不同的东西,比如长颈鹿或者食蚁兽(限定在动物的范围内)。

对猫狗谓词关注,把我们的注意力带离了刚刚定义的猫狗的存在问题。现在,我们需要进行区分。按照柏拉图-亚里士多德的分析方式,要确定诸属性的拥有者或者诸谓词的主语,就需要转向型或类-型。不过,这并未真正解决问题,因为它会让我们认为猫狗的存在即猫狗的相。如果你问"这是哪个相",不会得到任何具体的答案,甚至不会得到一个便于经验识别的谓词表。因为此问题并非经验性的,而是(让我们说)形而上学的。按照海德格尔的分析方式,就会发现寻找拥有者是错误的,因为我们是从诸属性开始的,属性只定义物,只会让我们用物性的词定义物之存在。这样,拥有者就只是一个超物(hyper-thing),一个元-物理学的实体或 on：一种 ousia，idea 或 eidos。相即物之相，而非诸相呈现为此物或彼物之相的过程。

诉诸于物相，并不比一套物之属性或谓词更能解释该物之存在。相只是与猫狗之类的物相关的属性集合。但是，是什么把该相建构为相的？诸相是如何让灵魂之眼看到的，灵魂之眼又是如何在诸相的出场中敞开自己的？什么是灵魂，尤其是灵魂之眼的存在？套用亚里士多德的说法，灵魂无相，而是 topos eidōn，即形式的场所。海德格尔在谈到柏拉图时说道："认为大存在即 eidos，或外相中的出场，前提条件是认为真即 alētheia 或无饰。"①如果真即真实或本真的存在，也即型，这就取决于型对着灵魂之眼出场的敞开性。但是，让型或相"敞开"或者出场给灵魂之眼的并非相本身，即并非存在物的存在，而是相进入光的浮现过程。

要想明确表达海德格尔的观点，就必须认识"相"或可见物与相的浮现过程的区别。这种区分是否合理？要研究这个问题，首先需要再提一提柏拉图。对话集中有关型的讨论有着相当大的变化，却总是把诸型描述为永恒的存在，它们并不取决于神的生成或人的认识，但有两处明显的例外，都在《国家篇》中。上文提到过一处，即卷十中介绍的床型。我们在第一章看到，主要是这段话让海德格尔断定柏拉图提出了一种有关作为生产的大存在的理论。然而，即便我们闭口不谈苏格拉底是在什么背景下提到一件制品的型的（此处正在评价诗人和匠人，以及人类生产者），卷十归于神的技艺也是园丁，而非匠人。因此，严格地说，说神生产型和匠人生产制品的方式类似是错误的。神，无论苏格拉底指的是什么，在型的生长或（如海氏所言）"浮现过程"中辅助的是自然。换言之，神在此代表着相被看见的过程中的一面，但此过程并未脱离相本身。在可见物的可见性的展现中，神的作用不

---

① *NI*, p. 212.

是授予,而是辅助。

第二个例外更难评说。它出现在卷六中,此时苏格拉底正在解释善的事物、善和善型,以及善的事物的条件(heksis; 509a5)。用词当然会有变化,因为苏格拉底一直在强调,目前状况下,他无法充分讨论该问题(506d6 及以下,509c8 及以下)。他还提到自己也不确定"这是什么",尽管他可以"预言"它是实际存在的(505e1—506a3; a4—8)。海德格尔和无数的解读者一样,都忽视了苏格拉底的警告,想从这段话中找到柏拉图理论的最高原则。这就像太阳之象的巨大吸引力,我们常常会忘了它的特殊性。对话集的其他地方都未提到善型。柏拉图宣称要开讲善,却讲起了几何,把他的听众弄晕了,这一思路显示了此学说的问题性,如果它可以算作学说的话。

我并不认为我们知道或者能够确定柏拉图所说的善型究竟是什么,但是当苏格拉底强调他在此语境中所使用的语言体现了一种相似性,仿佛善的儿子(50be3—4),我们完全可以相信他的话。记住他的警告,我们就可以掌握这段的要点。

1. 苏格拉底是在思考(eks archēs)如何锻炼和树立哲人-王的时候提到善的,所以它也是解释为何建立正义的城邦需要哲人的统治。他的观点十分独到,认为为了获得正义,善待所有人,哲人必须认识诸型,善即诸型之原则。此观点的独到之处在于,除了其他原因,还有它根本没有解释认识正义型为何会让那个统治者在任何情况下都可以找到哪种行为是正义的。鉴于本书的目的,我们不会沿着这条思路追问下去。

2. 为了认识诸型,成为合格的统治者,哲人必须认识善型。苏格拉底曾在别处否认人类可以获得智慧;在此,他用假说呈现辩证法或者对型的认识(尤其是 7, 533a1 及以下),进一步说明了他在善型问题上的犹豫,至少让我们觉得人类很可能无法获得智慧。这样一来,也不可能有正义的城邦,而且是绝对不可能(7, 540d1

及以下)。这是因为此城邦的建立并不在于哲人成为国王的渺茫可能性,而在于哲人根本无法获得智慧。如果在统治阶级中看不到智慧,那么整个有关城邦正义的讨论就倒塌了。在506c2及以下中,苏格拉底说到,谈论自己不懂的东西是不对的。他还说到,尽管有时候盲人"没有知性"(原文是"理智")也能走对路,但是"可以从别人那里听到光明、美好的事情时",没有人愿意去"思考那些丑恶的、盲目的、歪曲的事情"(506c11及以下)。因为苏格拉底说的是预言,以及牢狱里的囚徒能听懂的话,而非完全明晰的知识,所以带给我们的是善的神话或肖像,而非善本身。我们最多能希望的就是像那个盲人一样,没有 nous 也能走对路。

3. 这又证明了这一推论:哲人-王的统治权威不在于他认识了善,而在于普通公民都认为他拥有这种知识。严格的教育体系可以轻松地把这种信仰灌输给城邦公民,但统治者们不会暴露这一点。我怀疑,这就是为何苏格拉底强调的是善型的有用性,这种有用性并非本体论的,而是政治的。有一个表达很典型,苏格拉底说到,通过使用善型,"正义的事物以及其他事物变得有用且有益"(505a2及以下)。紧接着,苏格拉底强调没有对善的认识,任何所有或知识都不会是有益的或者美好的(505a6—b4)。类似段落的结论就是,善的事物是有用而美好的。换句话说,根本无法直截了当地分析或定义善。至于有用性,根本无需作极端的假设,认为整个讨论都是政治的,而非理论或本体论的。作为第一原则,善让事物成为其所是,利用其性质或能力。光让我们看见事物,空气让生物得以呼吸,植物维持着动物的生命,动物造福人类等等。这不是功利主义,而是整体合理的运转。这不是遮蔽,而是发现物的自然性质:对彼此有用,尤其是对人类有用。

4. 接着,苏格拉底总结说,每种型都是杂多上的一,可思而不可见(507b5及以下)。每一种型都回答了相应杂多中的东西的"何为"。也就是说,关于何为马的问题,答案也许不是那个马的型

（这是不对的），而是有关马型的解释。马的型不同于正义的型，所以何为 X 的问题，答案各不相同。甚至何为一个型？都有自己的答案，尽管此答案涵盖一切型。这会带来一个问题：尽管需要认识马型才能认识马是什么，为何需要认识善型才能认识马型？按照苏格拉底的类比，我们只有认识何为马才能识别一幅马的画像或照片，而我们要认识马就需要马被太阳照耀或（广义地说）照亮，但是我们不需要认识何为太阳才认识何为马。马夫、兽医、动物学家无需成为天文学家，才能从事自己的职业。类似的思考又一次指向了这一结论：政治并不需要对善型的认识。它只需要认识美好正义的事物，甚至不是对美好和正义的认识。

5. 在 508b12 及以下中，苏格拉底提到善生出了像自己的儿子。"就好像善作为理智的原因在理智领域内与 nous（理智）具有某种关系，同样，善作为视力的对象在可见世界里与视力具有某种关系。"善不是 nous 或理智，但是脱离感官的理智把握善。果真如此的话，善的"功利"职能就根本无关海德格尔所谓的柏拉图式的形而上学。辩证法的定义也能证明这一点，它完全是通过型或者"理智的旋律"展开的（532a1 及以下）。辩证法只使用事物的型（511b3 及以下），因为型即"事物"（ousiai），辩证法不仅无须感性殊相，也不能使用善本身，因为善"是比存在更加尊严、更有威力的东西"（epekeina tēs ousias; 509b9）。在 7, 534b3 及以下中，苏格拉底提到，辩证法家必须给出每种 ousia 的 logos，还必须给出他从所有其他 ousiai 中"抽象"（aphelon）出来的善型的 logos。如果善型高于 ousia，那么这里的"抽象"就是抽象出 ousiai 而非善本身的善，否则的话，就仿佛从其所照亮的事物的可见性，或者其所滋养的生命中，推测出太阳。

6. 在从 508e1 到 509b10 这一长段文字中，苏格拉底说到善赋予型真理（也给予了辩证法家科学），还有"其存在和本质"（to einai te kai tēn ousian; 509b7—8）。太阳为这个可见世界中的物提供了光,甚至营养,但并未把自己的本质传递给它们。我们对太阳的认识不是通过研究马或者人,而是通过直接或者运用工具研究太阳。不过,这个比喻及其延伸的东西并不能帮助我们直接认识善。而且,如果善赋予型 alētheia, to einai 和 ousia, 而诸型都是永恒而独立存在的实体,善就无法脱离诸型。因此,"比存在更加尊严、更有威力的东西"一定不是说善是一种超-存在,而是说它根本就不是一种存在。善与诸型的善性或者可见性的区别,有如神与本体花园中的产物之间的差别。真正理解了苏格拉底的观点之后,我们就会发现那个太阳比喻根本是一种误导。太阳在此就是卷十中的园丁-神的翻版;但是如果我们真的认为太阳与花园中长出的东西无关的话,那就大错特错了。同时,此比喻也具有政治和教育的启发性:其最高用途是让格劳孔向上看。太阳之象是格劳孔通向阿波罗以及诸型的梯子(509c1—2)。

不只是我注意到海德格尔完全忽视了《国家篇》讨论善的政治语境。我只是想强调这一背景的重要性,更重要的是,这段语义含糊的文字中根本没有什么柏拉图主义的本体论。真要找到某种要旨,这段文字强调了这一观点:想通过非本体的语言讨论浮现过程,只会生产出各种偶像、神话和诗歌,但这根本是误入歧途,因为偶像、神话和诗歌等无疑都是本体论的。简单地评价一句,把善指认为真、存在和本质强化了哲学美德和普通美德之分。真正的美德是理智,对事物的认识。因此,没有恶,它是存在的贫困。这是柏拉图主义的根本缺陷,海德格尔沉迷于本体论或者 Seinsfrage,根本没有纠正它,反而强化了这一缺陷,因为他从未讲出任何美好的政治神话。

跳到下一个问题,海德格尔反对的是大存在,而不是诸存在,所以从表面的目标大存在转向了大存在的意义(Sinn)。《尼采》讲演录一开始就作出了界定,声称对于一个"在西方哲学终结之时,还能够而且必须进行哲学追问"的人,关键问题"不是实存物(da

Seiende)展现了何种根本特征,如何描述诸事物的大存在?而是此大存在是什么?它研究'大存在的意义'(Sinn des Seins),而不只是事物的大存在;'意义'的概念需要严格的限定,限定为能够让大存在进入敞开和真的场所和基础"。①

大存在的 Sinn,无论它是"意义"、"意思",还是"意指",海德格尔用它替换了苏格拉底的 logos。确实,在《存在与时间》之后,海德格尔把 Sinn 定义为"为了遮蔽自身的敞开,即真",②或者"大存在的敞开",而非一个词的意义。③ Sinn 指大存在的显现,而非有关大存在的命题,或者独立于该显现的语词。不过,真正的语词仍然是关于大存在的语词,尽管构成该语词的是古代的词源和坏的诗歌。换言之,海德格尔和苏格拉底一样,无法直视大存在的表面;因为大存在无面。

如上所述,从大存在转向其"意义",与康德从理智直观转向话语能力是一致的。不过,海德格尔也不希望被物相牵着鼻子走;物只是附带地作为感觉得到了把握。苏格拉底的 logos 和海德格尔的 Sinn 是完全不同的,前者展示相,后者没有。所以,海氏需要新的语言,新的思维,自称是在为我们构建新的开端,这种思维不是围绕着物的,也不需要亚里士多德(和现代功能逻辑学)的述谓,不是报告某物是什么,而是(如果可以这样说)透露出大存在之道(bewaying)。

大存在的剩余理论

大存在之"道"是海德格尔的特殊解读,说的是我们对大存在

---

① 同上,第26页。
② *Beiträge*, p. 11.
③ *Einführung.* pp. 64, 67.

的前谓词的认识,我们预先看到的那些最初的迹象,亚里士多德所言的 ousia 的前谓词的自然。"那"是"什么"这一谓词描述的非谓词的根由。广义地说,当代各种本体论的基础显然是一种有关述谓的朴素真相。"实存"这一谓词与对应事物诸属性的谓词显然属于不同类别。即便实存也是一种属性,它也不能让我们把其拥有者指认为这样或那样的物。也就是说,"实存"缺乏区分力,不像"是一个物体"或者"是蓝色的"等谓词。因此,出现了两条完全不同的讨论路线。在一条路线中,何为大存在?① 这个问题是不合法的,是一种句法错误。无论"实存"指的是什么,它对应的也不可能是一种作为一种剩余从而追加在每个实存物的总体属性之上的"存在"属性。第二条路线似乎与老掉牙的虚词或先验说有关,真的把存在当成一种"剩余"述谓,胡塞尔在《逻辑研究》中用了这个词。我们能否区分存在和实存,或者如何区分,就会随着因此出现的再现的变化而变化。

前一条路线在弗雷格和后弗雷格的逻辑学中达到巅峰,实存取代了存在,再现实存的是逻辑量词。② 我们可以这样来理解这种解释,认为实存与一个概念的实例化是同义词。后一条路线通向了海德格尔的本体论差异说,差异即实存物的存在(亚里士多德的作为存在的存在)和大存在之间的差异,大存在是存在物的本源,或者无根据的根据。胡塞尔和海德格尔最能代表当世的存在剩余理论,不过海氏区分了存在和实存,胡塞尔没有。

---

① 提醒一下读者,我把海德格尔的"大存在"和(他所谓的)传统形而上学中的"存在"区分开来了。有时候很难决定该用大写,还是小写,我就会写成"大存在"。
② 这不是说分析传统中没有存在和实存之分。摩尔和罗素在世纪初就作出了这种划分,但并不代表分析学派的标准。关于此讨论,参见 Peter Hylton, *Russell, Idealism and the Emergence of Analytic Philosophy*, Oxford Clarendon Press, 1992。

我们首先来谈谈第二条路径,姑且称之为"大存在剩余论"。[1] 我们需要对此进行批判的分析,指出如果剩余论是正确的,脱离了话语或存在物就无法讨论大存在。不过,我们首先要研究一下是什么导致了这两条完全不同的理论路线。这需要大量的历史解释。为了方便,我们可以先从康德的《纯粹理性批判》开始,他在这里区分了真实谓词和逻辑谓词,然后再来讨论胡塞尔和海德格尔。

进入康德之前,我想先简单评价一下柏拉图和亚里士多德的不同。柏拉图有关诸原相元素的 koinōnia 或者 sunousia 的学说,比如《智者篇》中爱利亚客描述的,与述谓无关,尽管是述谓论的各种根源。在爱利亚客的解释中,成为是,即与 genos 或原相元素存在结合,要么作为另一种 genos,要么作为原相结构生成的实例。说某物是,或者用现代颇具误导性的表达,说某物实存,是在说存在是其结构中的元素之一。而且,虽然爱利亚客并未明说,但我们可以从中推导出这一点:一种原相结构的存在,即一种 megista genē 的 koinōnia 的存在,还有此类结构生成的实例的存在,绝不是 megista genē 的"字母表"的存在。"字母表"是爱利亚客用的一个比喻,比喻拼写。

换而言之,原相字母表中的字母,包括存在,必然"是"不同于它们组合的实例的,但是这种存在被 koinōnia 或组合的问题遮蔽了,当我们醉心于语言,忙于用什么报告什么的时候,也就忽视了这种遮蔽。亚里士多德提出的述谓说,促进了这种双重的遮蔽,述谓说是其著作的核心,也在其滋生的传统中占据着舞台的中心,历来有关柏拉图的解读都是透过这一传统的镜头展开的。当然,在

---

[1] 亦可参见 Jacques Taminiaux, "Heidegger and Husserl's *Logical Investigations*: In Remembrance of Heidegger's Last Seminar", in *Dialectic and Difference*, Atlantic Highlands, N. J.: Humanities Press, 1985, pp. 91—114.

亚里士多德那里几乎不见此问题,他强调 pollachōs legetai to on。我曾提到诸谓词与本质或 ousia 之分的问题,指出本质不可能是诸谓词的 koinōnia,而是"拥有"它们,但是尚未有人解释过这种"拥有"的方式。

简而言之,这导致了西哲史中的一个根本问题,最终带来了海德格尔所谓的本体论差异,或者诸存在对大存在的遮蔽。海德格尔迫切地想创造一种新的言说方式,可以从述谓说和诸原相结构或柏拉图的诸型(并非 genē)的存在的双重遮蔽中揭示大存在。在第一章中,我已经指出,海德格尔在想穿透遮蔽大存在的面纱时,打破了柏拉图和亚里士多德之间的界限。不过,我在这里无意谈论此问题,而是想说,海氏要用语言表达此问题,也就无法摆脱述谓的面纱。他所做的便是从散文转向诗,但是很遗憾,是坏诗。坏诗也是述谓话语,因此也是好诗。

现在来说说康德。学界常常引用他的本体论论证,以及有关一百个真实的和一百个可能的泰勒的问题的讨论,康德在此区分了逻辑谓词和真实谓词。① 我们可以这样概括康德对本体论论证的一般批判。上帝是否实存的问题就是思考上帝的可能性,而非其本质或规定属性。更确切地说,这需要思考上帝是否真实存在于我们的经验中。上帝之概念中并不包含实存(在康德的著作中,它一直是存在的同义词),只包含"万能的"、"全知的"、"永恒的"等属性。

我注意到,康德是在亚里士多德的传统中讨论概念和属性或谓词的,只不过他从 ousiai 转向了概念——他的"哥白尼"转向以及本体和现象之分需要的这一点——从而决定了当今分析哲学的发展。然而,显而易见,大存在的幽灵依然笼罩在康德坚实的分析系统的上空。

一个概念可以得到例证,当然也会改变其关键特征,包括增

---

① *Kritik der reinen Vernunft* B625ff.

减。在"上帝实存"这一陈述中,"实存"是一个逻辑谓词,而非真实谓词。一个真实谓词确定一个概念,说明其内容。逻辑谓词却无关内容。真实谓词因此是 rēs 或物之属性的称谓。在这一点上,康德认为上帝和一百泰勒之间并无差别,但对我们而言,关键点不在上帝上,而在这个逻辑谓词"实存"或一般而言的"存在"上。他说到,"大存在(Sein)只不过是对一物的设定"(B626),即主体在建构(现象)经验的法则之网中设定一个对象。因此,说某物实存,丝毫无关其内部构造,也无关设定对象之主体的本质。请注意,实存物是现实的,而非可能的;因此,不能把经验对象的存在或实存等同于先验自我的机制。存在或实存不是纯粹的设定,它还是一种关系,一种幻象的关系。

让我们把问题说得更详细一点,讨论一下康德的知觉说的核心问题。我的看法是康德根本没有提出或解释过什么知觉说。既然大存在即设定,而设定又离不开知觉,那么没有知觉说也就是没有大存在说。也就是说,康德无法为知觉到的物的殊相或 morphē 奠定先验的基础,就相当于他既把诸物的存在还原为了主观的感觉,又把大存在还原为了无法言说、无法确定的浮现过程。海德格尔采纳了胡塞尔的前述谓的把握大存在的方法,康德是其鼻祖。

虽然要说清康德理论中缺陷需要专门论述,但是我们也可以概括一下其要点。康德常常提到与每个经验对象比如一条狗对应的经验概念,却从未提供基础解释经验概念的来源。知性的诸概念无法解释,它们只是解释经验的先天结构,而非诸如猫狗等实物被观察到的 morphē 或 Gestalt。毋庸置疑,Gestalten 也不可能来自纯知觉形式。它们不能是图型提供的,康德认为图型尽管是想象力的产物,却只生产法则,而非象(B176 及以下)。这些形状以及经验概念只可能来自感觉,但是康德一直强调感觉是偶然的或不客观的,并不服从知性的诸概念的结构活动。这种活动生产的是可能的知觉的先天结构,所以不可能同时生产实际的知觉的经验结构,这样只会取消经验和先验之分。

我们穷尽了康德的先验认识-本体论(造一个词)的各种源头,也没有找到经验概念的源头。大存在或实存,即知觉对象是一个幻影。康德分子们当然无法接受这种古怪的情形,但我们一点也不惊讶,因为说大存在即设定,并未涉及设定了什么,只涉及主词变量和谓词变量之间的关系,这种关系是由句法规定的。句法是先验的,我们却必须根据情况对两个变量进行解释。因此,一种存在即对一种先验法则的经验解释,或者一种语言陈述。康德当然认为存在或实存是由知觉确定的,而且知觉"与经验性规律相一致","与"经验总体"的"普遍条件"相一致(B628—29)。不过,这些规律,尤其是那些普遍规律,界定的是可能的实存的结构,而不是该结构的实际内容的自然、本质或 Gestalt。

在《现象学的基本问题》中,① 海德格尔提到,对于康德而言,实存等于知觉,无论是被知觉到的 res,知觉活动还是被知觉到的状态(65)。康德说的远不只这些,存在或实存是由"与经验性规律相一致"的知觉确定的,但经验性规律并非独立于无需概念思维的知觉建立的。相反,经验性规律带给我们的已然是概念与知觉的结合。"规律"一词直接表明了这一点,"规律"指的是诸概念或者范畴表与知性诸功能之间的必然联系。海德格尔在《康德的存在论题》(1962)② 中对康德的解释更加完整和正确。他明确指出对于康德而言,大存在即"经验对象的对象性",而且,既然它并非属于对象的真实谓词,大存在必然是主体设定功能带来的(289f., 291)。

在前面引用的那段话(B628f.)中,康德所想的是必须把本真的知觉和幻觉、幻象、梦境等等区分开来,但这就预设了知觉的产

---

① 上文被记为 *Grundprobleme*(*Gesamtausgabe*, Bd. 24)。
② *Kants These über das Sein*. In *Wegmarken*, pp. 273—308.

生是因为概念把思维的功能用在了诸感觉之上。换句话说,感觉和知觉之分并非完全来自感觉,或者主观再现的河流;我们必须把知觉到的物视为一个对象,与受概念思维的诸规律调节的经验总体联系在一起。知觉建构经验对象,而不是发现对象。我们不是经验一种独立且自我呈现给知觉的实在,而是设定或者投射经验。

因此,认为我们用知觉补充思维,从一个可能对象转向一个真实对象,并不准确。这样就把知觉与感觉混为一谈了。脱离思维,也就没了知觉;知觉是对一个真实对象的知觉;但一个真实对象已经是思维建构的。这样一来,就不会有错觉,因为通过知性的概念和范畴功能建构一个对象也就是认识该对象。当然,我们可以无需知觉就思考一个对象,但是此类对象只是 Gedankendinge;要么是康德在《逻辑学》中所称的逻辑本质,①要么可能是想象力的产物。尤其是,它们既不会"存在",也不会"实存"。

把一个概念结构与感觉结合在一起,我们就从思维(或想象)转向了知觉。也就是说,感觉是一种"剩余",把我们从思维带入了存在,或者从真实进入了实存述谓;但是感觉本身是一部"狂想曲"(B195)或"混乱"(B123:Verwirrung),最多会如英国经验主义所言,是一种由心理联想的规律调节的准对象的集合(B119,B127—128)。感觉的联接无法充当元对象,因为它们不包含任何对象性;"准"在此是个人视角论的比喻。那些定义对象的规律也无法为这些视角性的联系确立现实性。作为一种"剩余",感觉是前谓词的出场可疑的回忆,或者说,脱离谓词思维强加在其上的对象去看,大存在会是什么样子。

实存的属性与真实谓词的属性不同,却并非无关。被知觉到的,实存着;根据我们先前的分析,没有假的实存属性。也就是说,早期海德格尔认为(尽管没有明说)对于康德而言,存在和实存即

---

① Logic(Jäsche), tr. Hartmann and Schwartz, New York: Dover Press, 1974, p.67.

被知觉到,这必然不会让人满意。海德格尔的意思是,康德认为存在或实存既非知觉活动,或主体性,也非被知觉对象,或对象性,而是对象对着主体的"无弊"。① 但这种祛蔽是一种"投射",显示为主体-对象的关系。概念思维和感觉结合生产了经验对象,要存在或实存着就是成为经验对象,但存在和实存却非对象,它是对象对着主体的无弊。无弊并非是被发现的敞开性带来的,而是生产敞开性制造的结果。在这一根本点上,康德的学说十分接近早期海德格尔的思想。无弊即大存在的幻影。

因此,对于康德而言,存在或实存更好的定义是被经验,不是简单的无弊,而是祛弊或生产。敞开性(海德格尔的 Erschlossenheit)不是祛蔽的基础,而是其结果。所以,我们有理由认为康德提出了一种"生产性的"存在或实存说,不管海德格尔认为这是柏拉图的功劳是不是对的。

还有一点虽然很难概括,但是对于康德的哥白尼革命却非常重要。在康德那里,实存的属性不可能是在一个早已存在的经验世界中设定对象。我们并非只是在一个已有的世界中遇到新的经验(或自然科学)对象,因为我们设定对象,而不是遭遇对象。另一方面,因为同样的原因,我们也不是在一个已遇的世界中设定新对象。世界不是遇到的,而是实现的,是我们通过具体的知觉认识活动实现的,我们通过这种活动对对象进行思考。对经验对象进行思考,就是把经验世界思考或者设定为该对象的背景。这是胡塞尔和海德格尔的视域说的祖先。② 但是康德的视域是可能的,而非现实的。该世界是设定物的总体条件,怎么可能在我们思考对象之前就存在? 一个可能的世界并非我们经验的世界。

---

① *Grund probleme*, pp. 64ff.
② 放弃视域概念时,海德格尔的关注点已经发生了转移,从 Dasein 的意向活动建构的存在物,转向了"古希腊的"大存在的给出概念。不过,给出的与上文提到的前谓词的感觉十分相近。

换而言之,从先验的角度来看,世界的实现方式必然总是不变的。实现的世界却是随着经验认识的发展而经验地变化的。即使我们认为牛顿物理学永远是对的,我们对物理规律的认识也是不断完善和增长的。无论带来世界可能性的先天条件所属的先验领域如何,我们还是要追问现象经验的诸经验规律持续的现实性之源。它们应该实存着,是每个知觉对象嵌入的实际背景。然而,我们不思考它们,它们就无法变成现实,而缺乏诸经验概念,我们就无法思考它们。这是大存在幻象的另一面。康德认为,经验即主体在一个由规律支配的世界中设定对象,也是对诸规律的认识,所以经验必然是与对对象的认识同步的。如果两者不同步,就不会有世界,而只有幻觉的狂想曲。对于康德而言(而且确实如此),我们对诸对象的经验是随着科学知识的不断积累而变化的。我们姑且认为在康德那里是可能的,但是这样一来,一种新认识就是一个新世界的建构,因为认识一个对象同时也是实现那个经验世界。

尽管先验自我的活动似乎是永恒不变的,而且是思考一个世界永恒有效的条件,我们实际思考的世界却是变化的,不断增长的经验认识一环环往下过渡(B520—521,B755f.),所以康德区分了先天知识和经验知识,但我们知觉到的具体经验对象,既是一个先验地建构的对象,也是一种偶然的经验感知。作为先验地建构的对象,它必定是不变的,作为经验感知的对象,它不仅是偶然的,而且它的本质,它的规定属性以及它的实存,都是相对于当前的科学认识而言的。同样,世界也是如此。不仅实存不是真实谓词,rēs 也是解释的结果,经验世界亦是如此。如果真有经验概念,就必然有确定的经验对象,但这样一来,就不会有持续的科学发展了。所以,康德与诠释学的实存说惊人地相似。

问题还有另一面。逻辑谓词和真实谓词之分在知觉活动中消失了。要存在或实存着就是成为可被知觉的物,成为可知觉物就是成为 rēs,成为由概念和范畴思维结构的感觉。也就是说,要实存就是成为 rēs。那么，说实存并非真实谓词，而是通过知觉设定，这是何意？思维和感觉相结合，我们获得知觉。感觉中没有已经出场的实存对象，可供概念或科学思考审视。构成感觉的不可能是实存对象先在的范例，它们是用来指导思维活动的，但思维中也没有独立于并且先于感觉的实存对象。先在的实存，在这两种意义上，都是柏拉图主义或亚里士多德主义的复辟。这里有的是先验对象，而不是建构对象的先验活动。

其实，康德从未解释知觉是如何获得的，因为知觉活动根本没有规则。如果真有规则，知觉就变成了一种先验的功能，换句话说，经验和必然性是同延的，不再有偶然性。以此类推，我们也有理由认为康德是朝着这方面发展的。① 然而，第一批判中并无类似结论。在康德的标准认识中，即便认为我们无法认识实存之源，无法认识思维和感觉的结合——生产可知觉的实存——也要确保实存的偶然性。实存发生。这让我们想起了海德格尔的说法：大存在即 Ereignis 或事件。

总结一下。我们已经看到，康德未能解释诸经验概念的来源，未能解释感觉和知觉的区别，而他对大存在或实存的认识又在逻辑谓词和真实谓词之分中强化了那种模糊不明，即我们在亚里士多德那里看到的大存在的"遮蔽"，亚氏的述谓说和 ousia 对此贡献颇多。"设定"即幻影的无弊的打开，逻辑和真实谓词都无法解释它。述谓说给我们分析话语带来了红利，对思考大存在却没什么用。

从这一复杂状况的各个方面，我们可以推论出存在是一种显示在述谓话语中的句法关系，也可以寻找话语认识能力所发现（同时遮蔽）的大存在，后者不是句法，而是通过话语运作的综合活动。

---

① 参见 Vittorio Mathieu, *Kants Opus postumum*, Frankfurt: Vittorio Klostermann, 1989.

接下来,我们将仔细研究早期胡塞尔和海德格尔解释的第二条路。

胡塞尔有关范畴直观的讨论出现在《逻辑研究》第六研究中,①在第40段中,胡塞尔介绍了自己版本的真实谓词和逻辑谓词之分。他的区分并未超出康德的视域,涉及意向性,或者指向看似在意识之外或实存于自然世界中的一个对象的意识活动,就像康德自己所说的,他的表象或对象即把自己呈现给先验自我的认识和知觉过程的物自体。然而,康德无法驳倒唯心论,胡塞尔也无法演证意向对象的先验性。

不过,这并非本书的重点。我关心的是胡塞尔对感性事物和客观的范畴形式的区分。他的区分部分类似于康德的感性和概念之分。胡塞尔提到的感觉或感觉内容,其实是康德所谓的真实谓词。在感性直观中,我们知觉到的是规定意向对象是什么的各种属性。胡塞尔以一张白纸为例。对"白"属性的知觉,与把一个真实谓词归于该知觉对象是一致的。胡塞尔于是说道:"'白'这个词的意向,只是部分符合表显的对象的颜色因素;此意义(Bedeutung)中还包含一种剩余(Überschuss),一种形式,表象中没有任何东西与之一致,能够证实它。白的,意思是白色的实存的纸张"(第131页)。

这一剩余的"实存物"(胡塞尔和康德一样,把存在和实存当成同义词)的意义由范畴直观把握。因此,范畴形式有如康德的逻辑谓词,都是在感性直观中"建立"或得到把握,但它们也不同于逻辑谓词,因为它们参与对象的建构。再强调一遍,这种参与并不是(康德会说)"确定该概念",不会命名我们知觉到的对象中的一种属性(同上)。大存在不是一个真实谓词。它也不是一个概念或判断,不是一种内心活动。②

---

① *Logische Untersuchungen*, Tübingen: Max Niemeyer Verlag, 1968; Bd. II/I.
② 第139页:"判断这一思想在现实判断的内在直观中实现自己,但实现的并不是存在这一思想。存在不是判断,不是判断的真实的组成块片。"

在这些段落中,存在或实存并非康德所言的设定的结果,即从感性或范畴的事物中生产被经验的对象。对于胡塞尔而言,范畴直观与感性直观都不生产;直观是看见而不是创造出现在我们面前的东西。呈现给我们的所见对象是由诸感性和范畴属性一起组成的。因此,大存在不是一个概念,并非思维的产物。我们可以获得一个存在概念,但不是通过反思诸判断或内部感知得来的。"'事实'(Sachverhalt)这一概念和'是'(系动词)并非来源于对诸判断的反思,甚至诸判断的完成(即,判断对着直观的出场);它不是作为对象出现在这些活动中,而是在这些活动的对象中,我们看到了抽象的基础,抽象实现了上述概念"(第 140—141 页)。

换言之,对象并非精神活动生产的;相反,这些活动"揭示"了"敞开"在灵魂之眼前的对象。我们需要记住,胡塞尔强调对象的外在性,认为它不依赖意识的意向性活动,却可以被后者把握。对象的实存是范畴直观给定的,而不是(如康德所言)经验总体内对对象的设定生产的。存在或实存的给定性既非主体的也非对象的属性(或述谓),这种属性不同于"蓝色的"或"必死的"等,不是对象的属性,但也不是意识的创造活动。只有"当某种存在,实际的或想象的,被置于我们眼前时",才会产生存在概念(第 141 页)。

"置于"(vor Augen gestellt)不是康德的"设定",但我们可以认为它来自先验的 epochē 或还原的技术手段,我们应该借助这种手段把自然世界以及我们与其的对象关系放入括弧中。然而,被还原的现象的技术状态,并不意味着它们是由先验还原生产的。后者提纯和强化,但不创造。因此,必然有一种直观活动把范畴性的 Bedeutung 带到我们眼前,有如感官知觉把意义的物质因素带到我们面前;而且能完成此任务的只有那种能够把知觉对象及其范畴规定带至我们眼前的活动(第 142 页及以下)。

另一方面,大概 30 页后,胡塞尔讨论感官对象的范畴综合时,似乎又违反了这条讨论路线。他认为,范畴综合并不在感官对象中,而是"以这类基础活动为基础"(第173页及以下)。他是这样说的:"范畴的东西并不涉及再现性的感性内容,而是必然涉及对象,当然也不是涉及它们的感性(真实)内容部分。这意味着,让诸范畴形式得以建构的精神特征,现象地涉及那些让对象得以建构的活动"(第175页及以下)。还有,正是在建立于感性直观中的范畴活动中,"一切理智的东西建构了自己"(第176页)。

这些晦涩难懂的文本中响着康德的音符。胡塞尔现在是把来自真实和逻辑(=范畴)谓词的直观对象的生产归因于直观活动。其中不是康德的地方在于,用直观替代了感觉、知觉和概念。胡塞尔在《逻辑学研究》中有关对象"证据"的描述前后矛盾,包括对象在灵魂之眼前的完全出场,以及它的本质和实存。

不难看出其中的根本问题。胡塞尔想否认唯心论和唯我论,强调事物的实存并不依赖意识。他看到强调主体和对象互不依赖并不能完成此任务。因此,他认为借助其意向结构,主体的意识活动已经(如海德格尔所言)指向了对象或存在物。不过,这并没有解决问题,因为意向性是意识的结构,而非思想者和独立于意识的存在物之间的关系。相反,意向性的概念进一步加重了问题,让我们与"自然态度"疏离,"自然态度"从不认为存在物是独立于思维的。

存在或实存也有问题。康德和胡塞尔都以知觉为指导,却无法区分知觉和思维。因此,知觉无法超越思想和存在物的分离,或者补充思维,因为知觉本身是思维建构的。我们无法通过一种前概念的知觉完成从非知觉到知觉思维的运动,因为根本没有前概念的知觉,只有感觉。概念思维是知觉最基本的成分,"建构"了知觉对象。康德一直认为这种建构活动就是综合,胡塞尔偶尔也是如此。

换言之,抽掉两人之间的不同,就无法通过知觉完成从思维到存在或实存的运动,因为思维生产知觉对象。知觉对象必须已然实存着,才能被知觉到。① 不过,不是先验主体把实存给予了思维。知觉对象与知觉活动同时进入实存。对象的出场和知觉的发生从未分离。因此,没有从思维到实存的"运动",只有无法解释的思维运用于感觉,知觉和实存乃其结果。实存是思维内的运动,并不在思维之外。用康德的话说,剩余的就是感觉,而非"大存在"范畴。因为它是前谓词的,它就是混乱或狂想曲,一个不会产生任何物或 res 的浮现过程。

存在或实存,无论我们称之为"范畴"或"逻辑谓词",现在要么是一个逻辑概念,抽象的产物,我们在认识和解释我们的经验结构时要运用抽象;要么,如果它是一个胡塞尔的范畴,是事物的标志,而非思维的产物,我们就无法维持真实谓词和逻辑谓词之分。一把椅子的存在或实存必须是该椅子的一种属性,与它的颜色、组成和形状一样。

胡塞尔的存在"范畴"不是一种逻辑抽象,不是抽象思维的产物,而是事物本身的成分,但是再强调一遍,它是实存事物的一种成分。认为它是一种附加在真实谓词上的"剩余",只不过是说它不是颜色、质料、关系或者对象某种确定的本质或原相结构的谓词。它并非亚里士多德意义上的谓词,但它也非逻辑谓词,因为授予存在的不是逻辑学,而是存在自己。范畴直观说也无法解释存在;相反,如上所述,该学说一方面用综合说消解了思维和存在之分,另一方面消解了存在和实存物之分。

想想一把椅子,显然,存在就是让我们可以说"这是一把椅子"的那种属性。问"是什么"是推理论思维的偏见。在英语中,我们可以说"椅子实存"来回避此问题;但胡塞尔和康德一样,都没有区分存在和实存;而且无论如何,我们都需要解释实存为何意的问题。要成为一个具体的规定,既不能存在,也不能实存;但要成为

---

① 如海德格尔在此所言:*Grund probleme*, p. 66。

某种属性（并回应推理论的"什么"的问题），该椅子必须先存在。这一事实导致了此问题：一旦开始解释或分析存在（或实存），我们必然会滑入另一种模态，即谓词（包括关系）模态。

当然，不会有人说存在就是一个诸如椅子之类的物，但我们也不能因此说存在是一种思想，甚至纯言说（装扮成句法）。而且，知觉或者直观一把椅子存在或实存，不是直观一个"存在"范畴，而是感知到该椅子。即使我们确实直观到一个"存在"范畴，一个范畴的诸属性也不是存在的诸属性，更不是该椅子的属性。相反，存在无属性；有属性的是存在物，其中之一就是存在或者实存。

因此，我十分怀疑胡塞尔的存在或实存范畴之说。不过，我同意他的这一观点：存在或实存属于给出的对象。然而，这又违背了他的另一观点：对象是思维从具体对象的"物性"质料与诸直观范畴中建构或综合出来的。而且，在我的词典里，实存与出场并非同义词；存在物的缺席并不表示它不实存了。把存在和实存区分开来，或许可以避免此问题；上文已经提到过两者的区别，现在再多说几句。想到椅子等物，实存和可感知性之间是有联系的，但是另一方面，感官不能把握所有的存在。比如，康德和胡塞尔都认为我们不能这样说概念或范畴。所以，胡塞尔提到了范畴直观。遗憾的是，他未能明确区分这两者：一是对感官可感知的物的存在的直观，一是对存在范畴的思考。

在康德的学说中，不可能说诸范畴"实存"，但是我认为，在胡塞尔那里也是如此。范畴"实存"只能建立在一个对象中。也就是说，它们只能通过与实存范畴结合才能实存（有如爱利亚客说到，除了存在，megista genē 只能通过与存在结合才能实存）。脱离此范畴，更别说脱离实存的对象，就不能说它们实存。但是，因为建立在实存物的结构之内，它们"实存"也只是从实存范畴的功能中敷衍出来的。我们如何能说实存范畴实存着？

说我们用概念概念化，用范畴范畴化，这是一句老生常谈，也是一句至理名言。这没什么奇怪的,因为这就是它们相应的功能,但严格地说,根本无法确定概念或范畴是否实存,除非我们可以把存在和实存区分开来。考虑到这些困难,我认为有一种更便利的说法:概念和范畴"存在",而感官可感知的物"实存"。似乎康德回避了先验事物的存在问题,因为他认为存在就是实际实存。在数理逻辑中,要限定谓词时,就能更清楚地看到此问题。

这也符合这种认识:实存是一种特殊的存在。想把可感知和可认识的实体区分开来,就必须区分两者,但一把实存的椅子也展现存在:它是一个实存物。言归正传,存在物或实存物的大存在"高于"其的诸真实属性或谓词,只是因为它并不规定该存在物或实存物的任何原相属性。不过,这并不让人意外,因为诸真实或原相属性也有类似情形。比如,"是棕色的"这一谓词只是规定了该椅子的颜色。众所周知,"是棕色的"中的系词"是"可以省去,也不会改变该述谓的含义,但即便不是如此,这里的"是"暗含在这一表面排除它的表达的意义中,这种"是"的意义指的也是椅子的存在,而不是作为椅子之存在的剩余的大存在。

总之,我们不能用其他属性替代"存在"或"是"这个词。这样做就仿佛在描述椅子时,用"优雅的"替代"棕色的"一词,但我们可以通过解释存在对一个给出实体的贡献,来建构概念。我们用这些概念解释的是我们对存在的认识,或者对我们用于把握存在功能(energeia)的诸关系的认识。不过,这一切都展现在述谓语言中,在某些剩余理论家所谓的物化大存在的语言中。如果大存在高于诸存在,也高于一切真实谓词,这是因为它超越了语言和逻辑学;广义地说,超越了logos。

出于这些原因,我想说存在是一个真实谓词,反驳认为它是一个逻辑谓词的说法。后者把存在还原为话语,前者至少表明存在的根据在存在物中,而不在支配有关存在的话语的法则中,这些法则本身也是话语。至于人类,和一把椅子的存在一样。人类与椅子当然有着无数的差别,这些差别都在存在之外的属性中。

现在,让我们来做个总结。再强调一遍我的主要观点:我们对存在的把握从未脱离存在或实存的物。概念和范畴都是述谓话语的产物;所有思维的综合,无论先验的,还是内在的,都来自心智活动。要理性地讨论存在物的存在,就需要或者必须认识这些,但是它们从未把我们带入一种剩余的大存在。

最后,让我们来简单了解一下青年海德格尔的想法,还有他的观点:大存在的敞开(Erschlossenheit)是诸存在祛弊(Entdecktheit)的基础。暂且把祛弊和敞开是否是意识(或 Dasein)的建构或意向活动的结果的问题放在一边——康德认为它们是如此。我们假设如胡塞尔所言,存在物在意识之外,思维的意向性指向出场在我们面前的东西,揭示或祛弊就是大存在的敞开或给出之真。因此,必须这样解释祛弊和敞开的区别。敞开即真理(a-lētheia),呈现为被存在物的无弊遮蔽的真理。因此,敞开必然遮蔽了自身,因为它出场在存在物的无弊中。大存在揭示存在物,也遮蔽了自身。这种自我遮蔽就是敞开。

因此,亚里士多德的形而上学,作为本体论,关心的是存在物的存在,即关注无弊的本质或结构。其缺点是遮蔽或掩藏了大存在。换一种说法就是,确定的存在物的出场遮蔽了出场过程的敞开性,大存在或敞开经由此过程把存在物呈现给我们。但是,关心存在或何为一个存在物这样的结构,就是关心真实谓词。大存在因此被物化,或者还原为物的一种属性。

因此,海德格尔把我们带离了存在物,或者带离了真实和逻辑谓词,指向作为述谓剩余的大存在,这源于胡塞尔的剩余存在说。然而,在海德格尔看来,胡塞尔并未给出大存在的意义(Sinn);他根本不关心意向性,它是四种规定存在的视角的根基,即存在的内在性、给出的绝对性、建构的先验性以及意识本质的纯粹性。① 换言之，胡塞尔并不关心意识的存在，而是如何绝对科学地认识意识。②

这是海德格尔的初衷：找到一种基础本体论，能够充分解释作为存在物呈现的基础的大存在的意义。为此，他必须超越作为存在的存在的结构，或者说超越这种意义上的存在：加诸在真实谓词之上的逻辑谓词。用亚里士多德的话说，他必须超越诸范畴和 ousia 的概念，前者是一种作为存在的存在的结构，后者是诸真实谓词确定一种具体存在的方式或构造。③

海德格尔要超越的太多，但是他做到了哪一步？让我们先来看看"敞开"或"Erschlossenheit"这一概念。我们记得无弊是存在物或 rēs 的出场。大存在的敞开带来了存在物的无弊，让一切都一览无余，除了它自己。还有一个比喻，敞开性是 deus absconditus 的代名词。它只在存在物无弊性的拟像中出场；我不厌其烦地一再强调，这种无弊离不开真实谓词或本质，在具体案例中无弊的本质。即便是本体的无弊性，也只有一种范畴构造，即无弊之物的真实谓词规定。没有与作为存在的存在的诸属性完全不同的作为无弊的无弊的诸属性。

至于敞开，情况更糟。无弊总是某物即 on 或 rēs 的无弊，这又带来了对另一层结构的"祛弊"，即诸范畴的构造，每个范畴都必然会实例化在任何存在物中，但是敞开却并非某物的敞开，我们甚至想称之为作为敞开的敞开。而且，敞开只能被把握为被无弊的存在物遮蔽，想给出敞开的意义，必然会滑入有关封闭的意义的陈述，通俗地说，封闭即无弊。

要罗列海德格尔所面临的各种复杂状况，任务繁重。举个例

---

① *History of the Concept of Time*, tr. Theodore Kisiel, Bloomington: Indiana University Press, 1985, p. 116.
② 同上，第 107 页。
③ 在亚里士多德那里，这种构造或方式对应的是胡塞尔的直观说的剩余存在。

子来具体说说他观点的独到性。要找到大存在的意义,我就无法完全超越或者忽视存在物。我只是通过沉思无弊的存在物来洞见或思考作为敞开的大存在。我思考一把椅子,反思我能否思考它,然后发现(即揭示)这把椅子是大存在的敞开的一个例子。这把椅子的无弊不同于一张桌子的无弊,但是这两种无弊的例子都是背后的敞开的例子。

然而,如果要把握敞开的意义,我不能谈论桌子或椅子。所有关于椅子和桌子的陈述都是真实述谓;它们并不涉及存在物的存在,更别说大存在。而且,椅子或桌子本身的无弊性或可把握性并不是因为椅子或者桌子,即不是因为那些真实属性,它们对应着那些规定桌子和椅子之本质的谓词。这种无弊或者可把握性是因为大存在或者出场过程的慷慨,它"馈赠"我们诸存在物,然后深藏在其慷慨馈赠的面纱之后。

因此,关于敞开,我只能说它因给予无弊而隐藏了自己。然而,这意味着我无法正面、肯定或确定地言说敞开。否则就会物化它,用真实谓词描述它。大存在作为敞开是无弊的存在物的剩余,也是作为无弊的存在物的存在的剩余,但这种剩余是空洞的或者不可见的。基础本体论,或类似的有关大存在的回想,因此像极了否定性神学乃至沉默的诗性增补。

最终,我们看到,从真实谓词和逻辑谓词之分开始,到本体论差异和其他,这一航程就是大存在意义的不断削弱。在大存在的剩余理论中,多就是少。不过,不要以为我认为海德格尔的主要观点是错的。我说的只是如果我们想踏上超越存在物的征途,就必然会成为唐吉诃德、奥德赛的翻版。海德格尔当然更想成为爱利亚客,但是大存在之思的鼻祖没有合法子嗣。从大存在的腰部延伸的代代子嗣都是一个象,落入了爱利亚客在《政治家篇》中所说的"麻烦重重"(273d6f.)。

海德格尔在解读尼采时强调,必须清理传统意义上的大存在的一切内容,才能在形成或永恒轮回的余烬中复活它。在海氏自己的思想中,永恒轮回几乎被消除殆尽,因为他再一次把本体论的螺丝拧进了慷慨的大存在过程,我们根本无法说它是永恒的或轮回的。大存在过程既带着康德的感觉狂想曲的性质,也有尼采的混沌。海氏对尼采形而上学的解读,违背了这背后的沉默——它只是带着言说的面纱。

第六章　形而上学的终结

　　海德格尔对尼采的解读，核心在于对他的这三个"思想"的奇特解释：强力意志、永恒轮回和 Gerechtigkeit，最后一个词通常被译为正义、公正和公平。简要地说，海德格尔认为前两种思想合力构成了颠倒的柏拉图主义，用形成的持续性或恒常性取代了柏拉图的型。第三种思想则把思想者置于混沌中，认为创世活动即所谓混沌的内部规律。海德格尔因此断言，尼采的著作虽然缺乏融贯性，但那些看似不断变化、甚至前后矛盾的观点，基本表达了一种统一的形而上学。关于海德格尔的总体解读，有三个问题是关键：它是否与尼采的文本一致？即便一致，能否认为尼采的观点即柏拉图主义的颠倒和终结？最后，海德格尔预言大存在即本源，并且认为这完全不同于尼采的学说，是否有道理？

　　先申明一句：为了澄清问题，我想先谈谈海德格尔有关强力意志和永恒轮回的解读，然后再分析他对 Gerechtigkeit 的解读。在我看来，这两种解读并不能相互兼容。有关强力意志和永恒轮回的分析，一般会暗示人类尤其是思维是强力意志的表达，也是混沌的塑造力的产物。另一方面，有关 Gerechtigkeit 的解释却会推翻这一点，把人类思维等同于混沌的内部秩序或隐秘规律。接下来，读者在阅读第一部分时，必须时刻牢记第二部分会补充和修订此海德格尔认为,强力意志和永恒轮回一起,最为深刻地表达了尼采的"价值改造",即他对柏拉图主义的颠倒或逆转。① 尼采认为强力意志即"终极事实",或者有关形成本质的终极陈述,而永恒轮回则是"最高思想",海德格尔认为这一说法道明了形成总体的存在方式。② 海氏自称是认识这两种学说之关系的第一人,因为是他首先把它们联系在一起,并且认识到了其中的形而上学意义。强力意志指的是"实存总体"的状态或样态(Verfassung),永恒轮回则表达了该总体的存在方式(seine Weise zu Sein)。③

什么、如何与那个

海德格尔后来在一次讨论中,认为权利意志对应的是实存总体中的"什么",永恒轮回对应的是"如何":"强力意志说出实存者'是'什么,即它(作为强力)授予了什么。同一事物的永恒轮回命名了如何,实存者如何拥有那种什么性,它的整体'实在性',它的'那个'。"大存在即同一事物的永恒轮回,构成了出场持续的恒常性(die Beständigung der Anwesenheit),因此是最恒常的:那个无条件的那个。④

海德格尔的用词表明,他对颠倒的柏拉图主义的认识建立在亚里士多德的模式之上,或者说,他混淆了亚氏和柏拉图的形而上学中的关键词。"什么"对应的是 eidos 或 ousia,"如何"对应的是 aitia。颠倒就是把 eidos(ousia 和 aitia 的原意)融入"那个",或者亚里士多德的 to hoti。海氏说道:"因为那个-存在与什么-存在是

---

① N I, pp. 433ff.
② N II, p. 417.
③ N I, pp. 463f.
④ N II, p. 16.

一致的(原本 estin 是包含在 ontōs on 的 einai 即型中的,现在颠倒了),强力意志和同一事物的永恒轮回当然不能只是共同规定了大存在,它们说的也必然是同一个东西(dasselbe)。"①

换言之,尽管在"柏拉图主义"中,形式与物质或真实存在是分离的,但在尼采的形而上学中,两者却是统一的。其次,尽管在"柏拉图主义"中,形式支配一切,是实在性的范例或本质,尼采颠倒了两者的关系。那个"什么"或者强力意志并不具备柏拉图主义中的恒常和同一等品质;现在它们都来自永恒轮回。永恒或者持续出场的并非原相结构,而是生成或者形成,海德格尔称之为"真实性"或者"那个"。因此,尽管强力意志即"本质,乃活的生命(价值)的条件,因此也是活的事物真实而唯一的那个,即实存总体的此世性"。② 价值被视为人类活动,即等级排序和创造世界,融合在宇宙学的混沌过程中。从人学的立场看去,似乎是通过价值表的投射进行创世的活动,从根本上讲却是混沌按照自身的内部规律在组织自己。因此,把什么融入那个带来的是价值的"贬值"和"非人化",现在价值变成了尼采的强力的量子;③强力量子又变成了持续出场的"什么"。对于人类而言是世界秩序的"其实"是混沌的实在性。换言之,海氏把价值和生命从人类活动转交给了混沌生产世界的活动。

我们还需要研究一下上下文中的一段话,才能确定为何统一的尼采学说是柏拉图主义的颠倒。强力意志和永恒轮回不仅相辅相成,而且说的还是同一个东西。海德格尔是这样解释的:

> 同一事物(des Gleichen)永恒轮回的思想用形而上学和

---

① 同上,第17页。
② 同上。
③ $N \text{II}$, p.270.

第六章 形而上学的终结

历史终结的语言表达的,和强力意志用现代性终结的语言所说的是同一个东西(dasselbe),即实存者之本质的基本特征(de Seiendheit des Seienden)。强力意志是各种可能的自行努力的形成的自我超越,这种自我超越是形成的深度内核,也是形成持续的恒常性(Beständigung),而且因为它与一切纯粹的延续以至无限不同,甚至相反,所以与后者对立。①

两种表达所言的"同一个东西"就是现代的意志第一性之说,或者主体性投射真理说。然而,现在,形而上学的终极版本并未把意志活动归于主体性,而是归给了形成或混沌。柏拉图的诸型是现代主体生产的诸范畴结构的原型,在主体中,理智服从意志。意志纯粹是为了表达而表达自己:在尼采的语言中,对意志的意志就是强力意志。尽管在早期现代思想家如笛卡尔、莱布尼兹以及康德那里,"实存物的本质",即世界秩序,被加于原始的混沌,②不过,在尼采这里,永恒轮回的循环性吸收和"塑造"或者调节着意志自治或者根本自由的功能。借用一个黑格尔的表达,就是人类思维被 aufgehoben(扬弃)入宇宙的混沌过程。在每个世界中都"同一的"东西,前人认为是主体意志的投射,在尼采这里却并非形式结构,而是有组织的变化。换言之,他用形成或者创世过程的恒常性替代了形式结构。"克服"或者表达意志不是绵延不绝的力的积累,这会导致不断擦除所有短暂的力的量子,会阻碍任何世界的产生。

因此,尼采的颠倒,就是把柏拉图的形式变成了自我塑造的力点的积累和消解过程。海德格尔对此是沉默的,但是尼采的颠倒也把柏拉图的爱欲变成了酒神的沉醉,然后又变成了非人的混沌

---

① 同上。
② 参见 N Ⅱ, pp. 164ff,尤其有助于讨论海德格尔这一众所周知的观点。

的激荡。海氏声称强力意志和永恒轮回说的是同一个东西,自认为成功地在尼采那里找到了一种统一的形而上学,其代价却是大幅降低了我们认识人类经验的可能性。

"尼采认为……'形成'即实现了的内容将自己显示为强力意志的本质……形成是强力不断超越现有阶段的活动。在尼采的语言中,形成即强力意志的激荡,它是实存者的基本特征,从自身中产生并占据支配位置。"① 这里根本没有现代主体性的位置,而且尼采无疑明确否定了主体的稳定性,他认为主体是强力意志的投射。然而,尼采有关形成和大存在的讨论,无法摆脱泛灵论的因素,海德格尔将其嫁接或者并入了自己有关混沌的解释中。这与他后来讨论 Gerechtigkeit 是一致的;不过,他在讨论 Gerechtigkeit 时,"颠倒"了泛灵论,或者说将其重心从混沌的活动转移到了人类思想的塑造力上了。

暂且把重心转移的问题放在一边。通过讨论海德格尔的解读,我们已经明确认识到:他强调尼采形而上学的一面,从而无视了尼采人学的一面,或者认为它只是显示了尼采的宇宙学的一般原则。初看上去,海德格尔似乎比尼采本人更加一致地贯彻着尼采的思想。然而,一旦提到 Gerechtigkeit,这种假象就应声而倒。尼采的学说从来都不是始终如一的,所以海氏不得不推翻了人学融入宇宙学的说法。尼采的思想总是前后矛盾,并非始终如一的,也从未成功地调和自己的人类观和宇宙观,更别说把两者统一起来。也许正是因为他并未形成前后一致的思想,才让他的人学显得难能可贵。现在,我们需要了解在这一核心问题上,海德格尔是不是对的。

为了证明强力意志和永恒轮回是同一思想的不同表达,海德格尔必须突出永恒轮回,强调它塑造和限定了强力意志自我超越

---

① *N* II, p. 268.

的努力。没有永恒轮回,强力意志生产世界的活动永远不会终结。永恒轮回的"循环性"必然是其塑造世界的过程,尽管海德格尔并未详述它是如何发挥功能塑造世界的。海氏对这一核心问题的阐述给我们带来一种印象:一切秩序都被取代了,消解为过程;也就是说,出场被出场过程(presenting)取代。相应地,出场也被(不)明智地解释为离场(absenting)。出场即短暂事物的出场,或者恰恰显示一切稳定的都是幻象。这几乎就是海德格尔自己对事件的看法(或预言),即大存在的诸历史时代从被遮蔽的源头中散发出来。大存在来来往往,可能是服从本源隐秘的内部规律,或者海德格尔在解读尼采时所谓的混沌的内部规律。①

回忆大存在的问题,无助于我们理解事物(短暂的)自我出场的原因和本质,也无助于我们评估那个短暂的世界,唯一的标准就是它让我们认识了上述的大存在问题,以及海氏所谓的尼采的形而上学。为尼采代言也好,自己在说话也好,海氏只字未提我们努力过上幸福生活的价值,只是命令我们倾听大存在的声音。既然海氏提到了尼采的形而上学("宇宙论"一词更好),我们需要强调尼采这一典型特征:把一切还原为混沌。不过,我现在想说的是,尼采从未清楚地认识到自己的混沌说的涵义:把人类实存变成"非理性的必然",然后抹掉,这才是混沌带来的后果。上文已经阐明了这一点。

换言之,尼采从未提到混沌中隐藏着"内部规律"。确实,他的宇宙论把所有人类经验都还原为了幻象,或者混沌表面的不安动荡。但是,还原的基础并非这一隐秘的法则:把创世活动指认为大存在(形成)的隐秘活动。尼采绝非一个形而上学家,相反,他彻底摒弃了形而上学,认为它是虚幻的。混沌处于万物的中心,它的非理性必然性排除了形而上学的可能性。混沌并不关心人类的愿

---

① IX, p. 528[11(225)];1881.

望;我们无法认识它,因而会忽视它。混沌的非理性正好让我们可以实施自己的计划,尤其是尼采的 grosse Politik,或者革命政治的柏拉图主义。至于 amor fati,或者万物永恒轮回说,以及一切正在发生的都已经发生过了,还会不断再发生的说法,与混沌的必然性是一致的。尼采颠倒了斯宾诺莎主义,告诉我们人类必须是自由的,不是因为事物的内部秩序或者 logos,而是因为我们根本无法把非理性的必然和偶然区分开来。

形而上学或者宇宙论强调在场或永恒的人类经验必然是幻象,从此立场看去,生命确实毫无意义。为了捍卫或者证明永恒轮回之真,尼采大量采用了19世纪物理学的观点,关键的前提条件是时间是无限的,物质是有限的。因此,只有有限的几个从混沌中散发出来的力点组合。① 如此一来,不断轮回的历史时期或者世界也只有几个;尼采在上述引文中表示,只有有限的几种人类,他已经全部认识了。于是,他写道:"我希望以一己之身经历整个历史,占尽所有的强力和权威。"②尼采可能已经认识到:宇宙论的非理性与人学的可知性并不矛盾,它们共同拥有的因素,就是有限的永恒轮回的循环性。然而,如果把这个共同因素换成相同的规律,就消除了宇宙论和人学之间的差别。

因此,我们必须反对海德格尔的做法,反对把尼采思想的两个不同层面内在地统一起来。尼采用科学来证明永恒轮回说,这足以证明这两个层面之间是根本矛盾的。可以肯定尼采考虑过这一

---

① IX, p. 523[11(202)];1881. 参见海德格尔在此的讨论:*N* I, pp 341 ff.;XII, p. 205[5(54)];1886/1887。关于强力意志作为为力的二手资料,参见 W. Müller-Lauter's *Nietzsche*: *Seine Philosophie der Gegensätz und die Gegensätze Seiner Philosophie*, Berlin: Walter de Gruyter,1971;还有作者的两篇文章:"Nietzsches Lehre vom Willen zur Macht", in *Nietzsche Studien*, Bd. 3, 1974, pp. 1—60;"Der Willenswesen und der Ubermensch. Ein Beitrag zu Heideggers Nietzsche- Interpretation", in *Nietzsche Studien*,*Bd*. 10/11, 1981/1982, pp. 132—177。

② IXX, p. 666[17(4)];1882。

点,至少他在1881年记下了自己的想法:"在物理学和各种认识论问题的框架下"①讨论永恒轮回说。然而,他也不得不承认,自己的晚期著作发生了巨大的变化,开始用查拉斯图拉的先知语言讨论永恒轮回。我认为,这种转变是因为产生了尼采的解释说。在《超越善恶》(1886)中,这种观点与物理学是同时出现的:"现在也许只有五六个人大梦初醒,意识到物理学也只是一种世界-解读和整理……而非世界-解释。"②

我们必须详细讨论一下这一看法。尼采不断强调总的来说,所有秩序结构都是强力意志的解读或表现,包括物理学和认识论,以及数学和逻辑学等。如果诚如海德格尔所言,永恒轮回是强力意志中"什么"的"如何"和"那个",我们也可以说物理学亦即混沌的内部规律,但海氏并未这样说。然而,如果物理学作为一种解读,是强力意志的表达,那么永恒轮回就必然是一种诠释学的投射,而非强力意志的"如何"。暂且不提海德格尔,尼采认为"我们所有的理性范畴都有感性的源头:从经验世界中读出来的",③而且我们能明白逻辑学也是因为追求同一性的意志或者强力意志。④ 必然性"并非事实,而是解读"。⑤ 显然,这段话证明了我先前的观点,即人类解读中的内在一致性是被加诸于混沌的"内部规律"之上的,而非那种"内部规律"或其表达。

总之,永恒轮回的认识论和科学"解释"都是强力意志的表达,是其人学的而非宇宙论的表现:"强力意志作为知识不是'认识',

---

① Gunter Abel, *Nietzsche*, Berlin and New York: Walter de gruyter, 1984, p. 189. 作者想证明永恒轮回说是有科学根据的。虽然这种做法有点误导,但这本书还是很有用。关于尼采的文本,参见 IX pp. 494f. [11(141)]; 502[11(157)] and 523[11(202)]。

② V, p. 28; I. 14.

③ XII, p. 391[9(98)]; 1887.

④ XII, p. 106[2(90)]; 1885/1886.

⑤ XII, p. 383[9(91)]; 1887.

而是图型化,给混沌加上规则和各种形式,以满足我们的实践需求。"①我们应该这样认识永恒轮回说:它是为了实践的预言。海德格尔的做法其实十分相似。他否认可以通过科学为永恒轮回说辩护,但未作出任何详细的论证,只是迟迟不愿给出定论,直到我们完全接受了整个西方形而上学。② 同时,海德格尔把(对他而言)显然是有关永恒轮回的科学讨论与对世界即混沌的解释联系在一起。他在解释"人格化"(Vermenschung)或解读的问题时,这条思路达到了极致。

海德格尔承认永恒轮回(也暗含着强力意志)是人类对混沌的解读(顺便说一句,混沌本身可能也是一种解读),同时又否认其产生的消极后果。在海氏看来,永恒轮回说的精髓在于克服虚无主义,给所有活的生命活动带来新的价值。我赞同这一看法,但是必须加上一点:永恒轮回说也十分危险,甚至令人恐惧。《查拉斯图拉》明显表现出这种两面性,海德格尔曾使用过一个词,引自尼采的书信,称《查拉斯图拉》是尼采的终极思想的"前厅",③其价值只在于教育作用,可以鼓励个人。这又让我们想起了尼采在 1887 年 12 月 14 日给福克斯的信中写道:"我'迄今为止'的人生已经是一本合上的书。我现在所做的一切都是强调(前期的工作)……现在,我必须超越,进入全新的、更高级的形式。"④引用这段话不是为了否认《查拉斯图拉》,而是为了找到新的形式,更好地表达尼采的早期思想。尼采在《瞧!这个人》中大肆渲染《查拉斯图拉》的价值,⑤也能证明我的解读。

尼采在《查拉斯图拉》中提出了永恒轮回说,是为了强调这一

---

① XⅢ, p. 333[14(152)]; 1888.
② N I, p. 340.
③ 同上,第 408 页。
④ Briefe, VI, p. 496[7 April 1884, to Franz Overbeck]; N I, pp. 20f.
⑤ Briefe, VⅢ, p. 209.

重大决定的意义:进入瞬间(the moment)亦即历史时间的大门,专注一个世界或历史时代,从而与人类生存的有限性和时间性和解。永恒轮回是基督永生被废黜后的补偿,①但这种思想也令人恐惧,尼采在《遗稿》中称之为"最极端的虚无主义:永恒的无('无意义')!"②然而,这种救赎为何是最极端的虚无主义?我们再次领略了尼采思想中两个维度之间的矛盾。从乐土之人的宇宙论(或者海德格尔所谓的形而上学)立场来看,必须抛弃柏拉图主义的形而上学,解放意志去把混沌图型化,进而创造世界。然而,这意味着世界生产就是图型化或"人格化"。为了避免因此产生的消极后果,我们必须远离乐土之人的立场,进入时间的大门,但是我们已经无法看见那扇大门了,它已经变成了我们生产的世界。既见真理,契需遗忘:日神的明晰必须让位给酒神的醉。

我们很难从中建构某种一致的形而上学大存在说。在解读尼采的人学形而上学时,海德格尔尚能自圆其说。在尼采讲演录的某处,他引用了《快乐的科学》中的一段话。此处,尼采正在证明世界即非一个有机体,也非一架机器:"世界的总体特征永远是混沌,不是缺乏必然性,而是缺乏秩序、结构、形式、美,以及有品位的人类所描述的一切。"③海德格尔在简短提及赫拉克利特(似乎这是进入尼采最直接的途径)后说到:混沌排除了统一和形式,却并未还原为"任意得来的、偶然的混乱和万能的世界酝酿"。④ 尼采认为混沌缺乏秩序和规律,海氏则强调它保留着必然性。⑤ 然而,大约两百页之后(中间有两年的差距),他又强调混沌并非武断的

---

① 他在信中还说:"我大概认为《查拉图斯拉》是以德语撰写的、最深刻的、也是最完美的著作。"(*Briefe* VIII, p. 340, 21 June 1888; to Karl Knortz),这一篇具有代表性。
② 尤其是 part II, section 20, "Von der erlösung", in IV, pp. 179f. 。
③ XII, p. 213[5(71)]; 1886/1887.
④ N I, p. 349; III, p. 468[109].
⑤ N I, pp. 350, 354.

durcheinander 或 Gewühl,一团感觉;它"塑造生命"。然后又加上,它不是混乱,而是"那种推搡涌动的活跃,它具有隐秘的秩序,我们无法直接认识其规律"。① 我们在尼采的文本中无法找到这段话的相关证据,它其实来自有关赫西奥德的思考。

暂且不谈赫拉克利特和赫西奥德,让我们惊讶的是在短短两年时间内,海德格尔就从尼采如何为混沌赋予了必然性,转为无端地认为他为混沌赋予了隐秘的内部秩序和规律。这成为海德格尔把尼采的各种思想整合为浑然一体的形而上学的关键。然而,海氏谈到的虚无主义的和解和永恒轮回的解放功能,直接抹去了人学的痕迹,制造了一种形而上学的虚无主义。他根本没有意识到此处的难题:"在尼采的词汇中,'混沌'是一种阻挠性的再现,因为它,我们根本无法表达实存总体。世界整体也变得无法讨论、无法言说——一种 arrhēton。"②

认识这一点,不是为了让人绝望,而是为了让人解放,展开自己的解读。海德格尔模仿了黑格尔在 meinen 的双重含义上的游戏,指出这类看法("你自己的")把实存总体人格化了。然而,"人格化不再是对真的根本威胁,似乎人类更本源地占据着某个本质角落(Ecke)的立场",或观点。只有当人类经验到实存总体,并且把它与大存在放在一起思考时,这才是可能的。③

总之,海德格尔置换了尼采的解释,后者强调按照实践需求进行宇宙论排序,海氏则强调也许可以根据倾听到的大存在——海氏所谓的"本源"——的声音,评价一种关于实存总体(也即存在者的大存在)的形而上学的真实性。海德格尔与我的看法不同,他从世界整体的沉默中猜想的不是也许没有形而上学。相反,他暗示

---

① *N* I, p. 566.
② *N* I, p. 353.
③ *N* I, p. 381.

第六章 形而上学的终结

甚至明示尼采完结了柏拉图主义或者形而上学,其带来的解放不是让我们去创造自己的形而上学——这也许是尼采的看法,而是让我们摆脱形而上学,因为它是一种局限,只是一种纯人格化的视角。

尼采本人并未给出这样的盖棺定论:"尼采或者任何先前的思想家——包括第一个从哲学角度思考哲学史的黑格尔——都未曾抵达最初的本源(in den anfänglichen Anfang),但是他们不断看见本源,不过是按照已经远离本源且将其固化的东西:依照柏拉图哲学。"①

海氏解读的尼采与尼采有何不同?在海德格尔版的尼采中,混沌的内部规律就是人类思想者的创世意志。大存在就是人类实存证明的解读活动。在海德格尔自己的预言中,解读活动来自某种最初的本源。世界整体的沉默可能被生成的声音取代。这个声音告诉我们的是什么?它传递给我们的是诸世界或馈赠。本源不会把自己说成别的东西,否则就会物化自己,把自己变成一个世界,变成一种人格化的解读。换言之,本源中没有内部规律或必然性,规律和必然都是本源的馈赠。

在海德格尔版的尼采中,大存在自己生产幻象,因为诸世界根本是混沌的。因此,我们可以说:因为给出了诸世界或存在者,大存在隐藏了自己。大存在是作为缺席或离场的自我出场。内部规律从未显现。为了各种实践目的,海德格尔的尼采和海德格尔本人之间并无太大的差别,都是黑格尔主义的恶化,从否定运动中清理了逻辑结构。三人都认为,"积累"的即本质的显现或展露,但就尼采和海德格尔而言,本质即无。

我们已经证明海德格尔从必然性跳到了内部秩序和规律。现在,我们还需要证明他从必然性跳到了可能性。尼采在1881年的

---

① *N* I, p. 469.

《遗稿》中把永恒轮回视为永恒的循环运动:"'整体的混沌'排除了一切有目的的活动,这与循环运动并不矛盾:后者恰恰是一种非理性的必然,不具备任何形式的、审美的特性。意志(das Belieben)是缺席的,在最微观的层面和在总体中都是如此。"①

海德格尔去掉了"非理性的"一词,或者说,他采用了《快乐的科学》中谈到的必然性,那里虽没有明确提到"非理性的",上下文中却有着强烈的暗示。因此,在尼采讲演录第一卷的第 355—364 页,必然性是解读永恒轮回的关键词。第 27 页后(同属 1937 年的系列讲演),海德格尔又把永恒轮回解释为一种信仰,一种意志行为,因为它,信仰者坚守着真理。② 我们在下文讨论强力意志时会见到这段话;现在,让我们来谈谈那看似循环而非同一的东西。永恒轮回解释了"什么"的"如何",但它却被解读成了"什么"的表现。

然而,仅仅一页之后,就出现了我们当前关注的问题:"对同一事物的永恒轮回的思考,确保了世界(Weltwesen)的本质如何是永在的形成的必然性的混沌。"③这句话十分晦涩,似乎想说人类通过意志和信仰思考永恒轮回,生产了世界,把混沌图型化,并且保存了这个世界,认为它就是图型化之前的混沌活动的必然性的表达。此处必然的究竟是什么?海德格尔似乎在说,我们认为必然的(永恒轮回)和混沌活动(即创世的必然性)是同一的。用老套的话说,大存在和思维是同一的,只是微微偏重思维,思维确保了混沌的内部活动。海德格尔继续说道:"对此的思考由此保存在实存总体中,所以对于这种思考而言,同一事物的永恒轮回是有效的(gilt),它是定义实存整体的大存在。"④

---

① IX, p. 528[11(225)];1881. 这是有关永恒轮回的系列讨论之一;另见以下部分:498[11(148)],502[11(157)],560—62[11(311)],[11(313)]。
② N I, p. 391.
③ 同上,第 392 页。
④ 同上。

第六章 形而上学的终结

有效性即评价,是创世或者把混沌图型化的基础。对永恒轮回的思考决定了大存在定义的效度或价值;海德格尔说的不是独立或先在的永恒轮回之真决定了我们思维的有效性,因为这会重蹈柏拉图主义的覆辙,而不是颠倒柏拉图主义。换言之,这会复归我们在尼采那里看到的二元论,海德格尔是想克服它的。永恒轮回或者混沌的必然性,塑造了我们意想的世界,这是意志的功劳。或者说,让我们通达永恒轮回的,是一种"飞跃"(也即一种投射)的完成,而不是如海氏所言,是根据构成实存的数据链的证据,海德格尔想告诉我们的是后者。"因此,此思考过程中包含的思想",即永恒轮回,"不是作为单个出场的现实性,而是作为可能性给出的"。①

因为需要对思维或人类进行解释,而不只是对尼采的宇宙论或者形而上学给出统一的解读,海德格尔最终强调永恒轮回是大存在的人格化或者解读,一种意志行为,一种飞跃,而非对独立存在的证据的演绎。然而,我们没有必要飞跃进入必然性,因为意志投射可以无需外在强制。飞跃只是可能性。因此,它符合海德格尔对自由的定义,出现在1929年的这段话中:"自我的自我性是一切自发性的根据,它始终停留在先验的领域。把世界送上支配地位的投射-推翻活动即自由。"它是 Stiften 或创立,即世界对着自我的率真或敞开。②

混沌的必然性只是为思想者提供了一个世界的矩阵、力点的积累。然而,所有思想者都会把世界看成永恒轮回,这只是一种可

---

① 同上。
② "Vom Wesen des Grundes", in *Wegmarken*, pp. 60f. 想了解"尼采的"自由概念在海德格尔后期思想中的变化,可把这段引文和这里的观点进行对比:"Die Frage nach dem Ding"(1953)in *Vorträge und Ausätze*, pp. 32f., 主要区别在于自由脱离了意志,祛蔽(也即遮蔽过程)取代了世界投射;现在活跃的场所在大存在中,但不再被理解为永恒轮回。

能性。当然,海德格尔认为可能性比现实性更有力(与《存在与时间》呼应)。① 他的意思是现实性制约着我们,可能性却仿佛通往创造地挪用或塑造未来事件的大门。② 他告诉我们,思考永恒轮回将改变"实存总体",它通向"新的历史"。导致这种改变的是个体思想者的意志,根据的是他对自身所处时代的立场(Augenblick,《查拉斯图拉》中的时间之门),他唯一知道的就是这种立场。海德格尔谈及此时所用的语言,让我们想起了查拉斯图拉的修辞方式:决定来自"你内心想要且能要的,你实现自己的方式,你掌控自己的方式,你在基本意志中把自己代入那种意志并进入自由的方式。只有当我们变得自由了,我们才是自由的,只有通过意志,我们才能变得自由"。他还引用了《查拉斯图拉》的一段话来证明这一点。③

我们已经看到海德格尔故意误读了尼采的混沌说,希望把一种统一的形而上学的看法强加在尼采多变的文本上,却没有成功,因为尼采的强力意志说和永恒轮回说根本无法兼容。强力意志谈的是人类,永恒轮回说的是混沌。确实,尼采对强力意志作了宇宙论的解释,但是我们看到,他也对永恒轮回作了人学的解释。前者通向了混沌的非理性必然性,而非形而上学。后者则会否定海氏的做法,他想证明强力意志和永恒轮回说的是同一个东西。强力意志和永恒轮回互不兼容,因为尼采对这两者的解释是矛盾的:一是人类实存,一是形成的本质。

同亦或不同?

初看上去,强力意志和永恒轮回相互矛盾,前者肯定了人类的

---

① N I, p. 393.
② 同上,第392页。
③ 同上,第400页。

创造自由，后者维持着决定论。读者也许想以一种准康德的方式解决此问题，认为意志自发地显现在规律和秩序中，总是同一的，也可能是永远重复的，无论意志何时想创造一个世界。然而，这种解决只是形式上的，它未曾阐明任何世界的具体内容。

和康德主义一样，这种解决方案依然停留在柏拉图主义的轨迹中，因为形式与内容是分离的。因此，形而上学局限于永恒轮回，或者规律的建立，让诸力点以循环或者有限的方式积累着，而且只能解释为何这是一切内容得以出现的必要前提。另一方面，内容的生产则被归给了自由的人类意志，它是先知的立法塑造和生产的，因此也是个政治的问题。

无论如何，尼采给出的都不会是形式上的解决方案，在其成熟的思想中，形式只是一种解读，或者一种强力意志的结果。其带来的实际后果就是永恒轮回与强力意志不是一回事，而是后者的结果。另一方面，我即将证明，尼采本人早已说过强力意志说是其形而上学"通俗的"说法，而不是打开它的钥匙。简要地说，没有意志，只有混沌的激荡，即力点的积累和消散。它们不断重复，是一切背后的真理，尽管所有（虚假的）表象都是相反的，所以强力意志才变成了服从永恒轮回的结果。

集合论的基本定律是，如果 A 和 B 是两个集合，且 A 是 B 的子集，B 也是 A 的子集，那么 A=B；但是，强力意志和永恒轮回不是两个集合，在形而上学的"逻辑"中，如果 A 是 B 的结果，B 也是 A 的结果，我们就构成了一个循环，其中的两项互为根据。也就是说，A 和 B 既相同，也不同。不过，此乃黑格尔主义的基本原理，却非柏拉图主义的。

我们可以区分以下三种情况：(1)在黑格尔那里，大存在和无同一，产生了一系列的变化或表象，与尼采的观点类似，这些变化或表象不是投射向整体的人类视觉，而是投射向自己的绝对。这些表象的总体与显现的本质是同一的：永恒轮回是"如何"，绝对是

"什么",同一则是"那个"。(2)在海德格尔版的尼采中,强力意志取代了绝对;因此,"什么"的内部规律是混沌的,而非逻辑的或概念的。诸表象或视角都是本质的表象,不过恰恰显示了规律和秩序的缺席;强力意志既消解又建立了永恒轮回,两者不断相互转化。(3)在海德格尔那里,最初的本源及其产物,或者本质和表象,是分离的或不同的。这一裂隙无法弥合,因为本质无表象。因此,无法区分本质与现象,换言之,本质只"显现"在表象的面具之下。表象与本质既相同,也不同。这无法与第2种情况区分开来。

因此,产生了一个问题:情况2会不会是情况1的特例?绝对难道不是表象自我出场和缺席的循环总体,或者显现和消失过程中的本质,它显现——即被掩盖——在诸具体表象中?部分读者会认为,就哲学而言,这些想法太过轻率;另一部分则会被理性的狡黠说服,认为这是一种反讽,轻浮却理性。我们还是严肃点吧,这比较符合本书的主旨。我们注意到强力意志和永恒轮回,两个术语不断相互转化,抹去或消除了各自的独立性,也成为跳出颠倒的柏拉图主义的跳板。我们似乎认识到,不能用发生解释形式,而且唯一能解决二元论的是一元论。

回到上一节的总结论。海德格尔想把尼采的人学与他所谓的形而上学统一起来,于是用可能性替换了必然性,并且强调永恒轮回是意志的解读或投射。人类有如混沌的牡蛎中的一粒沙子。没有它,就不会产生一个世界这颗珍珠;但是,沙子不是牡蛎,它明显是不同的。更通俗地说,形而上学无法克服尼采的二元论,因为形而上学即二元论,尤其是海德格尔理解的形而上学。更准确地说,这里有多重的二元论,最重要的都是有关形式与物质、灵魂与肉体的。当然,我们可以说,现代时期因为想克服柏拉图主义的二元论,产生了两种明显对立的形而上学,唯物论和唯心论,但这就等于承认不能把形而上学的历史等同于柏拉图主义。

且不提海德格尔,上文已经指出,我们可以称柏拉图主义为形而上学，只是因为它想解释人类经验总体。它用以指导自己的是一种日常可能性，即我们可以在更好和更坏的选项之间作出选择。用现代的术语说，让我们作选择的"世界"与理论或科学的世界是同一个世界，但是我们却不能把这个世界还原为理论或科学的世界，或者用后者排挤前者。柏拉图主义者会认为，唯物论和唯心论都是荒谬的，伪造了自己要解释的经验。经验是一张天衣无缝的矛盾之网，由思维与行动、肉体与灵魂、形式与物质的区别织就。消除这些区别，不是解释而恰恰是消除了这张网。追求单一的原则或者背后的统一性，其实远离了柏拉图主义，海氏把柏拉图主义还原为有关型的本体论或形而上学，也错在此。

如果说强力意志和永恒轮回说的是同一个东西，那是因为它们彼此包含。如我们所见，这并不表示两者是同一的，而恰恰表明两者的变化无常。它们无法承受海氏强行统一它们的压力，相互瓦解成彼此。它们无法承受此压力，或者无法变成整体单一的原则，因为这些都是不可能的尝试，尝试调和人学的和宇宙论的解释。两者各自都一方面是一种解释或者人格化，另一方面又是言说混沌之真的诉求。强调真理即解释，就不用触及人类和混沌之间的二元性。无论我们说混沌是人的一种解读，还是说人是混沌的一种解读，都无关紧要。总之，解读的概念十分脆弱，无法统一人与混沌之间的二元性。解读来自混沌，但由人类话语作为中介。说人是解读的生灵，已经对人性作了界定，并且建立起了上述二元论。

带着这些反思，让我们来结束先前对永恒轮回的分析，证明强力意志说的通俗性。尼采经常提到强力意志，认为它是一切生命表象背后的真实："生命中的一切都毫无意义，除了强力的程度——强调生命即强力意志。"①而且："有关每个事件和经验不同

---

① XII, p. 215[5(71)]; 1886/1887.

的视角性评价,都来自我们每种基本的冲动……人即各种'强力意志':各自具有不同的表达手段和形式。"①

理智、意志、感知觉都由价值决定,价值又符合我们的基本冲动及其产生的条件,而冲动又可以还原为强力意志,它是终极原因。② 因此,一个最平凡不过的结论就是,哲学"这种专制的冲动"也是"精神的强力意志,'创造世界'的意志,对 causa prima 的意志"。③

还有,大存在即生命:"我们对其的再现就是'生命'。"④"要评价大存在:但是评价本身已经是这种大存在了。"⑤"我们通过什么客观地衡量价值? 完全通过更强大、组织更完善的强力的量子。"⑥生命、大存在、价值:都是强力意志的表达。事物性质的每种变化都是"强力对强力的侵犯"。⑦ 还有:"有机世界中发生的一切都是征服,成为主宰。"⑧"这个世界即强力意志——再无其他。"最后,真理乃"无尽的征服意志的称谓……乃'强力意志'的称谓"。⑨

根本无需误解尼采赋予强力意志的全能职能,也不难理解为何海德格尔认为它是"什么",或者用传统的语言说,是事物的本质;也就是说,它是尼采那里相当于作为存在的存在的东西。强力意志是"运动之源……我需要运动的诸性质和中心,意志从这里施加控制"。⑩ 意志取代了柏拉图的 archē kinēseōs,或变化原则,苏

---

① Ⅻ, p. 25[1(58)]; 1885/1886.
② ⅩⅠ, p. 661[40(61)]; 1885.
③ *Jenseits*[1. 9]in Ⅴ, p. 22.
④ ⅩⅡ, p. 153[2(172)]; 1885/1886.
⑤ ⅩⅢ, p. 45[11(96)]; 1887/1888.
⑥ Quoted by Heidegger in *N* Ⅱ, p. 270.
⑦ ⅩⅢ, p. 260[14(81)]; 1888.
⑧ *Genealogie*[Ⅱ, 12] in Ⅴ, pp. 313f.
⑨ ⅩⅠ, p. 611[38(12)]; 1885.
⑩ ⅩⅡ, p. 385[9(91)]; 1887.

格拉底在《裴德罗篇》中称之为"灵魂整体"(psuche pasa;245c5 及以下)。然而,在柏拉图那里,灵魂是两个原则之一;或者说,它不同于许多统称为型的原则。恰当地说,诸型调节或塑造运动,海德格尔认为尼采将此功能归于了永恒轮回。不过,海德格尔认为永恒轮回和强力意志说的是同一个东西;所以必须把调节运动归于运动原则本身。然而,这并非颠倒的柏拉图主义;它完全跨出了柏拉图主义。海德格尔版的尼采想用一元论取代二元论。

灵魂永远在运动,从这一点就可以看出运动原则不可能是一种型(《裴德罗篇》245d6 及以下)。显然,个体灵魂都分享着灵魂整体(245e4 及以下)。紧接着,苏格拉底真的提到了个体灵魂之型的问题,但是他说要回答此问题,需要鸿篇巨制的与神的对话。当然,也可以通过与人的简短对话说明它像什么(246a3 及以下)。苏格拉底说它像战车驾驭者,虽然没有马车,却驾驭着一对飞马,一只洁白高贵,一只黝黑低贱。对于我们来说,这里的关键是运动像移动的东西。它们运动的最终目标是飞上宇宙的穹顶,这个穹顶也是运动的,站在宇宙的屋脊上,或者至少驾驭者的头探出屋顶,看着诸型。灵魂运动着;诸型,在此指乐土之人,静立着,有如静穆的星星(247c1 及以下)。在此用于灵魂的"型",不可能指乐土之人。毫无疑问,在此神话中,苏格拉底保留了两个对立的原则:灵魂和诸型。灵魂"通过时间"(dia chronou;247d3)看到了诸型或"本真存在"(ousia ontōs ousa;247c3 及以下)。①

要成为一个合格的柏拉图主义者,尼采就必须保留静止和运动之分,更准确地说,保留运动原则(灵魂)和形式原则(诸型)之分。要颠倒他的柏拉图主义,仅破除运动与形式之分还不够;相反,运动必须赋予形式以秩序和价值,但是这只有在一种情况下才可能:如果形式乃运动的产物。形式或者秩序和价值是运动的产

---

① XIII, p. 274[14(98)];1888.

物,这是唯物论的观点。如果永恒轮回指的是运动被塑造和组织,并赋予价值的过程,那么尼采就是一个唯物论者。不过,尼采与这种对柏拉图主义的唯物论颠倒还是有差别的。这种唯物论并不否认是运动的物质带来了真正的形式,以及一种并非幻象的、而是真实的并不依赖人类认识的秩序甚至价值。行到这一步,就变成了唯心论;也就是说,唯物论认为形式及解释是混沌视角性或人格化的解读,颠倒了自身。可度量的物质和运动即解读。

我已经指出,唯物论和唯心论都不是坚定的,总是不断相互转化,或者回归柏拉图主义的二元论,才能前后一致地表达自己。黑格尔(也许)是(唯一的)哲人典范,想同时肯定唯物论和唯心论,把它们的相互转化视为第三原则,即人人皆知的同一性和差异的同一,也即绝对。为了确立此原则,黑格尔需要让我们理解(和其他原则一起)两种一元论是如何被第三种调和的,这第三种并非前两种之一,而恰恰是自我产生和否定的过程。我们在上文已经看到,海德格尔版的尼采不属于黑格尔派;但他也不是一个柏拉图主义者,或者颠倒的柏拉图主义者(即一个非唯心论的唯物论者)。

事实上,我们无法把尼采放入任何上文提到的框框内,这不是因为他特立独行,而是因为他的思想从来都不是前后一致的。请注意,不一致并不是不坚定。唯心论和唯物论都是不坚定的,但不是不融贯的;它们成功地给出了清晰却错误的解释。不过,尼采的两种思想,人学的和宇宙学的,放在一起理解时,总是相互抵触。它们并未成功地提出任何错误说法。如果尼采的终极思想是强力意志,而且强力意志即力点的积累和消解,那么我们就无法把强力意志与混沌区分开来。人类对强力意志的所有展现都不过是混沌表面无意义的变化。求助于永恒轮回将一无所获:不会获得任何科学的东西,因为科学是一种解读,也即一种强力意志的表达,或者说,一种混沌的激荡;也不会获得任何形而上学的东西,因为永恒轮回对力点的积累和消解表面的塑造就是积累和消解本身。用

第六章 形而上学的终结

海德格尔的话说,这是大存在持续的出场。① "出场"在此指的是运动本身,而非运动形式。

另一方面,如果和永恒轮回一样,强力意志也是一种解读,那么混沌也是。认为大存在即混沌,从修辞上否定了一切形而上学的观点,以及一切有关人类生产活动的宇宙论限定。混沌即尼采的"物自体"或 noumenon:代表不可知的世界,必然的却被天才的空间-时间建构遮蔽的世界。因此产生的问题让所有其他探讨尼采的特殊观点的方式黯然失色:什么在解读?我们不能守旧地问:"谁在解读?"因为尼采否认 ego cogitans 或主体的完整性,认为它是强力意志的虚假表现。因此,该问题的答案似乎是强力意志在解读。但是,一种解读怎么会解读?

所以,我们应该不断重申:尼采本人认为强力意志说属于通俗观点。他在《偶像的黄昏》中说到,"现在我们意识到('意志')只是一个词"。②《超越善恶》中,尼采在讨论哲学之本质时用了很长的篇幅解释秘传和通俗的区别。③ "一言以概之,一切少之又少的东西。"④今天人们广泛认为真正的哲学家不会写深奥的东西,因为这是故弄玄虚,配不上真理热爱者端正的道德品行。我无法详细讨论这个有趣的话题,却止不住想起尼采在笔记中(多次)提到的司汤达的这句话:"我几乎本能地相信,人人都会说话,但写作时更理智。"⑤

我们必须提到一点,即深奥是故弄玄虚,但不是简单的遮蔽;而是在不同的背景中通过不同的频道说着 A 和非 A。换言之,尼

---

① NⅠ, p. 656.
② ⅥⅠ, p. 77.
③ V, pt. Ⅱ., pars. 26—30, esp. par. 30, 40.
④ *Jenseits*, Ⅱ. 43 in V, p. 60.
⑤ ⅩⅢ, p. 19[11(33)];1887/1888. 现代哲人对秘教主义的批判,认识到了该现象的广泛性,参见 Francis Bacon, *Advancement of Learning*, in Spedding, Ellis, and Heath, vol. 6, pp. 290f.; Immanuel Kant, *Kritik der reinen Vernunft* B776.

采的劝导是深奥的,明确表达了他危险而崇高的真理,以及它们的对立面;如果他能力非凡,就会目的明确地只对着某类读者说话。在 1886/1887 年的一篇笔记中,尼采对自己的观点明确作了秘传的和通俗的之分,而不是泛泛地讨论一般方法及其动机。他举的通俗看法的例子是:"一切皆意志与意志的斗争。"秘传的版本则是"根本无意志"。①

当然,我们无需对此感到惊讶,因为这种说法的内容直接来自对自我或主体性的否定:"自发的能量团突出的是人类,而非个体-原子。"②意志乃诸次级意志的比率变化,每种次级意志都是力点积累,都想支配其他次级意志,但是需要澄清一下:没有主体和意志,也就没有强力意志。在其秘传的观点中,尼采没有把人类意志还原为强力意志,仿佛一者是从另一者中延伸出来的。他的观点是强力意志乃混沌的口号:"混沌始终在我们的精神中起作用:偶然性拉近了概念、象、感觉,掷骰子一样夹杂在彼此之间。"③

这里的表达极为含糊,我认为尼采想说的就是必然性即偶然性。世界"即混沌,而非有机体"。④ 与海德格尔的观点不同,混沌即无秩序、无规律、随机而非理性的运动。不过,尼采也认为规律和秩序都是意志的结果:"强力意志即知识,不是认识,而是图型化,给混沌加上规律和形式,满足我们的实践需求。"⑤我们可以这样解决这里显在的矛盾:人类是混沌的表现,把剩余的图型化。不过,这种解决不过是后退了一步,因为人类本身就是混沌的一种解读或者图型化。要成为人类,人必然已经被某个诠释者图型化了。

---

① XⅡ, p. 187[5(9)]. 参见 G. Colli in the *Nachwort* to KSA XIII, pp. 651ff. 。据我所知,海德格尔从未提到尼采思想中秘教的和通俗的这一关键的区别。
② IX, p. 263[6(252)];1880. 我故意引用了一段相对早一些的话,证明尼采早就有了这种看法。
③ IX, p. 484[11(121)];1881.
④ XⅢ, p. 37[11(74)];1887/1888.
⑤ XⅢ, p. 33[14(52)];1888.

混沌无法生产秩序,除非它已经得到了组织。我们也许想说,秩序是偶然产生的,是随机而无序的运动的结果,但这如同说人类是"自然的",而非视角的。混沌无序的运动已经生产的必然不是一种幻象,或者某种先前意志行为的产物,而是意志本身。意志,或者人类视角性的创世功能,是自然产生的,而不是通过某种组织幻象的视角创造的。

因此,我们通向了 A 和非 A:意志乃终极事实和意志非终极事实。当然,无论我们采用尼采的人类实践需求说,以及柏拉图的实践-生产说中的 praksis,还是把多层面的尼采思想还原为一种统一的形而上学,也可以表达这一点。意志乃终极事实,此观点否定了后一选项,因为意志和混沌之力不可通约。不过,它也无法容纳实践路径,除非我们把"意志"等同于人类意志,强调人性与混沌之间的二元性。从通俗的观点即意志非终极事实入手,最能说明形而上学的方法;但是这却不能解释人类的实存。当我们看到海德格尔对 Gerechtigkeit 的分析时,问题会更加清楚,海氏想把人类或思维囊括进宇宙论的方程式中。然而,这样带来的结果不是统一或"同一",而是一种准黑格尔的 Gewühl,持守着对混沌人格化的解读。

公正(*Gerechtigkeit*)

为了给尼采的混沌赋予一种内在的秩序和规律,海德格尔求助于赫西奥德和赫拉克利特。他把尼采对 Gerechtigkeit 的兴趣追溯到其早期对前苏格拉底哲学的研究,尤其是对赫拉克利特的研究。[①]尼采是否如此,我们无法确定,但有一点可以肯定,在 Gerechtigkeit 的问题上,海德格尔无疑深受自己有关前苏格拉底的诗人和思想家

---

① *N* I, pp. 632ff.

的研究的影响。海氏承认我们无法直接在尼采的文本中看到他赋予 Gerechtigkeit 的重要性;他认为是自己读懂了尼采的真理说,发现了这种重要性,此举前无古人,包括尼采自己。① 记住这一点,再想想海德格尔在讲巴门尼德时提到的从希腊语 alētheia 到拉丁语 veritas 的变化,其中穿插着基督教和罗马的影响,veritas 被理解为 rectitudo。海德格尔想通过词源史证明原来作为敞开的真之概念是如何被作为正确的真之概念所取代的,正确具有双重含义,既是符合,也是教义和法律上的公正或正义。② "确定、公正、正义(Gerechtein)和 Gerechtigkeit 确立了现代的真之本质。"③

从海氏的观点中,我们看到,形而上学传统中的真之意义不仅是理论的,本身还是实践的。"大存在即正义(dikē),是通向实存物之结构(Gefüge)的钥匙。"④换言之,海德格尔解读的前苏格拉底的 dikē,或者没有被基督教或罗马法律影响污染的 dikē,既非理论的,也非实践的,他会把这两个词归于形而上学。这让我不禁想强调这种解释其实是想——有意或无意的——把思维和存在相统一,或者就本书的主旨而言,把混沌的内在规律和思考大存在的内在规律相等同。简单地说,本真思维敞开面对大存在,思考大存在。海德格尔引用了科林斯的勃吕安德的训谕,认为他是西方最早的思想家:"深思远虑(meleta to pan)。"⑤我大略提过 meletē 以及相应的动词形式,常常被柏拉图用来指宙斯和奥林匹斯神对宇宙的思考。⑥ Meletē 在希腊具有政治涵义,但是海德格尔并未提

---

① 同上,第 632 页。
② *Parmenides*, pp. 69ff.
③ 同上,第 76 页。
④ *Einführung*, p. 127.
⑤ N I, p. 475.
⑥ 参见 *Phaedrus* 246e4ff:宙斯驾着翼车环游宇宙,在奥林匹斯歌队的前头,*diakosmōn panta kai epimeloumenos*;这句话在《政治家篇》中尤其重要,比如在 267d8,271d4,276b2 和 7 等。

到这一点。

除了1942/1943年的巴门尼德讲演录,我们可以参考海德格尔的论文《阿那克西曼德的格言》,写于1946年,在对于我们非常关键的10年中。① 这篇文章是为了解读阿那克西曼德的残章,他认为毁灭生存的事物是 dikēn didonai,"付出代价"。海德格尔将其解释为存在物按照时间顺序对彼此施以正义。短暂出场的当下把事物装回陈规老套中,排除了毁灭的非正义性(Unfug),所谓毁灭即破坏生成的"陈规"。海德格尔认为 dikē 的意思是"在陈规"中,因此把正义(Fug)与结构(Gefüge)联系起来。② 这样,他就把阿那克西曼德的比喻中包含的政治维度转化为本体论或形而上学的关注,生成在其中形成。这种形而上学的意义又被用来解读尼采的思维概念,思维塑造生成。

在尼采讲演录中,海德格尔并未提到阿那克西曼德,但是在那篇关于阿那克西曼德的论文中,他提到了青年尼采对这篇残章的翻译。希腊语是 didonai gar auta dikēn kai tisin allēlois。标准的英文翻译是"Then (the beings) must pay the penalty and be judged for their unrighteousness",尼采的翻译是"denn sie müssen Busse zahen und für ihre Ungerechtigkeit gerichtet warden"。③ 无疑,在此时的海德格尔的脑海里,把对生成的最早解释和尼采对混沌的理解混为一谈,但是最后的形而上学家吸收了现代的主体性学说;在其解读中,海德格尔面对的任务是如何调和人学的解释,即用于人的强力意志说,和宇宙论的解释,即永恒轮回内在地塑造的强力意志。

因此,海德格尔认为尼采的 Gerechtigkeit 并非宇宙论的生

---

① 参见 *Holzwege*, Frankfurt: Klostermann, 1952, pp. 296—343。
② 尤其是第 327、332 页。
③ 同上,第 296 页。

成过程,而是人类的"生产和需求",或者人类在混沌中自我安置的过程。① 它是人类过程,却符合混沌的内在秩序和规律,在此秩序和规律下,出场为出场者的得到了限定和规定,成为力或强力意志的具体展现。我们注意到,后主观论的形而上学依然是主观论的,因为让生成获得宇宙秩序的内部规律与规定人类思维的意志必须是同一的,但这却不同于把人类思维等同于自我组织的生成过程。对于尼采而言,强力意志是通俗的,在海德格尔这里却变成了深奥的人格化,或者思想者服从勃吕安德的训谕的出发点。总之,认为强力意志和永恒轮回是一回事,这让海德格尔把人类思维等同于混沌的生成过程。然而,他对 Gerechtigkeit 的解读却否定了这种等同:是人类思维生产了混沌的生成过程。

看看尼采自己使用的"Gerechtigkeit"一词,就会发现根本没有理由将其提升到宇宙论或形而上学的高度。下面这段话就可以把 Gerechtigkeit 和海德格尔爱用的词联系起来:"最伟大的 Gerechtigkeit 和正直便是强力意志,对生而为人的坚不可摧的意志。"②在此,尼采只是从心理学的角度描述了我们隐秘的欲望,希望能够把控我们最具美德的行为。下面这段话详细地解释了尼采这一典型的用法:

> 我已经完全清楚了你的易卜生。他有着强烈的"真理意志",却从未想过摆脱道德幻象,这种幻象高呼"自由",却不会承认何为自由;就那些缺乏权力的人而言,这是"强力意志"的第二个变形阶段。在第一阶段,我们向那些拥有权力的人要求 Gerechtigkeit。在第二阶段,我们高喊"自由",希望摆脱那些拥有权力的人。在第三阶段,我们说"权利平

---

① *N* I, pp. 642—645.
② Ⅸ, p. 229[6(129)]; 1880.

等",即只要我们不占上风,就希望阻止竞争对手的权力增长。①

海德格尔忽视了诸如此类的段落,一开始就强调尼采认为真即"认以为真"。② 也就是说,真乃意志和理智的活动。海德格尔认为这种活动是"对存在性(Seiendheit)或诸范畴的统一(也即图型)的生产性假设"。③ 这一术语让我们立即想起了康德,但是有一个关键的差别。它似乎指的是先验统觉的统一,它是我们可以思考一个世界的逻辑条件。当然,有一个差别十分关键;康德那里的逻辑条件变成了尼采这里的意志行为。不过,海德格尔在此指的并非个体或者历史的人的意志,他说的是思维本身,因此有意无意地突出了尼采学说中的康德韵味。真正的差别不在于尼采否定了先验的领域,这会与强力意志矛盾;差别在于康德的诸范畴是必然的和"客观的",就是它们而且只有它们解释了现象经验之对象的客观性。康德的范畴是由意志活动实现的,却并不依赖意志活动,有如亚里士多德的类-型。尼采的范畴都是产品或诗歌,意志的造物。

Gerechtigkeit 确立了将被称为"存在性"(Seiendheit)的东西,所以是一种律令;但它是本体论,而非政治律令。因此产生的问题是:怎样防止律令堕落为任意性?"诸律令的标准来自何处?"④海德格尔认为,既然我们已经取消了形而上学对真理和幻象的褒贬,答案必定是标准来自"认以为真"。⑤ 换言之,根据他对尼采思想的解读,我要真即我要其为真为真。无论是在个人还是先验的层

---

① XII, p. 495[10(66)]; 1887.
② NⅠ, p. 634.
③ 同上。
④ 同上。
⑤ 同上,第 634 页及以下。

面，结果都是把唯心论高于唯物论的观点重新带入了尼采变化多端的思想中。换句话说，它掩盖了这一点：Gerechtigkeit 就是阿那克西曼德的 dikē。

海德格尔版的尼采，和尼采本人一样，在人与混沌的两极之间摇摆。人似乎是混沌的一种解读，既是这个所有格的主词，也是其宾词。人把自己"安置"在混沌中，所以起初必然是不依赖且支配混沌的。不过，通过 Gerechtigkeit 得到理解的人，必须拥有强力意志，甚至必须是完全意义上的强力意志。这样一来，人不仅生产了视角性的世界，还生产了混沌本身，被视为创造的源泉或基础。如果强力意志和永恒轮回一起建构了大存在之本质，那么大存在就不仅仅是人造的，而是人性的表达。但是，这如何能与这一点调和：尼采常常把人性解构为强力意志，它不仅是主体性的原则，还是混沌本身？

在这篇指引我们反思 Gerechtigkeit 的文章的关键部分，海氏对尼采的真之本质概念作了"指导性、未明说却最普遍的形而上学规定"，而且不同于尼采本人对该本质的定义。不幸的是，这部分极其晦涩，必须逐字逐句地加以分析。① 为了方便读者参考，我把它逐句进行了编号。句1："把真解释为认以为真表明前设定乃先于施加给我们的东西之前设定，因此，（是）为混沌定型。"德语的"Vorstellen"在此译为"前设定"，带着其原本的意义，再现和想象。在两者中，理智进行建构活动，要么将先前曾把握的东西带回视野中，要么生产有关先前把握的内容的象。理智把自己认识的东西摆在自己面前。海德格尔在 Vor-stellen 中间加了一个连字符，先是把前缀然后把动词词根斜体，带出了这个术语的唯心论背景。

我们也可以这样解释句1："理智提前投射了它意图或意欲确认为真的东西，因此为混沌加上了一种想象的秩序再现。"这是对

---

① 同上，第635页及以下。

柏拉图的 noēsis 的完整解释，揭示了其中隐含的意义。Noēsis 自认为在沉思独立而永恒的型，却恰恰成为意志投射有关仿佛本真存在的视角性的象的镜头。"前设定"即思想者的自我设定，或者准先验的视域准备，思想者将在这个视域中投射一个世界。思想即思想思考自身；人变成了亚里士多德的神。"为混沌定型"因此是人版的无中生有的创造。它并非混沌之内部规律的结果，或者独立于人的强力意志的表达。相反，混沌本身是人类用于其上的 nihil 的一种解读。

句 2："认以为真中的真确保了形成，却恰恰因此而不符合混沌的形成性。"思想者，或者说，尼采版的先验思想，那个个体主体关注的焦点，通过意志确立一个世界的活动为形成定型。不过，这种定型表现为生产幻象。这种幻象对人类是有益的，但是这种有益却是因为把混沌误识为秩序。海德格尔因此明确表示，幻象的生产把形成变成了对于实存的人类而言健全的东西，却并非混沌的内在秩序和规律的产物。一种稳定或有序的形成并不符合混沌的不确定性或无序性。而且，确定性的意思是混沌变成了形成，而非大存在。稳定的健康是向疾病衰落的前提，确立是有序的运动，因此是牺牲了消解的积累。想要健康，我们"付出的代价"是疾病和死亡，因此有了同一和它者、秩序和无序、生成和毁灭、形成和混沌的永恒轮回。

句 3："这种真的真在于不符合，不真，错误，幻象。"按照海德格尔的看法，传统的柏拉图主义坚持的是真的符合理论，一个命题只要揭示了对应的事物秩序的象（homoiōsis），就可以被认为是真的。不过，在尼采那里，真是认以为真，即投射一种健全的幻象，或者高贵的谎言，并不符合混沌的本质，因为混沌无本质。从此立场来看，说世界是一件自我生产的艺术品不是把世界的产生归因于混沌，而是归于作为强力意志的表达的创世过程，这里的强力意志已经变成了思想者的意志。世界是思想者提出的价值表的表达

("必定如此！")，那些价值又是强力的表达，但是我们已经不再可能认为纯粹的强力表达就是终极定论。强力的表达是故意的，为的是创造一个可以让思想者支配一切而不仅仅是实存的世界。

句4和5可以一起理解："然而，这种把真的描述为错误的做法，根源在于把前设定的东西等同于将要固定的东西。认以为真的真在此也被把握为非真的，真理最普遍的本质扎根在homoiosis的意义中。"这里的说法与我们对句3的分析矛盾。海德格尔想表明，尼采作为颠倒的柏拉图主义者，必然持有一种颠倒的真理之homoiōsis说，尽管他否定或者试图否定柏拉图主义。对柏拉图主义的否定在于根本没有独立或稳定的事物之秩序可供我们的命题与之符合。真陈述并非反射世界的形式结构，如果"形式结构"指的是柏拉图的诸型或者亚里士多德的诸范畴；但是，说真乃是一种错误，则是说真命题反射或者展现的是非真的象。真命题表达的是非真，一种技艺的产物，与某种实际获得的独立的事态对立，就像在传统柏拉图主义中一样。因此，与先前的解读毫无矛盾。

真命题表达的是知识。知识扎根在稳定的世界中，但是确保稳定性的却是意志的前设活动。关注意志的首要性时，海德格尔强调的是前缀。突出世界即设定或确定时，他强调的是后缀。认识是意志的活动，它统治着确立的世界。技艺是意志超越各种在认识中设定并设定为认识的界限的活动。认识变成了技艺。真实和表象世界之间的界限因此崩塌，建立了真即homoiōsis说，这是柏拉图主义的颠倒：真世界——包括认识——显示为技艺的产品，人类因此自我安置在混沌中，变成了混沌。[①] 在我们分析的这些句子之后两段半的地方，海德格尔得出了此结论。

海德格尔说人类安置在混沌中且变成了混沌，是什么意思？首先，homoiōsis不再是让诸命题符合一个固定、独立且永真的秩

---

① 同上，第636页。

序。它恰恰是让人类生命适应独立且永真的秩序的缺席。这种适应是通过创世或设置过程完成的，但是被设置的却是前设的结果。设置带来了认识，但前设却是认识转化为技艺因此克服自身的基础，这种自我克服是反射，或者把自己变成混沌的激荡。海德格尔在此强调的是混沌的积累功能，忘记了它的消解功能。然而，生死相随，只可能是不断增长，不断消灭。我的存在不是消灭他人，而是不断消灭我的过去。相应的，他人也不是通过消灭我而存在的。我和他人"付出代价"，或者把生成塞回了其轮回结构的套子里，不断产生和消亡。

海氏的观点还产生了一种更严重、更关键的后果：把混沌的内在秩序或规律等同为人类生命，更准确地说，等同为对意志的意志，其中的真是认以为真。让人类生命变得仿是混沌，"不是模仿或者适应出场在我们面前的"，即不是复制某种本源，"而是命令-诗歌，视角-视域-敞开，确立的变形"。① 海德格尔认为这就是Gerechtigkeit。用我的话说就是，Gerechtigkeit 即"纠正"或组织混沌。因此，混沌并无任何独立于人类意志的内部规律，可以让意志相符或者"使之相似"。"使之相似"就是安置那种通过立法赋予秩序的东西，确保混沌适合居住。这是一种使之相似，因为人类生命（即力）的积累和消解。

不过，有一点很关键。与海氏再创造的尼采思想"未言明的"本质相反，把人类生命安置在混沌中不是下面这种"使之类似"：除了服从人类意志，混沌并无生命，并非意向性或投射性的，或者并非视角性或打开视域的。它是未知且不可知的物自体，nihil 或纯粹的创造可能性。我们再次遇到了先前讨论强力意志时出现的问题。在解释强力意志（即终极因素）或大存在之原则时，尼采和海德格尔都是摇摆不定的。有时，强力意志显然是混沌的化名，有

---

① 同上。

时，它又是人类意志的隐喻，比如，在我们正在研究的论文中，还有尼采的实践-政治著作中。尼采认为强力意志是一种通俗的学说，但这并不能解决人类生命和混沌之间的矛盾。海德格尔认为强力意志是严肃的，也无法解决这里更深的矛盾。

事实上，因为严肃对待强力意志，并且想把它与同样重要的永恒轮回结合，形成一种统一的形而上学或者大存在理论，海德格尔对尼采的整个解读都十分晦涩，不必要的晦涩。我们不需要走极端，认为强力意志和永恒轮回只是政治口号。让我们说它们就是尼采的宇宙论预言的不同表达，即两种我们需要相信的观点，如果我们想要摆脱各种限制人类旺盛的生命力和健康的形而上学的说法。让我们说人类意志只能把有限几种不断重复的理解或创世视角加诸于混沌。我们是自由的，因为这些世界都是我们创造的；我们可以进行区分或者评估，对这些世界进行等级排序，因为它们数量有限，即人类只能以有限的方式存在，并且拥有某种为了诸实践目的可以成为本质的东西。有些世界、生命或价值是健全的；有些不是。如果要像海氏那样强调 Gerechtigkeit 的重要性，就让我们认为这是按照生命意志和超越生命的意志，纠正偶然的生成运动的过程吧。

从这个简化了（因而可能无趣）的角度来看，海德格尔有理由说 Gerechtigkeit 即一种人类思维，它作出决定区分了尺度和高度，也即构建世界的质和量的维度，从而建构了一个世界；这也否定了先前建构的世界。①"活的生命的核心就在于那种建构、区分和否定的思维。"②海德格尔继续说道："这种开创、决定和设立一种高度的基础工作，为思维指明生产和命令之本质奠定了基础，诸视角在其中打开，诸视域在其中建构自己。"③

---

① 同上，第 642 页。
② 同上。
③ 同上。

让我来道明海氏没有明说（无论是否想过）的吧。Gerechtigkeit 或者人类意志具有两个维度，一是我们研究的创世过程；另一个符合我提到的乐土之人的立场，不过是费希特式的，而非亚里士多德思想本身的模式。不过，费希特和亚里士多德是一类人，他们能否登上"瞭望塔"决定了他们关注整体的能力。"瞭望塔"才是真正的柏拉图主义的真理。

毋庸多言，海德格尔对瞭望塔的解读完全不同于柏拉图，只认为它是建构、区分和否定思维的结果。海氏的瞭望塔安置在混沌的中央。他引用尼采来证明自己，却让这段话披上了柏拉图的色彩："Gerechtigkeit 的功能是远距离环视自己周围，超越各种狭隘的善恶视角望出去，获得更为开阔的视域优势——保存某种超越此人或彼人的意向。"①海德格尔说道："远望观察即超越狭隘视角看出去，是真正的视角论的观察，打开各种视角的观察。"②但他并未提及正是概观视角打开了诸视角。视角论的观察完全不同于局限于这种或那种视角的观察。

另一方面，海德格尔其实用尼采的语言重申了柏拉图的观点，他认为强力之本质即"向外看，远距离环视，环视也即鸟瞰一切，是彻底的支配（Übermachtigung）"。③ 他以此为根据回答了我们提出的问题，即强力意志和永恒轮回说是否是大存在（即实存总体）的人格化（Vermenschung）。海德格尔首先强调"整体世界离不开思想者的思考"。也就是说，解释 Gerechtigkeit 是解释强力意志和永恒轮回的关键。大存在其实是一种 Vermenschung，根本没有不依赖人类意志的混沌的内部秩序或规律。④ 海德格尔继续写道：刚刚提到的那种不可分割性"是有关人类的必然解释，他立足

---

① 同上，第 645 页。
② 同上。
③ 同上，第 651 页；另见 N Ⅱ，p. 326.
④ N Ⅰ，p. 364.

于存在总体中",也是与这个总体的关系。① 不过,这种表达十分含糊,给人一种印象,似乎人类与存在总体起初是分离的,因为人类有了立场才联系起来的。

让我们来看看海德格尔对自己观点的完整解释,其中回响着《存在与时间》中的声音:

> 人类的大存在——且只有人类的大存在——扎根在 Da-sein 中;Da(此)即其大存在必然会立足的可能的位置。同时,这种基本联系让我们看到:人更为本源地占据一个基本立足点,认识 Da-sein,并且奠定其基础,威胁真的人格化(die Vermenschung)就会变得完全不重要(wesenloser)。人类按照唯一重要的方面,即大存在,经验和思考实存总体的原初性和宽度,决定了此立足点的基本与否。②

我们在上文部分提到过这段话。它更适合海德格尔,而不是尼采及其前人。有关总体和整体的解释都是视角的或人格化的,但是它们对大存在敞开的程度却不相同,可以加以评估。尼采的立场是把人类安置在混沌中,这是海德格尔的本源的原型。本源隐藏在自己的馈赠中,混沌也是如此

它首先符合海德格尔,其次才是尼采和他的前人。对整体的解读全是视角性或者人格化的,但是评估它们也许是它们对着大存在的敞开程度。尼采的立场是把人类安置在混沌中,现在我们可以将其理解为海德格尔的本源的原型。正如本源把自己隐藏在其馈赠中,混沌也是如此,它是 nihil 或者人类创造的先决条件,本身是无法触及,只能是一种解读;但是海氏的本源不同于意志,却

---

① N I, p. 381.
② 同上。

是意志的源头。Dasein 的基本性在尼采和海德格尔那里是不同的。对于尼采而言，Da 是人类可能的位置，即人类本身。对于海氏而言，它是敞开面对人类本源的场所。

海氏认为尼采的思想是形而上学的终点，因为它关注整体，尼采把整体解释为 Gerechtigkeit，即把混沌图型化。同时，海德格尔又认为尼采的思想是有关大存在的形而上学，更准确地说，此处的大存在即作为存在的存在。这两种解释相互矛盾。前者的基础排斥形而上学；它比海德格尔在强力意志和永恒轮回中发现的尼采的形而上学思想更接近本真的柏拉图主义。后者不是把人类安置在混沌中，而是将其与之同化，强调人即混沌的投射。

第七章 虚无主义

欧洲虚无主义

在第六章,我们讨论了强力意志、永恒轮回和 Gerechtigkeit,海德格尔认为尼采思想中有 5 个最核心的词汇,这里占了 3 个。另外两个是虚无主义和超人。让我们先来看看尼采理解的和海德格尔重构的虚无主义之间的区别。海德格尔认为虚无主义即形而上学史。我们很快就会仔细分析尼采一段长长的笔记,写于 1887 年 6 月 10 日,题为《欧洲虚无主义》。① 这有助于我们理解海氏《尼采》讲演录中一个十分重要的章节,在第二卷,标题是《虚无主义的存在历史(seinsgeschichtliche)规定》。强力意志和永恒轮回既是虚无主义的表达,也是对其的回应。因此,先研究虚无主义,再谈超人,最为简便。尼采想通过超人对消极或反动的虚无主义作出肯定或积极的回应。

强力意志和永恒轮回表达了虚无主义的本质,因为如海德格尔所言,它们否定了世界或实存总体的某种"意义"。世界被还原

---

① XII, pp. 211—17[5(71)](下文来自此部分的引文页码标注在正文中)。

第七章 虚无主义

为混沌。然而,这两种思想也将提供动力,让我们从混沌中创造新世界。让我们直接引用尼采,阐明虚无主义的双重含义,便于我们在探讨细节时始终记得总的观点:"何为信念?它来自何方?信念皆是认以为真。最极端的虚无主义即:每种信念,皆为认以为真,都必然是虚假的,因为无真之世界。因此,视角论的虚幻,其根本在于我们(因为我们总是需要一个更明确、概括和简化的世界)——此为力度,即我们能在多大程度上承认虚幻性,谎言的必然性,还不会被毁灭。就此而言,虚无主义因为否定了一个真之世界,或大存在,而成为一种神思:——"①

我们还可以看看同年的另一残篇,尼采在此提到了积极的和消极的虚无主义之分,前者是精神之力的强化,后者是其的衰减或消退。② 核心观点是虚无主义并非大存在的馈赠,甚至不是强力意志或永恒轮回的直接后果。它是人类精神的信念或状态,产生积极的和消极的结果。我们只有接受了海德格尔的极端解读,才会认为人类精神的诸信念和状态是 Gerechtigkeit 或人类思维与混沌的内部秩序相互同一的表现,这种同一才是大存在的"馈赠"。然而,如上所述,尼采根本不承认混沌的内部秩序;相信混沌,有效地解放了意志。

稍微换个说法,对于尼采而言,最根本的事实既非强力意志,也非永恒轮回,更不是混沌,而是从古希腊到尼采时代具体历史的人类实存。尼采立论的基础是精神能量循环的增加和消散,它规定着人类的历史存在。他为自己设定的任务是培养新的超级人类。完成的方法是生产一套多元的信仰,从其最高成就的不断消耗中,促进一个将死时代的灭亡。这套信念就是尼采的政治修辞。它的提出是因为吸收了在历史轮回中不断出现的有限人类。尼采

---

① XⅡ, p. 354[9(41)]; 1887.
② XⅡ, p. 350[9(35)].

可以改造人类,因为他把人类视为一个整体。

问题是尼采是想如超人说那样,超越这有限的人类表象的循环,还是只是希望为更高级的人类的复兴铺好道路,比如前苏格拉底的希腊人,或者文艺复兴时期的佛罗伦萨人。总的说来,我的看法是这样的:《查拉斯图拉》中的超人说这类极端的修辞,首先是为了刺激当下衰落时代的灭亡,它作出了准宗教的承诺,承诺新化身的出现。超人概念在《查拉斯图拉》之后就消失了。更重要的是,激进且持续的超越主题直接与这一点相矛盾:尼采曾多番提及有限的几种人类,或者不变的人类本性层级。它也与永恒轮回说相矛盾,《查拉斯图拉》谈到了永恒轮回说。

我们已经看到,永恒轮回说的主要功能是为人类实存重新注入力量或意义,人类实存已经被剥去了其柏拉图主义和基督教的基础。所以它是在各种学说中是最值得欢呼,也最令人恐惧的。它让人欢呼的功能必然会产生令人恐惧的特性。受缚于永恒、不变的秩序,我们就无法生产新的价值。查拉斯图拉认为,创造也是毁灭。如果看似不变的秩序其实正在经历缓慢而麻痹的内部衰落,也是如此。强力意志和永恒轮回两种学说纯实践的效果,就是说明秩序是虚幻的,所以我们可以自由地创造新的价值表。在我看来,激进革新只是尼采通俗学说中的一部分;在其秘教的学说中,形成完全认可人类意志对秩序的改造,只是改造的数量有限。海德格尔认为,强力意志和永恒轮回皆为形而上学(或秘教)思想,他大概希望我也做出类似的解读。

初步总结一下:混沌排除了形而上学,除非它说的只是自然秩序的虚幻性。用形而上学分析人之自然,其结果必然是毁灭的、反动的或被动的虚无主义。人类实存失去了内在价值,消解为力点的积累和消散。然而,必须让人性经历这种摧毁一切的虚无主义,才能清理一切,为涅槃做好准备。毁灭是创造的基本成分,那种令人恐惧的虚无主义也是建设性的、高贵的或积极的虚无主义的基本成分:对形而上学的否定,或者对混沌形而上学的肯定,蜕变为解放说。人类精神取代了圣灵;人类即将无中生有地创造。尼采对此的表达更为诗意:用医学的修辞,把日神的沉思和认识变成了丰富的酒神沉醉说。

毁灭和创造都是人类活动,其基础是等级排序。尼采不厌其烦地对我们说其思想的核心就是等级排序。有两个代表性的段落:

1. "我的哲学指向等级排序:而非个人主义的道德。群体的意义(Sinn)应该在群体中发挥作用,——而不是超越其上:群体的领导,比如孤家寡人,或者'猛兽'之类的,需要完全不同的标准评价其活动。"①

2. "我关心人类内部的等级排序问题,根本不相信整体过程和一般事物,不同人类之间的等级排序一直都有,永远会有。"②

当然,你站在形而上学的立场上,反对说等级排序本身就是强力意志强加的。我们按照优点或价值进行排序,而衡量价值的又是强力量子。然而,强力即力点的积累;强力意志是通俗的观点,这是尼采自己说的。意思是根本无意志,它只能存在于主体中,而尼采把主体性还原为了生理机能,未加解释的力点积累。只有证明等级排序是混沌的表现,这种反对才能成立;它是对尼采最全面的人学或者政治历史学说的嘲弄。

澄清一下,我并不否认尼采对混沌的信念,而是认为尼采的思想不是完全一致的,严格地说,其中的两个环节相互矛盾。我在第

---

① XⅡ, p. 280[7(6)]; 1886/1887.
② XⅢ, p. 481[15(120)]; 1888.

六章称之为宇宙论和人学的环节。宇宙论的混沌说让人学的等级排序说失去了意义。尼采利用宇宙论的信仰,不仅想让人类摆脱或消除颓废,还想神化它,强调创造性的创世活动的意义。① 尼采一遍遍地强调这种做法的危险性,还通过积极的和消极的虚无主义之分生动地表达了这种危险。救赎来自毁灭。尼采奇妙地变成了 20 世纪的激进革命者们的理论先驱,他们施行恐怖主义,希望摧毁资本主义社会,带来让人类骄傲的无中生有的创造。当然,尼采与革命的恐怖主义的关系,绝对不是与自由主义、社会主义或平等主义的关系,他憎恶这些。

对于尼采而言,等级差异并非信仰,或者个人、主观的态度,而是生命的事实,我们可以用准德谟克利特的术语,对其进行形而上学的解释,它再现了人类的力点积累,或者在其旅途中克服较弱积累的倾向。只是在人学的意义上,等级排序或价值才是视角,帮助我们认识和组织混沌,从而生产了我们可以存于其中的世界。然而,这种实存是自然的或"必然的",它是有关构成我们真正"实质"的力量的人学表达。我们从人学的立场中所获越多,我们的实质或个人身份就越容易消解为相互作用的力场的集合。这样尼采就可以大胆地肯定自己的价值表,对个人、学说、艺术作品以及广义的历史运动作出评价,这种自信不是来自有效的论证或科学的认识,而是他自己意志的强度。只要能够支配一切,他的价值表就是合理的。尼采深信,它们将会统治一切,因为它们包含着唯一的真理,通俗地表达为强力意志,它是真的,只是因为尼采要其为真。

因此,我们可以说,"有距离的悲怆(the pathos of distance)"

---

① 因此,虽然着重点不同,但是我同意下面这位作者的看法,他认为尼采努力的核心在于"抵抗混沌对其无法抵抗的吸引力",所以尼采的思想同时描述了两种不同的运动:"仅在尺度中有价值的明晰性概念,或者不断被考虑因此被肯定的完全模糊性",参见 Pierre Klossowski, *Nietzsche et le cercle vicieux*, Paris: Mercure de France, 1978, pp. 12f.。

这种感知是视角的,因为它把宇宙论的真理带入了人类的视野。但是,它依然是真的,因为它表现在世界-秩序的幻象中:"有距离的悲怆,对等级差异的感觉,是一切道德的终极基础。"①道德又是强力意志的人学表达的终极基础。② 坚持把这种生命事实还原为力点,然后把它融入对大存在之意义的思考,当然具有部分的合理性,因为尼采把生命还原为了生理机能,又把生理机能还原为强力意志。但是,我们必须抵抗这种诱惑,毕竟这只是尼采为了生命选择的信仰。更准确地说,我们必须经历此信仰令人恐惧的一面,才能获得其对生命的益处。

同样的问题也浮现在尼采的真理说中。一方面,尼采歌颂amor fati,即对非理性必然性的接受,它是混沌的核心。另一方面,如海德格尔所言,真理是一种信仰,因而也是一种可能性。③可能性比现实性更有力量;④但在尼采看来,这是一种"实践的"而非理论的或形而上学的事实。必然性的非理性特征让它无法与或然性区分开来;它与人类意志并无明确的关系,因此意志实际是自由的。查拉斯图拉说"意志解放我们:此乃意志和自由之真意"。⑤海德格尔也引用了这段话。如果我们只是各种模式的力,意志无法解放我们;它要解放我们,只能利用有关各种模式的力的信仰,此乃解放的工具。

《欧洲虚无主义》中那段长长的笔记共有16个段落,最后一段

---

① XII, p. 13[1(10)]; 1885/1886.
② 这里需要展开一下。尼采认为"道德控制着柏拉图以后的哲学": XII, p. 259[7(4)]; 1886/1887; 另见 Jenseits 第191段。因此,道德问题是最根本的。然而,一旦抛弃道德偏见,就会看见更为根本的问题: XII, p. 220[5(80)]. 这些更为根本的问题都是宇宙论的,或者认为混沌是我们生产超越善恶的道德性的背景,超越善恶就是超越柏拉图主义和基督教。
③ NⅠ, p. 391.
④ 同上,第393页。
⑤ 同上,第400页。

只有一句话,一个反问句。在第 1 段,尼采列举了基督教的道德说带来的三个优势:面对生成的偶然性,为人类赋予绝对的价值;让我们相信世界是完美的,恶也是有意义的;帮助人类认识绝对价值,充分认识最重要的东西。"总之,道德是实践和理论的虚无主义的伟大解毒剂"(211)。同样,基督教本是一种保存生命的手段,不可能成为尼采锋芒毕露的批判的对象,但是在他最好争论的时候,却把矛头指向了它。

即便是在其最初的形式中,基督教也是只保存了生命,并未提升它。人类通过基督教获得了稳定性,代价却是受到限制。请注意,在列举基督教道德说的优点时,尼采从未提到基督或救赎。基督教道德的好处不在于承诺了来世永恒的生命,而是为此世有限的实存找到了基础。我们将看到,基督教世界的稳定性也包含着它衰亡的种子;但来世拯救说并不是为了把人类拯救出一个堕落的世界,并为其提供一个健全有力的替代世界。顺便提一句,解放的任务交给了查拉斯图拉,他在自己的时代并未成功,却预示了尼采的到来,他自封为"死后之人"。十字架,一方面是基督相应的失败的标志,另一方面也是他成功的标志,他代表人类离开这个世界进入下一个世界,以便救渡那些相信他的人。

在《查拉斯图拉》中,此环节的大门在于尼采倒转了基督教的十字架。进入象征性的十字架,是在此世的消亡后获得救赎;进入那扇大门,则是在此世获得救赎,抛弃不道德,从而获得同一时间选择的永恒轮回。乐土之人俯视着大门,认识了人类实存的时间性,却不受其任何视角的限制。然而,只有极少部分常乐的人才能获得乐土之人的立场,甚至他们也必须穿越那扇大门,进入时间,获得某种视角。我们也可以说,对于尼采而言,不可能有超越此世的救赎,因为哲人正是由于追求真理而遗忘了自己的学说。基督之死是一种象征,代表着乐土之人超时间的视野在酒神肯定一个世界时的消失。所以,尼采说他已经准备好牺牲自己以及最接近他的人,去生产一种高于"人"类的存在者。①

第2段是这样开始的:"然而,处于道德强化的各种力之间的是真理性(truthfulness);它最终与道德反目成仇,暴露了它的目的论,它(自)利的反思,现在,对这种长期被接受的、曾经被认为无法摆脱的谎言的洞察,变成了刺激因素。通向虚无主义。"道德产生了真理性,后者揭示了道德的虚假。这有两个重要含义:首先,这里的真理性不是虚假的,即它并非幻象,或者有视角局限的解读。我们看到那些仅限于保存生命的都有自己的原因;如上所言,这些原因都是虚假的,仅保存生命是不够的:我们必须前进或者后退。生命不能停滞。② 其次,尼采并不认为真理即永恒的出场,反而暗示不断克服的过程才是真的;而且在此是克服表现在人类实存的诸事实中的永恒性,而非大存在-过程中的永恒性。永恒的是出场的离场。尼采那里已经有了海德格尔"后形而上学的"思维的影子。我还注意到,道德的虚假丝毫没有削弱其对于生命的意义。不是道德的虚假,而是我们对这种虚假的认识,对真理的坚持,刺激了虚无主义的发展。

在第3段,尼采指出当代人并不像早期基督徒那样,迫切需要"第一种虚无主义"的解毒剂,因为生活变得安定,我们的自视也很高。这又把滋生此力量的营养手段还原为道德的解释:"'上帝'是一种极为极端的假设"(212)。"第一种虚无主义"是古代异教晚期衰落的结果,早期基督教是其解毒剂。19世纪晚期,欧洲人享受的安稳生活和高度自尊帮助他们抵御了第一种虚无主义,但是其中包含着所谓的第二种虚无主义。对于尼采而言,晚期现代的发展意味着衰落,标志着理性主义的发展,认为上帝是一种极为极端

---

① X, p. 244[7(21)]; 1883.
② 参见 *Götzen-Dämmerung*, par. 43, in VI, p. 144。

的假设(想想拉普拉斯对拿破仑的回答);但是随着那一基本假说力量的削弱,其结果的力量也削弱了。

第一种虚无主义出现在基督教之前,第二种虚无主义则是欧洲基督教文明不断衰落的结果,所以尼采从不提基督教道德起始中间的时段。两端之间是一个漫长的衰落过程;尼采必须加速这种衰落,引发新的危机,为一个生机勃勃的未来开辟道路,而不是等待"最后的人"上千年的缓慢衰落。"然而,温和的立场无法消除极端的立场,必须通过极端的、颠倒的立场"(第4段,同上)。第一眼看上去,我们似乎无法明白尼采的思路。基督教道德不复为极端的立场;它已经衰落了。我们必须警惕的极端立场是虚无主义。"最不受欢迎的客人"已经到了门口。① 尼采极端的颠倒就是邀请虚无主义走进客厅,然后把随之而来的恐怖和毁灭变成后续的创造。

尼采认为自己的初衷是"往后200年的历史",如果尼采发动的修辞武器能产生理想的效果,人类是可以控制这种危机的。② 不过,说尼采打开大门请客人进屋,这种表达太过温和。相反,他把客人激进化了,变成了敌人和毁灭天使。接下来,尼采说到,对上帝和基本道德秩序信仰的崩溃,其结果是"认为自然绝对无道德,必然的心理情感根本无目的、无意义",描述了那个时代"启蒙的"或"进步的"知识分子的观点,以及他自己的哲学思想。形而上学与必然的心理情感的无意义性之间的对应,就是非理性必然性和混沌之间的对应。

因此,尼采和那些进步思想家的区别在于他更激进。他对基督教的"颠倒"是极端或积极的虚无主义;那些人的只是消极的虚无主义,自认为是一种进步、自由的思想。我们必须明白尼采并非

---

① XⅡ, p.125[2(127)]; 1885/1886.
② XⅢ, p.56[11(119)]; 1887/1888.

无中生有地出现在此历史舞台上的。现代的科学、知识分子和艺术家、沙龙常客、政客和记者、赫尔岑（Herzen）等自由主义者以及马克思和巴枯宁等社会主义和无政府主义革命人士，跨国商业对容纳多元信念的要求（当代多元论者忘了这一点），不断发展的理论观点和日渐松弛的宗教实践，民主和平均主义：这些群体和运动都为尼采主义铺好了道路。不是他对大存在的追问，而是他锐利的词锋把这些整合为群众运动，当然，也必须加一条，此运动的结果出乎尼采的意料，至少不是他希望的。

我们在此不是要讨论如何"颠倒"尼采主义，在他的旗帜下退入未来。我需要继续分析他对虚无主义的诊断。基督教和唯物论无神论是两个极端，从这个角度看去，这段话是前后一致的。然而，唯物论无神论是被动的虚无主义，我们需要的却是积极的虚无主义。这相当于声称在革命地迈向新时代时，生命需要的道德恰恰是绝对的非道德。基督教"倒塌"后的断壁残垣中浮现的恰恰是被动的虚无主义。因为基督教曾经是那种解读，现在看去，它的衰亡似乎没有给人类实存留下任何意义，"仿佛一切都是虚无"。这是从被动到主动的虚无主义的转折点。道德目的论变成了虚无（meontic）目的论；然而，如果一切都是虚无的，那么一切皆是可以的，或者说，最强健的会压倒一切。

在第 5 段，尼采指出，"虚无"地活着是"最具破坏性的想法"。接着，在第 6 段，他提出："让我们想想这一想法最令人恐惧的形式：生命（das Dasein）本身，毫无意义和目的，却不断轮回，无休无止的虚无：'永恒轮回。'这是最极端的虚无主义：永恒的虚无（'无意义'）！"（213）

此后的话把永恒轮回与科学联系起来；事实上，尼采声称它是"最科学的假说：我们否定终极目的；如果实存真有这样一个目的，应该早已实现了"。然而，科学，尤其是宇宙论，看似是基督文明的发展，实则是其衰落的产物。永恒轮回就是清晰明白地道出自然科学所发现的一切,后者是晚期现代人类最高和最骄傲的财富。也就是说,19世纪的唯物论通俗地表达了尼采的混沌说以及人类实存的幻象说。永恒轮回的是虚无:消极和积极的虚无主义的基础即基础的缺席。第14段话给出了相同的答案:"这种危机的价值在于它的净化"(217)。

最极端的虚无主义就是最极端的净化,它把生命还原为永恒的缺席,而非永恒的出场。这里的净化并非光的净化,而是一切光明在彻底的黑暗中缺席。当然,并非完全如此,即便是虚无主义者也要明白自己的处境,这需要一定的视野。完全的黑暗不会看到任何东西,必然有一线微光,来自永恒轮回的领域。但是,我们看到了什么?并非价值的出场,也非健康生命的基础;更不用说,足以认识那些最重要的东西。我们见到的只是缺席的缺席,它是出场的出场的内涵。后者是表面的幻象,前者才是混沌的隐秘秩序。至于让我们看到这种最极端的虚无主义的那束微光,则是让那个哲人提出这么极端的假说的意向的残余。

在第7段,尼采提出了下列问题:鉴于最极端的虚无主义,只是被克服了的道德神。"为何要为自己想象一个'超越善恶'的神?这种泛神论能否成立?我们能否排除此过程的目的设置,却依然肯定这一过程?——想在此过程的每个环节都有收获,就应该如此——而且永远同一"(第213页及以下)。此时的尼采似乎最为接近海德格尔在思考形而上学史时提到的一系列主题:诸神已经远离这一动荡的时刻。但是,会不会再次降临的不是新的先知,而是新的神或神们?然而,尼采已经表明,他脑中想的其实是斯宾诺莎的逻辑必然性这种泛神论。强调永恒轮回,最极端的虚无主义,消除了生命中一切纯人学的意义,以及基督教的道德;但是肯定永恒轮回,却又把它神化了。

在逻辑必然性的永恒轮回中,每个阶段都获得了什么?当然不是苏格拉底的polis,它光芒万丈,循环运动,即它的nomoi从不变化。① 如果永恒轮回即逻辑必然性，以及 nomoi 或价值缺席的不断轮回，肯定它就是确立了一个只有哲人而非人或者超人能居住城邦；这也不是乐土之人可以居住的地方。在这一点上，尼采十分接近苏格拉底在《泰阿泰德篇》中与数学家对话时提到的无爱欲的哲人范例，他绝对不要观察或者参与人类日常生活。这是几何学的必然性，而非爱欲的必然性；这是斯宾诺莎的《伦理学》和尼采的 amor fati 的几何学。

总之，肯定永恒轮回，最极端的虚无主义，就是从欧洲的历史城邦中清除所谓的非哲人。不过，它也会清除这些城邦中的哲人，他们都上升或融入了斯宾诺莎的逻辑无神论。有什么收获？每个环节，对于非哲人而言都是虚无的重复，对于哲人来说，则是一种肯定，不是肯定高高在上的神，而是肯定他自己，他是唯一神圣的实体，即混沌中的一个单子，可以在自己的思维中复制那个神圣的反结构。这是黑格尔想通过将其变成主体，或者通俗地说，将其与历史统一，来激活的那种实质。因此，不是黑格尔这个思辨辩证法家，而是尼采这个历史哲学家，黑格尔的历史主义版本，思索着如何通过否认历史拯救哲学，虽然不是否认时间或循环运动。

不过，这绝不是柏拉图主义，无论是直接的，还是颠倒的。如果尼采思考的是回到斯宾诺莎的实质，这就与作为型的 ousia 或 eidos 毫无关系了。因为尼采并不赞同斯宾诺莎对逻辑必然性的概念解释：诸单子都是完全相同的。我们已经回到了爱利亚学派的一元论，但绝不是 doksa 的道路。永恒轮回肯定了世界的无意义，所以是一种关于无意义、沉默以及有意义的思想缺席的学说。取代它的也许是 Erlebnis，有关必然性的经验，或者尼采在这篇文章的第 6 段提到的"欧洲佛教"(213)。我们在上一章看到，海德格尔也注意到了尼采有关事物总体即 arrhēton 的说法的这一面。

---

① *Republic* 4, 424a5: *hösper kyklos auksanomenē*.

在探讨虚无主义的问题时,尼采并未停留在这"纯粹"的层面上;他指出,斯宾诺莎是个特例(第 8 段,214)。一般而言,人类会赞同所有带着自身基本特征的实存环节。他们认为这种特征是"善的,有价值的,(他们)愉快地感觉到的"。这种态度完成了从斯宾诺莎的禁欲到历史实存的过渡。它也颠倒了斯宾诺莎的视角;斯宾诺莎把自己融入了整体,尼采则从斯宾诺莎那里得到了整体。斯宾诺莎的整体的 logos 变成了混沌的 arrheton,必然性也变成了偶然性。尼采的下一条评论让我们想起了黑格尔的主奴辩证法。在那些被奴役和压迫的人群中,道德可以避免生命陷入"绝望和跃入虚无"。主人等于是恶魔,"普通人应该免受其害,也就是说,起初,受到鼓励,变得强健"(第 9 段,214)。这里回响着黑格尔的声音:谢林的绝对或者所有奶牛都是黑色的暗夜,代表着对斯宾诺莎的逻辑无神论的"佛教"颠倒,也是辩证法下一环节的内容。只是此环节是混沌,而非黑格尔的概念。

憎恨压迫即伪装的强力意志,把被压迫者放在与压迫者一样高的位置。"除了强力程度以外,生命中的一切都毫无价值,可以肯定的是,生命即强力意志"(第 10 段,215)。生命即情感,生物冲动,不是简单的自我保存欲望,而是吸收、成长和克服的 nisus。这种 nisus 的情感表现就是热爱增加强力的东西,痛恨制约或消灭它的一切。斯宾诺莎的"理智之爱"指的不是基督教的道德神,而是整体,他认同整体,因此无限增长自己的强力。被压迫者对压迫者的憎恨,这是对斯宾诺莎主义粗鄙的生理学颠倒。他们的爱指向道德,从而避免了虚无主义;道德信念"倒塌"了,被压迫者也倒塌了。

尼采认为被压迫者的毁灭是自己选择的;毁灭意志是一种更深的虚无意志(第 11 段,215)。他含糊地影射了那些自我毁灭行为,"自剖,醉,浪漫主义,尤其是他们的那种本能冲动——想把强大者变成致命的敌人"。他们的虚无主义让他们把强大者变成了自己的刽子手,这种虚无主义是"欧洲的佛教,无为,因为实存完全失去了'意义'"(第12段,216)。此乃斯宾诺莎的佛教的镜像,以抛弃整体为基础。因此,它反映了爱利亚学派的虚无主义的被动性。

在下一段(13),尼采生硬地从被动的虚无主义过渡到了主动的虚无主义。他似乎暗示道德不断阻碍被动的虚无主义者的堕落,也许是因为他们的文明程度太低。积极的虚无主义者则出现在"相对较为有利的环境中。要认为道德已经被克服,就必须具有一定程度的精神文明"。在此背景中,尼采指出永恒轮回说本应该具有"渊博的前提",和佛教一样。他似乎颠倒了自己,把积极的虚无主义归给了他"文明的"前辈们;他缓和了这种颠倒,认为文明的虚无主义者是积极的虚无主义的修辞可以改造的合适材料,而缺乏教养的较低阶级却不是。换言之,尽管尼采和马克思颇多相似之处,他也部分接受了黑格尔的主奴辩证法,但是尼采反对普遍的无产阶级的说法,即无产阶级是革命的"二次否定"的否定性内容,后历史的肯定是其终点。这里也有尼采与其后现代主义门徒们之间的区别。

在第14段,尼采按照其生理条件而非政治地位对被统治阶级进行了划分。在这最低的虚无主义的层面,对永恒轮回的信仰可以被视为诅咒,不是把他们推向被动地消亡,而是推向积极地毁灭一切,尤其是永恒轮回说。在最后这几段话里,尼采显然在考虑引入他最艰深的思想会带来什么后果。他觉得会导致危机,但是危机的价值在于将加剧贫弱之力的毁灭,从而清理它,从而激励不同观点的人们在实际行动中联合起来,这些行动最终会变成"力的等级排序,从健康的角度"(217)。我们有理由猜想,在此阶段,是否依然需要宣扬永恒轮回说。不管是否需要,它都会继续在宇宙论的层面起作用,因为一切力的积累终将消散。

在第15段,尼采问到,这场灾难最终会让谁成为最强者?他的回答非常有意思:那些温和派,不固守任何极端,始终能够持守自尊,即便是看到自己的价值降低了。这些人是最强健的,因为他们度过了难关,也不害怕难关。他们相信自己的强力,骄傲地代表着人类已经获得的力的层面。换言之,极端之人会毁灭在永恒轮回说带来的危机中,这是最极端的虚无主义。在此,我们看到了尼采在政治上的清醒,以及马基雅维利式的狡黠:正是那些深陷他的政治修辞,深陷他为了消灭他们而引发的危机的人,常常认为尼采颠倒了酒神的醉,拥抱激进的解放。这类人活下来了,甚至比温和健全的人更加繁荣昌盛,这显然标志着尼采的政治分析的失败,除非它暗中表明危机在持续,温和健全的人尚未出现。

文章的最后提出了一个有关温和之人的问题:"这类人如何看待永恒轮回?——"尼采没有回答此问题,但是问题后面的破折号暗示了其思想的实验性,他多次提到这种实验性:"一种实验哲学,比如我所实践的,在实验中期待绝对的虚无主义。"①尼采进而说道,这不是否认,而是为了像酒神那样肯定生命。我们可以这样概括尼采对虚无主义的分析:他为了温和倡导酒神的肯定,为了酒神的肯定倡导温和。这是人学的永恒轮回:一个马基雅维利主义者,为了谨慎的理智,饮醉自己;一个柏拉图主义者,竭力把永恒变成进入时间中的瞬间的大门,来消除回忆。

作为形而上学的虚无主义

海德格尔对尼采的解读其实是对西方形而上学(又称柏拉图主义史)的解读。同时也需要记住,题为《尼采》的两卷本讲演录并非一项单一的、前后一致的研究,而是包含着海德格尔在长达5年的研讨会中发表的所有东西:从1936年到1940年,还包括一系列

---

① XⅢ, p. 492[16(32)]; 1888.

1941—1946年间写的论文。所以,即便其基本分析原则没变,我们也不难看出其中侧重点的转移。一个显著的变化是海氏选定的尼采计划的大作中以及所谓尼采的形而上学中的关键词。第一卷的开头是1936年的研讨会,海德格尔在此评价了尼采在《遗著》中勾勒的这部著作,引用了永恒轮回、强力意志和价值改造,认为它们是整个工程的三大引导词。① 1940年,海德格尔又提及同一部著作,指出强力意志、虚无主义、同一事物的永恒轮回、超人和正义,是尼采形而上学的5个"基本词汇"(Grundwörte)。②

看到海氏明显的思想变化,强调虚无主义的基本重要性,我们也许会预想他对其的解读也会相应发生变化。确实如此。在研讨会的第一卷中,时间是1936—1939年,花在虚无主义上的时间相对较少,大量篇幅都在讨论强力意志和永恒轮回。在第二卷中,时间是1939—1944年,虚无主义则得到了广泛讨论。1940年的研讨会是关于欧洲虚无主义的,而最重要的则是1944/1946年期间的论文,题目是《根据大存在史确定虚无主义》(Die seinsgeschichtliche Bestimmung des Nihilismus)。不同的时间安排了不同的话题,当然不会产生定论;海德格尔完全可以提前计划好按照什么顺序讨论各种主题,但是文稿中的显著差异显示他没有这样做。

我根本不是要说海氏著作里存在某些前后矛盾或不一致的地方。我感兴趣的是他在虚无主义问题上重点转移时的哲学内容。也许这种转移相应的政治内容也值得关注,但是我主要关心其对海氏思想的影响。1937年,海氏曾评价过尼采的《查拉斯图拉》中的一段话,说到虚无主义必须被其受害者克服,即被人类的努力克服。在《查拉斯图拉》中,代表人的是一个牧羊人,听从查拉斯图拉高吼的建议,咬掉了一条爬进其嘴里、用毒牙咬住了其喉咙的黑蛇

---

① *N* I, p. 25.
② *N* II, p. 259.

的头。三页之后,海德格尔解释到,那个牧羊人正在思索永恒轮回,但是并未进入其本质维度,直到黑蛇爬进了他的喉咙,他咬掉了它的头:"思想就是那一口。"①

在此,海德格尔显然是把克服虚无主义的主动性放在了哲人思考永恒轮回的行为中;当然,他这是为了评价尼采,和他的一本书,他认为这本书是通向尼采的主要著作而不是那本书本身的"前厅"。② 在1936年的讲演以及1940年代的讲演录和著述中,海德格尔认为尼采最后和最重要阶段的观点是"虚无主义是西方历史的根本特征",③当然,这种观点在1944/1946年的论文中表达得更为强烈,海氏以自己的术语和名义重申了这一点。但是,这里有个区别很重要。后面的论文把虚无主义的到来和最终离开归因给了大存在,而非思想者,尤其不是海德格尔本人。④

我对海氏本人的政治猜想是,1936年,他依然乐观地深信哲学思想的力量可以克服虚无主义。到了1944年,德国明显面临着惨败,海氏在大存在的馈赠面前似乎变得被动了一些。无论这种猜想正确与否,都不会影响我对海氏有关虚无主义的解释的解读。至少还有一种可能,重点的转移标志的不是海氏情绪的变化,而是海氏与尼采的差别。换句话说,海德格尔更喜欢的不是《查拉斯图拉》,而是后《查拉斯图拉》的笔记残篇;也许他更认同这些残篇,才会更投入重构尼采可能未加思考的东西。

无论如何,我现在想谈谈虚无主义的问题,主要想引用《尼采》讲演录第二卷中的两段话。最健全地设想是,这两段话可以提供一个基础,帮助我们把海氏本人的思想和他对尼采的解读区分开来;或者说,它们有助于把海德格尔化的尼采和尼采本人区分开

---

① N Ⅱ, pp. 442, 445.
② 同上,第12页。
③ 同上,第35页。
④ 比如 N Ⅱ, pp. 375, 379.

第七章 虚无主义

来,我们一直想从海氏喜欢的残篇中套出尼采来。在 1940 年的著作《尼采的形而上学》中,海德格尔用了整整 11 页解释虚无主义。其中一个关键的导言段落自然提到了柏拉图:"柏拉图,因为他的思想才有了形而上学,把实存本身(即存在物的存在)把握为型。"①诸型是不变的和真的,与易变的和幻象的相对照。从强力意志"形而上学"的立场看去,诸型即最高价值。事实上,柏拉图"从最高的型即善(agethon)型中阐明了型之本质,但是对于希腊人而言,'善'乃可资做什么,让其发生的东西。诸型作为大存在,可以让因之产生的实存物有用、可见和出场,即成为实存物"。因此,在形而上学中,大存在即某物得以存在的"条件"。②

我们已经听过这个故事,就不再重复上文有关善的讨论。让我们来谈谈有用性的问题。存在物并不关心自己会不会对人类有用;在一个物物交互作用,以及从人性的角度来看,包含在各种对自身环境因素的反应模式的宇宙中,这种有用性或可用性丝毫不让人吃惊。海德格尔似乎暗示在一个后柏拉图、非形而上学的时代,人类不会再利用物力去满足自己的欲望,或者执行自己的意向。即便我们接受海德格尔的观点,认为大存在即出场过程,物的有用性也不会发生变化。对于人而言,出场过程依然是"善",乃至至善,因为它可以让物显示自己。还有什么比这更有用呢?

我很清楚,海德格尔其实想建议我们改变对物的态度。但是,就让物存在而言,我们的态度是肤浅的,遮蔽了我们使用出场物的持续需求。更糟的是,我们用愚昧遮蔽了改造这些"出场物"的迫切需求,有些出场物的出场形式是可接受的,很多是无法接受的。一来二去,热衷于庆祝源-生的源生(eventing of the E-vent),比支配和占有自然的自然倾向更危险。换言之,无论我们是否思考大

---

① NⅡ, p. 272.
② 同上,第 273 页。

存在,物始终是物。无论我们思考的姿势(或装腔作势)如何,我们的需求依然是需求。

总之,物的有用性丝毫不会影响大存在的性质。而且,鉴于我们无法直接"使用"出场过程,或者将其变成工具,当然也就无法通过柏拉图的型,更不会通过善做到这一点。太阳显示给我们的是它想照亮的东西,而不是我们希望它照亮的;但是我们依然得益于其所照亮的东西的有用性,也得益于太阳本身。如果理智存在者出现在一个由起伏的波浪或力场构成的宇宙中,其中没有事物出场,也会出现一个更加七窍玲珑心的柏拉图,提出各种有关波长型或者力点分布模式的理论。这样,海德格尔对有用性的批判,就会是讽刺柏拉图的思想或者亚里士多德的 noēsis tēs noēseōs,其中无物发生,只有发生过程。

这里需要讨论一下海德格尔有关技术的分析,他认为技术乃形而上学终极阶段的最高形式。最初是柏拉图离开了对物的揭示,转而研究其作为确定的相的有用性,海氏从这种转向中得出技术乃物的一种呈现。因此,善型即强力意志执行的价值形而上学的原型或先祖,而强力意志的终极阶段即对意志的意志。① 现代人没有让大存在出场为被存在物遮蔽,却为了完成人类意向和满足人类欲望,逐步转向了有用的存在物,这种有用性是大存在(或者对大存在-过程的沉思)所没有的。相应地也产生了作为正确和准确的真之概念以及主体性学说。进而产生了一种不同于古希腊 poiēsis 和 technē 的新"创制",它要求并且控制即将显现的东西,而不是接受或者辅助 phusis 呈给我们的一切。物也因此变成了"储备"或"存货",产生的显现形式也被称为 Gestell,海德格尔用

---

① 除了两卷本的 *Nietzsche*,亦可参见"Die Frage nach der Technik";"Überwindung der Metaphysik", in *Vorträge und Aufsätze*;"Die Zeit des Weltbildes", in *Holzwege*。

这个词表示"人类准许的控制的集合,即挑战或刺激现有事物以预定的方式显露自己,有如储备或存货"。①

换言之,人类不是因为自己的动机,而是因为对大存在的祛蔽的反应,才用一种有意的物化框架遮蔽了大存在。这不是什么新鲜或深刻的看法,并不需要海氏那种云山雾罩的术语,但我们依然可以认为这部分是他的看法:技术,如果可以支配人类意向和行为,将会改变我们认识真理和存在显现的方式。无论如何,这种改变会产生诸多不良后果;如果任由其发展,或者变成哲学和政治生活的基础,将会贻害无穷。我认为,严峻的问题在于如何面对技术的挑战。换言之,我们必须追问此问题是形而上学的,还是政治的。

这并不是说形而上学的反思或者就此而言的本真思维对于广义的政治毫无影响。确实有影响,不过是双向的。技术的高速发展不仅因为理论观点不断变化,还因为数学、物理学和科技领域的辉煌成就。这些成就也相应带来了形而上学的不断变化。人类总爱做自己能做的事,无论危险与否。因为这一点,而且因为我们无法约束科技的发展——海德格尔也承认这一点,②谨慎的做法是以一种形而上学之类的学说为基础,区分对物高贵和低俗的使用或"显现",承认控制环境的欲望并非对意志的意志的表达,而是为了人类的善,以此来对技术中隐含的虚无主义风险作出反应。我们甚至想说,就这类问题而言,越不深奥越好。否认价值是一回事;为了沉思或诗化思维而否认高贵和低俗之分,是另一回事。

就本书的主题而言,因为他忽视大存在,选择了存在物,把虚无主义归因于柏拉图,根本就是胡说八道。忽视存在物就是灾难,但是沉迷于一种毫无价值和目的,只是纯粹发生的大存在,想从中

---

① "Die Frage nach dem Ding", in *Vorträge und Aufsätze*, p. 28.
② 同上,第13页。

获得对存在物"本真的"或"本源的"回应,更是荒谬。我并不想详细讨论海德格尔有关技术的解释,只想研究他断言虚无主义在尼采的形而上学柏拉图主义中到达顶峰时的主要观点。最后,简要提一句,根本没有理由从尼采的强力意志说中得出结论,说他认为任由科技发展是合理的,无论强力意志说有什么不对,它总是想恢复一种贵族的等级排序。没有丝毫证据表明尼采接受了现代的真等于正确的说法;对于他而言,Gerechtigkeit 无关 rectitudo 或 certitudo,只关涉看见事物本身;这与海德格尔所言的 Gelassenheit 相差不远。哲人从其乐土之人的高度观察整体;他的准确性是语文学家的,而非数学家的。至于普通人,准确性即一种视角或解读,而非衡量各种解读的尺度。

不谈这个了。让我们来看看 1940 年有关虚无主义的那篇文章。确实,柏拉图的型是具有该相之物得以实存的条件,但实存的是物,而非诸型。诸型是 dunameis,生产某物的强力,而非某物发生的可能性。① 因此,dunamis 必须是现实的,才会有结果。亚里士多德的现实性和可能性之分十分复杂,至今尚未有人彻底解决随之产生的各种歧义。② 关键在此:为了维持 energeia 和 dunamis 之分,我们必须澄清后者的双重涵义:潜能和可能,前者是潜力或强力,后者是尚未实存,因而也不具备强力,但是有可能进入实存。因此,前一种 dunamis 与 energeia 无法分辨,柏拉图对话集中谈到的型的 dunamis 就是它。

这与康德完全不同。在我们读的这一篇章中,海德格尔把康德与柏拉图进行了比较,把他也并入了柏拉图主义。在康德那里,让事物进入实存的条件并非型,它们也不是 energeiai 或 du-

---

① 想想 Republic 5, 477c1—d6。在 6, 508b6 中,苏格拉底谈到了太阳或善的 dunamis。也许最重要的宇宙论意义上的 dunamis 出现在 Sophist 247d5ff.。
② 相关的讨论参见我的 "Much Ado About Nothing", in The Quarrel between Philosophy and Poetry。

nameis，即实际存在的强力。那些条件都是法则，法则是可能的，而非潜能的或拥有实际强力的；也就是说，只有当有人在思考时，它们才拥有实际的强力。那个先验的自我，是康德人格化的比喻，代表建构思维的那套法则，因此，那个存在物，它身处一个同时受牛顿物理学和人类认知能力支配的世界，并非一个能发挥实际功能的思维和事物的浮现过程；它并非绝对的自我。只有有限的自我，有时思考，有时不思考。确实，康德认为，除非"先验自我"名下涵盖的那些法则永远有效，否则有限的自我无法思考。然而，有效性即可能性：有了如此这般的前提条件，这或那才是可能的。

有效推论不会随处发挥作用，除非有人把某种推论模型用于具体任务，要从诸前提中得出结论。但是，即便某些极端的柏拉图主义者（晚期现代、数学意义上的）也会认为推论模型即柏拉图的型，这是柏拉图主义，而非康德主义。康德认为，实存的是物，而非让物实存的条件。海德格尔说康德认为柏拉图的大存在概念是"可能性的条件"，"一种从'我思'主体的立场界定的解读"，我们最多能说，在他看来，康德把柏拉图的型误读为了法则。我不认为这是康德做的；他只是用法则替换了型。其实是柯恩、纳托尔普等新康德主义者想把两者混为一谈。① 而且，如上所述，"我思"主体是一回事，诸法则作为让主体思考事物的条件，是另一回事。

海德格尔的下一观点可以成立："然而，柏拉图的善的概念不包含对价值的思考。"② 暂且不提他称善为"概念"（Begriff）是否合适；海氏的意思是诸型并非强力意志的投射。如果"价值"的含义是思想者的评价或衡量，就可以说诸价值是对象即主体的投射的属性，或者与之相关。当然，尼采否定了主体性学说的价值，却把

---

① 参见 Paul Natorp, *Platos Ideenlehre, Eine Einführung in den Idealismus*, Darmstadt: Wissenschaftliche Buchgesellschaft, 1961, pp. x, 29, 74f. 。
② *N* II, p. 273.

价值归给了意志,认为价值是各种为了提升强力的投射,这种说法极为接近康德的先验自我说。另一方面,我们可以毫不犹豫地说,对于柏拉图而言,物的有用性离不开它们的善。有用性弥漫在苏格拉底关于善的所有讨论中;善怎么可能无用?① 不能把海德格尔对有用性的批判用于柏拉图等思想家,他们认为物的有用性并非来自人类意志。我能使用物,不是因为我按照自己的欲望和意向之象想象或投射它们,而是因为物象中的自然已经培养出了我的欲望和意向。

最后这句话不是说柏拉图那里有一种僵化的自然目的论,或者实践理性的展开是因为参考了包含在一种透明本质中的秩序。在柏拉图看来,人类实存,包括政治生活,只要是创制的,即实践-生产的,但这是因为物并不关心我们的需求,而不是因为它们无关我们的福利。一个人可能想富裕,甚至花了大量时间想象自己很富裕,实际却很贫穷。对财富的欲望首先是对存在物或物的欲望,但是这种欲望却不会直接影响物。这个人也许会受欲望的刺激,采取必要的措施获得财富,并且会用一套物作为工具,去实现自己的直接目标,获得另一套物。然而,这些的达成不是因为物物的联合,或者一种自然目的论,可以让所有想致富的人都能实际成功满足自己的欲望。

物服从,也抵抗,它们培养了我们的欲望,也阻碍我们的欲望。它们是有用、无用,还是有害的,取决于环境。同样,我们也可以根据具体意向为它们赋予价值,但是物不具有内在价值,只有内在的有用性。物是普遍有用的,因为没有它们,将一事无成,包括寻找大存在的意义。因此,它们也是普遍有价值的,因为我们不知道哪个物可能会对哪个目的有用。因此,价值和有用性之间关系密切,甚至是同一的,前者是人类的投射,后者是可用于满足人类欲望或

---

① 参见我的 *Nihilism*,第五章,第 168 页及以下。

执行人类意向的特性。

　　生活在公正而有序的城邦中是善的。为了实现这一点,需要哲人-国王。因此,哲学对于人类是善的,无论是哲人,还是一般人。只有区分了真理和意见之后,才会有哲学;否则,每种观点都一样的**善**,无序和不公正与秩序和公正一样是善的。区别真理与意见的根据在于灵魂之眼能否看到稳定的实体。柏拉图十分睿智,让苏格拉底称这些实体为型,物相,哲学需要它们,所以于人而言,相也是善的。可见性来自相的内部,还是其他原则,就好像太阳不是其照亮的物,只是形而上学感兴趣的问题。我们如何回答此问题,并不会影响这一点:对于所有心智健全的人而言,可见性是善的。

　　回到海德格尔。正是因为这些原因,我对他的陈词滥调无动于衷,他一直在强调形而上学即虚无主义。如果一定要指控虚无主义,就必然会指向出场论者和事件论者(eventer),他们似乎认为一切都无价值,或者这样说也是一样的,他们用事件的千篇一律取代了善型。总结一下我们有关1940年著作的讨论。重申一遍,海德格尔冠冕堂皇地说自己在解释尼采的形而上学,而不是他本人的学说,但是在他的解释中,他思考的是尼采未曾思考的东西,以此来澄清尼采的观点,从而用自己对柏拉图主义的理解支撑着尼采的看法。

欧洲佛教

　　现在,让我们转向1944/1946年的论文,其中一段长长的话,前文提到过。这段话有助于我们引出并评价整篇论文的基本要旨。这篇文章的主要观点是,形而上学就是一部忽视或者故意遗忘大存在缺席的历史。① 再强调一遍,这种忽视不是简单出于哲

---

① N Ⅱ, p.360. 这部分括号中的数字是本卷中的页码。

人的疏忽。形而上学史即大存在史,原因恰恰在于这部历史的产生就是大存在缺席的发生(Geschehen)(375,379)。换句话说,虚无主义即大存在的馈赠,大存在通过自己的敞开承诺了自己,却又作为那种承诺,被遮蔽或者缺席了(369)。因此,大存在在虚无主义中统治着,或者执行自己的职责(waltet),但不完全是消极的(365)。

因此,反对克服虚无主义,并非消极或者有害的"虚无主义"。克服是为了征服某物,然后将其甩在后面。因此,让人类克服或者意欲克服虚无主义,就是"人类用自己(von sich aus)的资源反对缺席的大存在"(同上)。然而,我们无力让大存在服从人类的支配。这种努力只会让人走偏,因为"我们的位置在此:无论它是何样子,哪怕是缺失的,大存在拥有人之本质,这种本质就是大存在赋予自己(sich begabt)的栖居地,这样它才能作为这种栖居内的祛蔽的到来而发生"(365—366)。请留意海氏的解读和我的解读是不同的。我对尼采的理解是,最可怕的客人被请进了客厅;也就是说,人类因为服从虚无主义,而受邀克服虚无主义。这是尼采对自由和必然的调和。他的做法是排除而不是遗忘大存在。

这篇文章与海德格尔1936年对《查拉斯图拉》的那段话的解读完全不同,这是自明的,虽然海氏后期的用语非常怪异。Geschehen, sich begeben 和 Unterkunft 等词显然是 Ereignis, Erörterung 和 topos 的原型。然而,对于我们更重要的是,海德格尔在此的气馁或消极态度,与查拉斯图拉的积极和活跃形成鲜明对比。克服虚无主义的努力就是远离我们的本质属性。海德格尔用了"Auslassen"一词,意思是"忽略",这种忽略是主动而非被动的,因为它导致我们"不让大存在存在"(das Sein selbst nicht als das Sein gelassen)。"Auslassen"无形中与"Gelassenheit"形成对比,后者的意思是"沉着"或者"冷静",海德格尔曾用它来指接受大存在赠与我们的。

在1955年的一个讲座中,海德格尔提到了"Gelassenheit"一词,他把这个讲座和1944/1945年对这个词的"讨论"或者(某些海德格尔主义者更喜欢把"Erörterung"翻译为)"安置"放在一起发表,这个时间与我们正在讨论的那篇论文的时间相同。在讲座中,海德格尔把"Gelassenheit"解释为对技术世界(海氏常常认为它是强力意志和永恒轮回的结果,即形而上学终极阶段的本质)的接受和自由态度。"我们可以利用技术对象,而且必须使用它们;但同时我们也可以不碰(auf sich beruhen)这些技术对象,认为它们并不影响我们最内在、最本真的自我。"① 这种对物的Gelassenheit伴随着一种"对神秘事物(Geheimnis)的开放态度",一起构成了海德格尔崇尚的对待技术世界的态度。②

在Erörterung中,讨论是以对话的形式呈现的,海氏在其中扮演一个"研究者"(Forscher)。他说道:Gelassenheit"超越了主动和被动之分",也超越了意志。③ 他简短地解释道:"Gelassenheit其实是自己摆脱先验的再现(Vorstellen),进而忽视(absehen von)视域的意志。这种忽视不再出于意志,除非我们进入Gegnet的会员身份需要意志的激励,然而,意志的激励消散为进入,彻底消失在Gelassenheit中。"④ Gegnet,即"徘徊(或者远离:Weite),召来一切,敞开自身,因而在自身中维持着这种敞开,让一切浮现都处于休眠中"。⑤

这段话让我想起了黑格尔在1830年的《哲学科学百科全书》

---

① Pfullingen: Neske Verlag, 1959, p. 24.
② 同上,第26页。
③ 同上,第35页。
④ 同上,第59页。
⑤ 同上,第42页。

(*Enzyklopädie*)导言中的话:"站在自己的立场上,自己生产其对象并给予自身,这是思维的自由活动。"①这种自由活动处在尼采的 Wollen 和海德格尔的 Gelassenheit 之间。尽管黑格尔的著作强调思维对象的自我生产和呈现,它依然可以用于海德格尔,因为他无法舍弃"自由活动",或者说,无法完全依赖大存在把自己带入 Gegnet。我们也可以说,海德格尔的话与尼采也不是完全不同,后者极为巧妙地把有关混沌之真理明晰而诚实的陈述与生命需要我们遗忘此真理进入瞬间的大门的建议糅合在一起。尼采那里的遗忘或者醉,就是海德格尔那里的意志激励的消散。

然而,黑格尔和尼采引导我们去生产一个世界,在黑格尔那里是理性的世界,在尼采那里是健全的或强力的世界。海德格尔让我们把视线离开这个世界,转向它出场于其中的开阔地或林中地。回到那篇关于《尼采》的论文,我们现在可以更好地理解海德格尔的思想了。像尼采建议的那样,用意志活动克服虚无主义,不是克服而是激活虚无主义。相反,我们必须"利用"虚无主义时代的产物,而不是让它们支配我们最内在的核心或本性。这无疑是毋庸置疑且稀松平常的。然而,海氏对这种合理且平常的选择的解释,却造成了不那么平常的后果,无论是在虚无主义时代,还是在任何时代,人类实存都是偏离正道的,用句通俗的话说就是,随波逐流。

换言之,因为人类实存的本质就是以物为中心的,我们永远需要使用物,所以会让自己的目光(或者耳朵)偏离 Gegnet。因此,无法逃离虚无主义,除了只是嘴上说说我们或者我们中的部分人可能会记得大存在的缺席,因为我们会参与它的延续。我的意思是,只要人类还实存着,就会以物为中心。让人类的注意力离开存在物就是消除而不是解构我们的实存。近来,一个晚期海德格尔的门徒很好地总结了这种偏离的结果,他从法国后现代主义的立

---

① Par. 17, p. 50, Hamburg: Felix Meiner, 1969.

场进入海德格尔,说道:"因此,'我们该做什么'这一问题的答案,和'我们该如何思考'的问题一样。热爱奔涌,感恩它的经济汇合。"①"经济"在此指的是支配我们栖居的林间地上的房子或者空间的 nomos。作者用米歇尔·福柯、路易·阿尔都塞和雅克·德里达等的术语改编了海德格尔的 Ort。

当然,海德格尔不是当代的法国无政府主义者。在 Gelassenheit 中,海氏建议我们"使用"技术的东西。此建议让他在解读柏拉图主义时十分接近柏拉图,尤其是他认为物的有用性是通过视角观察的物化活动确定事物的结果,这是型说未曾思考的实质内容。如果我们严格按照海氏的论证,暂且假定一切物都是技术的东西,进而假定 technē 的原则即把浮现物变成工具,满足我们的欲望和完成我们的意图的内在需求,那么这种内在需求就是强力意志。那么,强力意志的真正根据又是什么?

从海德格尔的角度来看,必然是大存在,即其被遮蔽的历史,生产了人类,它在人类面前显现为被遮蔽的,它运用自己的技术生产了人类,以及其他存在物,但没有任何目的或根据。敞开的秘密在于没有秘密,或者是比发生在 Gegnet 中的出场更深的基础。我知道在《哲学论稿》(Beiträge zur Philosophie)中,海德格尔说话的方式仿佛一个神神道道的神学家,但是他的门徒认为那是他最重要的著作,几乎是和那些有关《尼采》的研讨会同时产生。然而,即便我们有了新的开端,找到了一个新的神在路上等我们,这个神也不过是敞开的发生中的另一个浮现物或存在物。换言之,要么这个新神会与必死的生命交流,对其施加影响,这样他(或者她)就变成了一个工具神,犹太教徒、基督教徒和穆斯林都利用过这么个神。要么这个假神会对我们漠不关心,我们则必须开放、冷静地顺从和接受这种漠不关心。

---

① Reiner Schürmann, op. cit. ,p. 81.

无论我们指的是大存在,还是某个可以代表晚期海德格尔隐秘晦涩的术语的词,结果都是一样的。人类实存作为大存在的馈赠,就是虚无主义。我们不是按照其物性或者有用性的释放来对待或者使用物的。对于物,我们唯一能采取的态度就是让其发生,这是直接运用了我们的释放,然后不再采取任何立场,甚至不再爱它们,这是上面提到的评论者建议的。但是,不对它们采取任何立场,让它们摆脱我们的意志,也就抹除了一切价值投射,也没有对它们的等级排序了。一切在同一等级上,这就是虚无主义。

同意我们使用技术之物时,海德格尔当然没有这么荒唐,劝导我们去爱它们或者对它们漠不关心。我们为什么要使用技术物品?因为人类的福祉需要它们。健康总比疾病好,患癌症时做手术比解放给大存在好。手术当然可能失败,但是无视医生和他的技术工具,我们无疑就会得到解放,不是进入林中地,而是彻底玩完。连亚里士多德都承认是 technē 让自然完满,他还没有因此把日常生活和圣人有关大存在的思考割裂开来。圣人在沉思时当然会把自己抽离日常生活,但是他要用到物并且因此参与日常生活,这是他沉思的必要条件,还不只是局限于实践方面。沉思开始于对具体实存之物的感知。

本书的主要观点是海德格尔违背了柏拉图,最突出的地方在于把哲学或本真思维与日常生活割裂开来。现在已经很清楚了,这种割裂就是双重的虚无主义:对物世界的虚无主义态度,和向着林中地和浮现过程的虚无主义解放。海德格尔从未成功地解释为何会有人想从事哲学思考。无疑这是因为他想致敬亚里士多德的观点,哲学不是为他的,而是自为的。然而,亚氏的话不是为了暗示哲学缺乏无上的高贵性,而是强调 bios theoretikos 是最高形式的人类实存。海氏无意作这样的判断,他认为必须把它视为等级排序,和一种强力意志、拟人化或者人本主义。

然而,海德格尔也不时提到大存在对着人类的显现,被遮蔽的

第七章 虚无主义

或者开放的显现。对着大存在敞开的是人,而不是星星、岩石、植物或野兽。人是大存在的 Platzhalter(占位者)或牧羊人。这种显现是否毫无意义?是否不仅没有意义,也不高贵或者卑贱?大存在的意义恰恰是无意义,一个傻子讲的故事,没有任何意义?果真如此的话,让人类通过表达强力意志,在一种酒神式的创世的醉中遗忘真理,是不是要好千万倍?或者说,我们埋头于为了自己的福利,根据自认为是最好的,精明地使用物,不是很好吗?

海德格尔认为,尼采想"设置强力意志之外的新价值"来克服虚无主义,所以是他最先道出了"真正的虚无主义:我们毫不关心大存在,它已经变成了价值"。① 价值即价值评估,就是设置一种有关生活方式的等级排序,排列我们有关物在增加健康或强力方面的有用性的解释。但是,如上所述,大存在没有价值,也不是一种价值。尼采会同意这一点,因为设置价值的是强力意志,而非大存在,它并非混沌或大存在的替代品。

有段话经常被引用,②尼采在笔记中写道:"要点回顾。把大存在的特征**印在**形成上——这是最高的强力意志。双重的假象,偏离此处的意义和精神,为了保存一个物的世界,一个持存的世界,一个价值相等的世界等。一切都会回归,这是一个形成的世界进入那个存在的(世界)最极端的方式——沉思的顶点。"③ 大存在作为印记,是物的世界,是双重的假象,但是作为刻印过程的结果,世界的永恒轮回是进入本真的大存在的捷径,与后者却不是一回事儿。这是一条捷径是因为它的永恒性;总会有这个或那个世界,所以"世界化(worlding)"是永恒的。然而,这不是一回事,因为轮回的是一种印记,是有限几个世界不断交替重复,而非一个本真的

---

① NⅡ, p. 340.
② 同上,第 288 页。
③ ⅩⅡ, p. 312[7(54)]; 1886/1887.

世界的同一性。

海氏思想的主旨是要区分两种基本方式。一种是西方形而上学的方式，即有限几个世界在 Seinsgeschichte 的单一循环中交替；另一种是从世界中释放出来，进入出场过程的空地或场域，在我看来，这与后历史的乌托邦在马克思主义中的作用是一样的，具有理想的性质，虽然海德格尔并不承认这一点。对于尼采来说，永恒轮回是无价值的，给人类留下了空间，让他可以把自己的价值投射向混沌，至少这是尼采通俗或政治（也即博爱）的教义；但这也是他秘教或哲学的和自利的教义，因为他无法忍受活在一个颓废、丑陋、缺乏等级排序的世界里。

也许你会怀疑苏格拉底是否想活在自己的城邦中，被迫远离哲学去统治那些普通人；但是尼采从未建构任何具体的世界，他呼吁的是等级排序，其基础是高贵或强力原则（无论他把这两者等同起来犯了多大的错误），可以敞开接受多样的世界化身（或者"化为世界"）的创造。苏格拉底和尼采的区别如下：苏格拉底排除了哲人-王之间的分歧，尼采却坚决赞同这种分歧，把生命和哲学定义为不断的征服，争夺世界观的支配权的斗争。我们很容易就会猜想到：苏格拉底的一致性和尼采的差异性都是不可能的，一致性会因为内部压力变成差异，而差异之战，尤其是关于强力程度的差异，最终会让一致性一统天下。① 这样看去，苏格拉底和尼采的政治学带来的实际后果并不会有很大的区别：都会通向永恒轮回，或者代表永恒轮回的不同阶段。

---

① 这种反思部分证明了吉尔·德勒兹的观点，高贵和低贱之分并非尼采的价值，而是"让诸价值获得价值的微分因素"，参见 Gilles Deleuze, *Nietzsche and Philosophy*, tr. Hugh Tomlinson, New York: Columbia University Press, 1983, p. 2. 不过，这种观点的基础却是海德格尔所谓的尼采的形而上学，我称之为尼采的宇宙论思想。德勒兹的观点无法与尼采的人学或政治学思想调和，原因我已经说得很多了。

果真如此的话,而且我坚信如此,我们能否说海德格尔比苏格拉底和尼采都更高明,甚至超越了所谓的柏拉图主义史或形而上学史,即把目光从大存在转向了一个世界?我认为这纯属无稽之谈。经过我们如履薄冰的界定,尼采的世界也可以用于柏拉图了,这些世界是按照对高贵的感知理解人类生命的短暂努力,这是人学而非宇宙论意义上的;而且我注意到,无论尼采理解的高贵的内在含义与柏拉图的有多么不同,他有关高贵和低贱的具体评价都与柏拉图有着惊人(或者不那么惊人)的相似。形成的世界可以非常接近大存在的世界,是因为指导这种接近的原则就是世界原则;这是一种世俗且政治的原则,而非一种本体论或后本体论的摆脱世界的原则。然而,有一点非常重要:只有一种世俗的原则对于大存在才是真的,因为大存在显现为一个世界,而且只能通过一个世界才能认识大存在。

另一方面,这句话反过来说却是完全错误的。聆听大存在的声音,或者凝视作为纯粹事件发生的东西,不会给我们带来任何有关世界的认识,更别提对"世界化"或建构世界的认识。然而,无法给我们带来认识的不是真的,正如对我们无用的不是善的。海德格尔的虚无主义来自他的欲望,他想跳出自己的影子,或者不借助任何工具看见月亮的背面。所以,终极原因离尼采所说的也并不遥远:我们姑且称之为颠倒的尼采主义。强力意志是真的,也是善的,因为它是有用的,不是为了支配或者不断的征服,这是病人的幻想,而是为了保存人类生命这一高贵之举。换言之,它是真的和善的,因为它不是强力意志,而是爱欲,对型的爱,这不仅是酒神的,也是日神的。因为我们不会去爱看不见的东西。因此,海德格尔的学说其实是尼采所谓欧洲佛教的一种。①

---

① XⅡ, p. 213[5(71)]; 1887.

在本节的末尾,我想谈谈差异的问题。瓦提摩在其大作《差异奇遇记》①中指出,德里达反对海德格尔把尼采称为最后的形而上学家。相反,德里达强调尼采认为差异就是酒神。② 在下面这段话中,德里达写道:

> 我们可以得出结论,却不会结束争论。酒神和日神、狂热和结构之间的分歧或差异,不会在历史中被擦除,因为它不在历史中。出乎我们的意料,它也是一种本源结构:打开历史,历史性本身。差异不单属于历史或结构。如果像谢林一样,我们必须这么说:"一切皆为酒神",我们就必须知道——这需要写下来——酒神是差异的作用。他看见并且让自己被看见。泪水溢出了(他的)眼睛。为了一切的永恒,他与外部,与可见的形式,与结构,有了联系,如同他与自己的死亡有了联系。这是他表显(给自己)的方式。③

瓦提摩解释说,对于德里达及其门徒而言,提到酒神就"直接把该话语放在了一个完全不同于形而上学的场域"。④ 他暗示德里达对尼采的解读深受存在主义有限的人类实存说的影响,所以德里达认为永恒轮回是差异的重复或重立,不断强调有限性。瓦提摩引用了德里达的话,分延,也即作为差异的微分的永恒轮回,是通过"掷把骰子"引入的,无法得到任何事态的证明。用德里达的话说,"在能指的游戏中,总是本源微分的再度发生"。⑤

---

① *Le avventure della differenza*, Milan: Garzanti, 1988.
② 同上,第 76 页及以下。
③ "Force and signification", in *Writing and Difference*, tr. Alan Bass, Chicago: University of Chicago Press, 1978, pp. 28f.
④ Vattimo, op. cit, p. 82.
⑤ 同上,第 80—82 页。

瓦提摩对此提出了两点批判。首先,"一切皆为酒神"是一种形而上学的陈述,它赋予整体一种规定属性或本质。其次,尼采认为,永恒轮回是"奠定和打开历史的原型结构"。因此无法容纳重复,或者对有限性的不断强调。"永恒轮回,绝非差异的重复和差异的登场,而是历史也即差异的支配作用的终结。"①我想增加一点:说"一切皆为酒神"的是谢林,而不是尼采。日神与酒神的分歧并未堕落为差异持续的表达对差异的压抑。相反,在上述引文中,德里达已经表明这种差异是"一种本源结构"和"历史性本身"。是日神完成了酒神的"看见"和"被看见"(但不是他眼中溢出的泪水)。换言之,历史性是日神或乐土之人的时间观和酒神进入瞬间的大门身处某个历史时代相互作用的结果。

德里达称分延是通过掷骰子建立起来的。尼采曾用这个词表达混沌是如何按照"非理性必然性"散发出来的。② 德里达继承了海德格尔的做法,把人类生命以及意义的发现和生产融入了混沌的激荡,但是他并没有通过 Gerechtigkeit 把人类思维置于混沌中,除非我们认为掷骰子的比喻已经是人类的一种解读。然而,即便如此,对意志的意志,或者真即认以为真的观点,消解成了或然。总之,德里达的学说大大削弱了尼采的力度。尼采按照强力的量来解释等级排序;德里达把强力的量变成了骰子的偶然组合。

刚刚提到,瓦提摩自称永恒轮回是一种"原型结构",但是他对这种原型结构之功能的描述似乎充满了矛盾。一方面,他认为它奠基并打开了历史;这类似于德里达有关差异的看法,只是瓦提摩认为永恒轮回克服了本质与实存、事件与意义之间的差异或断裂,德里达则认为永恒轮回生产了无法调和的差异。③ 另一方面,瓦

---

① 同上,第 79、85 页。
② IX, p. 528[11(225)]; 1881.
③ Vattimo, op. cit, p. 85.

提摩认为永恒轮回克服了历史或差异的支配。在历史中即在差异中。不过，在瓦提摩的文本中，我们不清楚这种存在是在永恒轮回中，还是在其外或之上。换言之，把我们从历史中解放出来的，是查拉斯图拉设置的永恒轮回，他只是观察却未曾进入瞬间或者时间循环的大门，还是查拉斯图拉预言的永恒轮回自身的循环运动？

后一选项无法成立，因为它把从差异中解放出来等同于受差异的支配，但是前一选项又要求我们活在历史和时间之外，活在形而上学、差异和本体论差异之外。这显然是瓦提摩对尼采的解释，他认为这基本是对海德格尔的批判。他说到，尼采希望超越形而上学，以及大存在和存在物之分。也就是说，尼采希望超越大存在。海德格尔则希望回忆或者记住大存在和存在物的本体论之分，因为只有这样才能认识大存在，但是这需要我们记住并停留在历史或形而上学中。海德格尔也希望超越形而上学，所以也想遗忘差异，以及大存在和存在物之分，即遗忘大存在。

瓦提摩因此认为大存在作为源生性（Enreignis）和差异，不可能是一种原型结构，适用于一切可能的历史；这让我们想起了晚期海德格尔，想用各种不同的词替代"大存在"①要把大存在即源生性问题化，就必须超越形而上学（以及封闭的永恒轮回）以及人之本质，但只有尼采的超人可以做到这一点，因此在瓦提摩的解释中，超人变成了真正的海德格尔主义者。上帝死了，这一说法宣告了形而上学和差异时代的终结，但是人类还需要时间才能认识到这一点。海德格尔的思想就发生于这期间。②

总之，我认为瓦提摩说的是：永恒轮回或者德里达的差异不仅奠定了一切历史的基础，也奠定了形而上学史的基础。不过，他又自相矛盾地认为，在尼采看来，永恒轮回是奠基历史的原型结构。

---

① 同上，第89页及以下。
② 同上，第91页及以下。

忽略这一点,瓦提摩的分析确实值得关注,他用完全不同于我的理论基础,确保了乐土之人的立场和历史的立场之分的有效性。即便我们认为历史时代不会终结,也总是需要有人或者超人超越一个将死的时代所达到的人类水平,看见将来如何。因此,谢林说"一切皆为酒神"是错的。

超 人

无论是否为尼采贴上形而上学的标签,我们都无法否认他的思想是为了号召行动。"我的挑战:培养一种超越整个'人'类的生灵(Wesen),为达此目的,牺牲我自己和那些'最接近'我的人。"① 很明显,这种挑战首先是指向他自己的:"我一直在用整个身体和生命写作:从不知道什么'纯精神'的问题。"②还有,"我希望以一己之身经历整个历史,占尽所有的强力和权威。"③下面这两则笔记很好地概括了个体和公共意向的关系:(1)"我只为自己写作。"④(2)"我为尚不存在的人类写作:为'地球的主人们'。"⑤

"地球的主人们",尼采指的既不是"人",也不是兽,而是"超人",融合了鹰的骄傲和蛇的狡猾。蛇不仅让我们想起了圣经中的那个形象,它引诱人类获得了有关善恶的知识,把人变成了神,用笛卡尔的话说,"仿佛自然的主人和主宰"。蛇还是智慧的象征,回到地球后变成了狡黠。"我的使命:把自然非人化,把人类自然化,在它获得了纯'自然'概念之后。"⑥回到地球,不是用形而上学否定柏

---

① X, p. 244[7(21)]; 1883.
② IX, p. 170[4(285)]; 1880.
③ X, p. 666[17(4)]; 1882.
④ X, p. 341[8(20)]; 1883.
⑤ XI, p. 50[25(137)]; 1884.
⑥ IX, p. 25[11(211)]; 1881.

拉图的诸型的乐土之人的层面,它还表达了尼采的马基雅维利主义,准确地说是他的修昔底德主义:"修昔底德是最接近我的一类人。"①《偶像的黄昏》(Götzen-Dämmerung)中,有一节的标题是"我欠古人的债",尼采说道:"我的消遣,我的偏好,我对一切柏拉图主义的矫正,皆为修昔底德的。修昔底德,也许还有马基雅维利的原则,与我最接近,具有无穷的意志,不自欺欺人,从现实中,而不是从'理性'中,更不是从'道德'中,看见理性(Vernungft)。"②

下面这篇残章明确地表达了把自然非人化的意图:"最重要的观点:执着于形成的天真烂漫,排除目的(Zwecke)。"③人或超人要通过意志建立新时代的各种目的,也需要如此。但是,超人的面具后面是预言他的查拉斯图拉,查拉斯图拉后面的是哲人:"真正的哲人是统帅和立法者:他们说:'应该这样!'"④总之,哲人必须终其一生,孤独地研习,思考如何吸收整个人类历史,并非哲学的而是心理学或精神意义上的"历史",为新时代的产生做好准备。自我准备就是自我改造,自我非人化:"要想遗世独立地活着,就要变成野兽或者神——亚里士多德说的。还有第三种情况:你必须变成两者——哲人。"⑤

哲人不是超人,这是两种完全不同的角色,从这一点中可以看出:为了吸收整个人类精神史,你必须回忆;为了行动或创造,你必须遗忘。⑥尼采通过多种方式表达了这一点,都可以概括在酒神

---

① Ⅸ, p. 296[6(383)];1880.
② Ⅵ, p. 156.
③ Ⅹ, p. 245[7(21)];1883.
④ *Jenseits*, in Ⅴ, pp. 144f.
⑤ Götzen-Dämmerung, in Ⅵ, p. 59.
⑥ Ⅶ, p. 706[29(180)];1873.《查拉斯图拉》第一部分的演讲,《三次变形》中已经暗示了这一点:"创造新价值——狮子也许不能;但为新的创造而获取自由——这是狮子的威力可以做到的。"这类创造留给了那个孩子或者第三次变形:"有什么是孩子可以做到,而狮子不可以的呢?……孩子是天真与遗忘,一个新的开始,一个游戏,一个自转的轮,一个原始的动作,一个神圣的肯定",参见 Ⅳ, 30f.,孩子代表着在永恒轮回的循环中一个新时代的创造。

范例中,他是具有创造的疯狂或醉的神。下面这篇残章也需要考虑进来:"人非兽,也是超级兽;最高级的人非人,也是超人;这些融合在一起。每每人变得更伟大、更高级,就会变得更深度、更恐怖。"① 在《道德的谱系》中,尼采提到"拿破仑,非人和超人的合体"。② 他用这些词指的不是柏拉图、普罗塔哥拉、笛卡尔——他自己。

超人不可能孤独地活着;预言者查拉斯图拉必然会从高高的山巅岩洞里下来,进入彩牛的集市,向众人宣布:"会用舌头舔舐你的闪电在哪里?你必须预防的疯癫在哪里?看,我教给你超人:他即闪电,他即疯癫!"③ 这段话的意思非常明显——是对着我们,而不是集市上的人群说的,他们以为查拉斯图拉说的只是玩杂技的。查拉斯图拉说超人不是哲人,而是闪电和疯癫,要把人类变成更高级的物种,哲人必须阻止他们变得疯癫。

从许多类似段落中可以看出,超人是尼采思想的实践-生产内核极端的象征或表达。"实践-生产的",也即**政治的**,而非形而上学的实践。在海德格尔的解读中,有关主体性的形而上学解释彻底遮盖了政治的维度。我反对的不是他的总体观点,即现代哲学把思维变成了主体性,又把理智与意志联系起来,尼采和超人是其晚期甚至最终的形式。④ 我反对的是他消除了哲人和超人之间的界限,又把尼采的政治方案变成了有关虚无主义或者遗忘了大存在的缺失的形而上学表达。

换句话说,我反对海德格尔完全忽视了尼采从柏拉图转向修昔底德的柏拉图的涵义。最重要的是,我反对这种忽视,因为它抹除了尼采的柏拉图主义或乐土之人的概观视角,和他对超感性世

---

① XII, p. 426[9(154)];1887.
② V, p. 28.
③ *Zarathustra*, in IV, p. 16.
④ NⅡ, pp. 291ff.

界的反柏拉图主义的批判之间的差别。因为根本不能按照现代主体性的范式理解这种差别，它认为现代主体性是"大存在和人之本质（Wesen）被遮蔽的关系的隐秘结果"。① 海德格尔有关现代主体性的解释无疑来自他对笛卡尔的解读，他多次提到笛卡尔，受 cogito 或者 ego cogitans 的指引。② 然而，在笛卡尔的著作中，cogito 的主题并不突出，即便在《沉思录》中，它也是与 lumen naturale 的思想联系在一起的，lumen naturale 是对几何形式的直接把握，与现代主体性毫无关系，而是古希腊的 noēsis 说的延续。有关笛卡尔的讨论到此为止。③

无疑，现代对主体性的强调与意志的解放关系密切。这是一项形而上学的还是政治的"工程"可以另加讨论。海德格尔的判定是它盘根错节地扎根在形而上学史的一种转变中，即对大存在缺席的遗忘，他之所以这样判断，是因为相信确实发生过这么一段历史。海氏认为——至少他的话是如此，技术论以及控制论，即对技术和控制术的滥用，是让人类摆脱神和自然的现代做法的必然结果。在海氏的解读中，对于这一灾难性结果背后的人类实存范式而言，尼采的超人是一种激进的形而上学表达。这一范式是通过两个步骤得来的。第一步，主体或意志不仅成为法官，还成为了立法者。④ 第二步，主体或意志不仅给出了法律，还给出了自己。⑤ 第二步是尼采完成的，实现在超人中："强力意志完全的主体性是'超人'基本必然性的形而上学之源。"⑥

人因此取代了上帝，或渴望无中生有地创造世界的超人，但是

---

① 同上。
② 参见 N II, p. 63, 可以看到 cogito 和超人之间的联系。
③ 进一步的讨论，参见我的 "A Central Ambiguity in Descartes", in *The Ancients and the Moderns*。
④ N II, p. 296.
⑤ 同上，第 302 页。
⑥ 同上。

所创的世界本身也是纯粹的动荡或混沌,因为它完全是人类——或超人——意志的延伸。自然的非人化是把自然理解为混沌的基础——"混沌 sive natura(即自然):自然的非人化"——海德格尔也引用了这句话,它出现在永恒轮回说的初步构想中。① 但是,自然的非人化即抛弃一切自然目的,是"通过超人的人化"(同上),或者把世界变成超人意志的投射。

海德格尔这样总结此过程的结果:"超人是对这种人性的重击,这种人性首先希望自己是重击,并且给出了这种重击。"② 然而,为了给出这种重击,超人需要一把锤子,这把锤子就是永恒轮回说。③ 我们可以确认这里的阐述为真,却仍然可以把理论的和实践-生产的区分开来。永恒轮回的锤子是哲人的锻炉里铸造出来的,超人挥舞着它,但是作为哲人生产的物品,永恒轮回之锤并非真理,而是一种教化或高贵的谎言。用海德格尔的话说,作为一种"形而上学的"真理,永恒轮回说表达了形成的混沌性:混沌(sive natura)无疑是对斯宾诺莎的 deus sive natura(神即自然)激进的修正。超人可以取代上帝,因为混沌根本没有内在或隐秘的秩序;它敞开接受我们强加的各种解读,也就是说,它敞开接受任何可能的解读。因为永恒轮回的"绝对必然性"只意味着"不可能的绝不可能"。④

我们也必须这样评价永恒轮回说。它意味着我们想它意味的东西:"应该这样!"对于哲人而言,这意味着没有自然目的;没有自然秩序,只有有限几种力点组合的不断轮回。这又通向了 amor fati,即认识到人类活动,以及人类意志,是一种幻象:现在存在的,

---

① N II, p. 307. 这个初步构想是关于《查拉斯图拉》卷一的:IX, pp. 519f[11(197)];1881.
② N II, p. 312.
③ 同上.
④ XII, p. 536[10(138)];1887.

必然曾经存在过;将来存在的,必然存在。根本的问题在于,这一学说如何成为锤子,刺激创造活动。答案很明显。如前所述,该学说无法激励我们去行动;如尼采所言,其结果只可能是被动虚无主义的那些结果。因此,我们必须改变这种解读。尼采是个政治雄辩家,必然会强调永恒轮回的解放维度;它通过毁灭净化,把人类的精力集中在重估一切价值的创造活动中。这种解读绝不是海德格尔的,他想把思想者的 Gerechtigkeit 指认为混沌隐秘的内在秩序。这种指认把 Gerechtigkeit 变成了 amor fati 的代名词;表面是自由创造,其实却是或然的必然性的假象,或然即偶然发生的。

这很接近海氏的喜好,认为大存在的源-生即一种什么都没有发生的发生。不幸的是,它也把人类活动,以及重估价值创造一个世界,还原为无表面的动荡。换言之,海德格尔把尼采的永恒轮回说变成了形而上学的或者被遮蔽的事件的源-生(e-venting of the event),结果把尼采变成了被动的虚无主义者。他其实是把自己的被动虚无主义转嫁到尼采的文本中。如果我们不谈海德格尔,认真思考一下尼采,就不得不承认根本无法用一种本质的和系统的形而上学学说"调和"有关永恒轮回的两种解释,积极的和被动的解释。要么永恒轮回说是一个高贵的谎言,要么如果它是一种可怕的真理,哲人就必须掩饰其意义。然而,两个选项都不是超人所关心的或者执行的,他不是使用锤子,他就是哲人所用的锤子。

让我们来评价一下海德格尔自己的政治活动。在我看来,海德格尔1933年的可耻行径源自这一根本错误:没有把哲人和超人区分开来。哲人必须为革命做准备,他不能领导革命或者成为革命代言人。在早先的传统中,哲人充当或者试图充当国王或王子的顾问,后者的视野完全是传统的。20世纪的哲人,如卢卡契、海德格尔和科耶夫充当或者试图充当国王或王子的角色,把提出新革命学说与直接政治行动结合在一起。这是不可能的,柏拉图在叙拉古学到了这一点。海德格尔的柏拉图主义让他忽视了柏拉图的教诲。哲学修辞是无法感化民众(vulgus)的。要改造一个社会,就需要知识分子和理论家,调节哲学修辞,把它降低为民众可以理解的形式。严格地说,哲学革命是不需要超人的,他甚至还很危险。它只需要忠实的门徒。尼采部分认识到了这一政治真理,而海德格尔显然对此一无所知。

另一方面,我并不想否认,可以完全以政治为根据为海氏的政治行为辩护。当然,此话的意思不是纳粹政权可谓是合法的,或者可以用哲学辩护的。自古就有涉及哲人与暴君之关系的讨论,至今尚无定论,但这是因为该问题的各项条件与形而上学、本体论或解构毫无关系。哲人何时或者如何有权为了本群体的善,采取措施纠正暴君的行为,是个 phronēsis 的问题:也就是说,实践智慧对具体条件下的变量的评估。无论海德格尔为人如何,他的本体论立场在其来自欧洲佛教的实践结果中并不明显。我尽管并不同意积极的 Sein und Zeit(存在与时间)说中的许多细节,但还是更赞同该学说,而不是海氏后面对 Gelassenheit 的推荐,其中混杂着低级的东方主义趣味和哥特式的词源追溯。

回归问题的核心。要想严肃地捍卫思想家海德格尔(区别于政治活动家海德格尔),唯一严肃的做法就是强调在清晰思考大存在之前,我们根本无法有效地构建政治群体,或者解决日常生活中的实际问题。如果能够清晰地,甚至更清晰地思考大存在,在新的、更聚焦的角度看见存在者,包括政治存在者,这种辩解就是合理的。然而,我已经大费周章,足够清楚地表明这为何是不可能的。只需要加上一点,关于柏拉图也是如此。只靠思考一下型说及其实际的政治功能,我们就可以看清哲人与超人的区别。首先,不断观察或者尝试观察诸型并不会产生一个公正的城邦,只会灭绝哲人的人性。不过,更重要的也许是,即便我们的视线可以在型和城邦之间转来转去,也无助于政治问题的解决。

让我们用正义之型来阐明这一点。让我们暂且承认,牛型让我们可以把某些动物指认为牛。这是可能的,因为牛始终是牛,无论我们在什么样的背景中遇到它们,或者从什么样的角度观察它们。然而,对正义型的认识却无法让我们把哪些行为指认为正义的,因为何为正义取决于环境。看见正义型不是看见一幅画,上面画着普遍有效的正义行为;也许它更接近一种有关正义的一般定义。没有任何一幅画可以涵盖各种情形下的所有正义行为。不幸的是每种定义也是如此。比如,假如正义的定义是"管好你自己的事"。即使不提常识,《理想国》中也说得很明白,接着我们必须确定什么是我们自己的事,而这取决于我们的处境。

显然,正义型既不符合一幅画,也不符合一个定义。或许它就像乐土上的钟声,每当我们遇到正义行为时都会响起——但是为何会有那么多荒谬行为?我们确实可以辨认某些行为和人是正义的,但这是因为我们看到了某个行为的正义性,或者某个人品的正义性,而不是因为瞥见了正义型。我们说我们获得了某种正义型,这是在说我们从许多我们认识的正义行为或人中获得了一种推论,得到了一套所有正义行为或个人共有的一般属性。但是,是哪些属性?在知道什么是正义之前,我们如何定义正义的属性?在知道什么是正义之前,我们如何确定正义型确实是正义的型?

除非我们可以解释什么是正义,否则根本不能依赖正义型,因为我们永远无法知道我们是在做梦,还是真的看见了某种本真的存在,而且即便假设我们正看着某种本真的存在,我们正在看的是什么?正义型不可能解释自己,它并非一种声音或者话语,不是一套写好的指令,更不是一幅普遍适用的画。我们可以说它是一种正义感吗?又该如何把它与自以为正义或伪善区分开来?因此,如果哲人只能在某些行为或个人中看到正义型,并且确认这些行为或个人是正义的,这于政治毫无益处。他还需要向普通人,甚至与他意见相左的哲人或反柏拉图主义者——他们不具备乐土之人的视野——解释具体行为或个人中的正义是什么。

不要误解我。我不是要否认正义的存在。我的观点是我们不是通过参照正义型来识别行为或人的正义性的,而是因为在各种情况下看到了各种正义的例子。这听着仿佛是我承认我们看到的正义型是多中的一,即缤纷的正义案例中的统一性,但我要说的恰恰不是这,而是我们看见了各种正义的案例,仅此而已。在此而且仅仅在此,型说的"本体论"才进入了讨论。

显然,在我们见到的各种正义的例子背后根本没有正义型照亮它,生而为人,我没有也无法看见正义型,就像生而为人,又没有功能强大的显微镜的帮助,我无法看见桌子的视觉表象下隐藏着原子,而且即便看到了,那也不是桌子。我甚至想说,可能因为一时的狂热,我看见了正义型。这种景象还滋养了我的性格发展,让我充满正义感,而我先前是没有的。不过,这丝毫都没有告诉我何为正义,具体情况下该作何选择。根本没有必要把目光从行为或个人投向型,因为我们能看见的既非正义的行为或个人,也非图画范例或者统一的定义,而是所谓的本体论实体。认识正义型并没有认识正义,只是认识了正义的本体论基础。

这又回到了 phronēsis,柏拉图在《政治家篇》中已经承认了这一点。如果我们为了等着澄清大存在的意义、真理或 topos,而推脱政治责任,我们(其实)是在等待无。根据海德格尔本人对物的定义,不会产生任何东西,可以照亮该做什么的问题。现在,我可以轻易地理解为何有人拒绝参与政治生活,因为他觉得政治生活很无聊,或者占用了他太多时间,让他无法进行哲学思考,甚至无法听到有关源-生的源-生(e-venting of the e-vent)的新闻。我也可以理解为何有人变成了纳粹或者斯大林分子,或者因此变成了美国国务卿或总统的外交政策顾问,理由是这样我就可以减少很可能会出现的各种灾难性和不道德的政策。但是,何时弃权、何时干预是一种实践决定,决定什么是最该做的,与大存在毫无关系。

本节所言目的颇多，但绝不是为了宣称海德格尔对尼采的虚无主义的解读是无根据的。如果尼采作为政治思想家，遗忘了大存在的缺席，这也合情合理。事实上，19到20世纪的虚无主义与遗忘或者牢记大存在的缺席毫无关系。关于它产生的理由，尼采在1887年的笔记中说得很详细了，全文引用如下：

> 虚无主义产生的原因：(1)**高级物种缺席**，他无尽的创造力以及对人的信念能力让他挺立着(想想我们欠拿破仑的：几乎是这个世纪所有更高级的希望)(2)**低级物种**，"人群""大众""社群"寡廉少耻，把自己的需求吹嘘成了宇宙和形而上学的价值。这样，整个人类实存(Dasein)都庸俗化了：即只要**大众**还在统治，他们就会对异类实行专政。让他们丧失信心变成虚无主义者[。]一切设计高级形式的努力都会失败……其结果便是反对高级形式。所有高级形式都会衰落，得不到保障；与天才作对("民间-诗歌"等)[。]对弱者的同情变成了衡量灵魂高度的标杆[。]**哲人缺席**，行为的解读者，不只是再生产者。①

19世纪欧洲文明的知识分子领袖的创造力和自信心逐步下降，这往往被认为是启蒙的结果。从海德格尔的立场来看，启蒙是主体性发展的一个阶段，也是意志解放即强力意志发展的一个阶段，逐步把人类实存物化或机械化，精神标准也随之倒塌和庸俗化。尼采的观点也十分类似。但是，有一点非常不同。尼采主张革命，想通过特别强化主体性(也即强力意志)，改造各种启蒙价值，或者19世纪庸俗的价值观。

上文曾指出，对于尼采而言，支持现代社会主义和对弱者的

---

① XII, pp. 357f. [9(44)].

同情的基督教是大众的柏拉图主义。我们也可以用他的声音说，现代科学是少数人的柏拉图主义，至少在开始时是，尽管按照尼采的标准，现代科学带来的后果是精神上的灾难。颠倒柏拉图主义需要同情少数人，用语文学替代物理学，作为科学世界观的典范。这当然不是说尼采号召大家回到前伽利略的黑暗时期，让我们再次引用《偶像的黄昏》中一段振聋发聩的话："吹进保守分子的耳朵里——先前不知的，今天所知的，都会知道——重建过去（eine Rückbildung），任何意义或程度的回归都是完全不可能的……今天没有人可以自由地做一只螃蟹"——即想倒退。①

尼采对专业的语文学家的特殊品质非常严苛，但这无关本书的要旨。要想了解用语文学代替物理学作为科学的典范意味着什么，可以去读读《反基督者》的第52段话，②尼采在此批判神学家不懂语文学。"在一般意义上理解，语文学是正确的阅读技艺——能够读出事实，不会通过解释来歪曲它，不会在寻求理解的过程中失去谨慎、耐心和敏锐（Feinheit）。"尼采认为，物理学以及所有自然科学，都是解读；语文学家的任务就是调节和控制解读——"语文学是在解读中 Ephexis（搁置判断）"——而且是通过奥古斯特·博尔克所言的 subtilitas legend（阅读的微妙）。换言之，物理学必须听从人类实存的"文本"，那些擅长阅读的人、敏锐的读者、哲学家解释的"文本"。语文学就是《裴德罗篇》中苏格拉底的 philologia（236e4f）。

懂得阅读生命文本（与把生命还原为文本完全不同）的人就会看到尼采的实验危机四伏。创造超人带来的往往是知识分子和理论家。在公共舞台上，这些庸俗话语的大师们总是可以完胜哲学家。历史的真相在于我们不能随心所欲地创造超人：拿破仑是生出来的，不是创造出来的。

---

① VI, p. 144.
② VI, pp. 232ff.

第八章 大存在史

回　顾

该结束这本书了。不过,我不想罗列一堆已经确立或者得到证明的观点。这只会降低这部鸿篇巨制的水准。在本部分,我想对上文的论述做点延伸,为我们最后阅读海德格尔十分重要的一段话做好准备,这段话非常适合用来结尾。虽然无需夸大其词,却必须一提我在这里付出的心血,对其的总结只会邀请我们进入下一轮的研究。海德格尔最接近柏拉图的时候是强调自己 unterwegs(在路上);用一个苏格拉底最受追捧的表达,palineskarchēs,"从头再来";开始便是一切。

言归正传。海德格尔是 20 世纪最具影响力也是最具争议的将军,统帅着苏格拉底在《泰阿泰德篇》提到的荷马军团。苏格拉底声称这支军队是由除巴门尼德以外所有哲人和最出色的诗人组成的,包括埃庇卡摩斯这样的喜剧作家,和荷马这样的悲剧作家。这支军队有一个统一的主题,苏格拉底挖苦它是普罗塔哥拉的秘密学说,即"我们喜欢说的一切'存在的'事物,实际上都处在变化过程中,是运动、变化、彼此混合的结果。把它们叫作'存在'是错误的,因为没有什么东西是永远常存的,一切事物都在变化中"(152c8 及以下)。海德格尔版的普罗塔哥拉主义,一不小心就会被误解为夸夸其谈、喜欢卖弄的埃里亚派,偏执地用有力却晦涩的语言谈论着大存在。然而,如上文所言,在海德格尔看来,大存在既非实体,也非根据。海德格尔违背了先贤巴门尼德的教诲,说着不存在的东西;甚至像黑格尔一样,把大存在等同于无。大存在非此非彼,而是事物形成的源生(event)或过程。不过,与黑格尔相反,此过程缺乏永恒、确定的结构——这是本该从其完全的显现中得出的。

在一个关键问题上,海德格尔与黑格尔走得很近,也让我们看清了两个思想家之间的分歧。尽管他们的思想完全不同,我们却不得不说两人都确认了大存在的历史。在黑格尔看来,不仅有绝对的范畴结构的发展,还有一种与世界历史主要时期同形同构的发展。这一包罗万象的结构融合了异教 logos 和犹太-基督教精神,还有卢梭和孟德斯鸠的人类发展史,康德先验哲学中的本体维度和现象维度,从而把内在的或人类的历史变成了其先验基础的镜子。黑格尔把偶然性变成了一个逻辑范畴,从而触及了偶然性。尼采则把逻辑变成了一个偶然性的范畴,从而颠倒了黑格尔主义。

黑格尔和尼采带给我们的是一种围绕着精神之轴旋转的循环总体性。尼采以自己的方式变成了和黑格尔一样的先验哲学家,永恒轮回说构成了概观或乐土之人的视野的必要条件,这种视野没有让视角论或解读说消解成为今天所谓的分延。对于黑格尔而言,轮回的是绝对精神的逻辑结构;对于尼采而言,轮回的是有关人类的等级排序。最后,黑格尔所谓的否定活动就是尼采的混沌说。两位思想家之间的根本差异在于,黑格尔认为从否定活动向有序世界的过渡,是系列否定的肯定积累的必然结果。用一种非黑格尔的却更清晰的表达就是,随机的运动积累成了秩序。还要插一句,不难看出黑格尔巴罗克式的逻辑学与现代科学的主要哲学基础基本是一致的。

然而,黑格尔统一了活动与精神。尼采区分了精神活动和混沌活动,回归了康德的二元论。用简单通俗的话说就是,尼采否认经典的宇宙论;他否认秩序、目的和价值,只承认力点的偶然组合。用更晦涩的词汇说就是,人类意志与混沌的内部秩序之间不具备同一性,因为混沌根本没有内部秩序,这与海德格尔的解读是完全相反的。因此,永恒轮回说必然和强力意志说一样,都是通俗的假说。永恒的是混沌;轮回的是混沌,也即历史视角或时代。尼采对人类经验的理解,把狄尔泰提出一种批判的历史哲学的专业做法激进化了。

我并不是想说尼采受了狄尔泰的直接影响,他从未提到过狄尔泰,但是狄尔泰代表着19世纪哲学的主流,想用一种实证论或准科学的框架调和康德和黑格尔。清楚了狄尔泰的这些哲学观点合起来产生的后果,我们就会通向尼采:(1)"世界只存在于(人类)的表征中";(2)"自然远离我们,在我们之外,不具备任何内在的生命。社会是我们的世界";(3)"人类在这种社会历史现实中创造的一切,都是意志的主要动机的产物……甚至正义的意义也非认识的产物,而是意志的产物。"①

我们必须在这一背景中认识海德格尔特殊的回归,他经由奥古斯丁的人类学和经院形而上学以及康德和黑格尔,回到了古希腊尤其是前苏格拉底的思想家们,回归了荷马军团。我们必须弄清海德格尔在求索道路上,从他否定的东西里吸收了什么。我无意展示其中的细节。就本书的目的而言,重要的是这一总的看法:海德格尔对现代主体性的否定有着严格的限定,他先是接受了现

---

① *Introduction to the Human Sciences*, *Wilhelm Dilthey*, *Selected Works*, ed., Rudolf A. Makkreel and Frithjof Rodi, Princeton: Princeton University Press, 1989, vol. 1, pp. 81, 88, 103, 105.

代先验的主体性,称之为 Dasein,然后在所谓的 Kehre("转向")之后,把主体性的场域从 Dasein 转移到早已离开的神祇们那里,神祇们与被遮蔽的、显然无法触及的"本源"保持着暧昧的关系,从"本源"中产生了所有的道,也即海氏版本的黑格尔和尼采的历史阶段。这个本体-神学的批判者变成了半个查拉斯图拉式的大存在预言者,和德意志民族的异教神祇。

在漫长的欧洲历史,还有它各种征服人类精神的划时代的运动中,荷马军团把各种蛮族也收编进了原来的希腊军团。对于那些认为战争(和变化)创造了一切的人而言,希腊和蛮族之分远远不及两种后现代解构主义者的"踪迹"的拟像之分重要。纵然海德格尔在哲学上一丝不苟(Spitzfindigkeit),并且偏执于默想古希腊的文本,也无法肃清各种蛮族神祇的香火。他把希腊的 historiē 变成了庸俗的犹太-基督教的历史性,按照其说法,日耳曼人是上帝所选的或形而上学的民族;Geschichtlichkeit 也变成了大存在史的馈赠,既不是黑格尔的概念的展开,更不是尼采的永恒轮回,而是无法预料的事件(event):不是这样或那样的事件,而是纯粹的源生(eventuation),是 Er-eignis。在亚里士多德那里,经验上的那个高于什么是服从本质上的什么高于那个的,海德格尔废除了这种优先性,他默认了实证论,更准确地说,一种启发性的实证论。

海德格尔的荷马主义的特殊性最终落在事件(the event)的肯定性上。海德格尔用显现与隐蔽、祛蔽与遮蔽、呈现与隐退这样的诗性语言,重复了运动与静止的辩证关系。在黑格尔那里,本质与表象最终并未分离;在海德格尔这里,无即似乎存在的东西。也可以对这句话进行肯定的解释:无即似乎存在的东西,或者反过来说,似乎存在的东西即无,即大存在。直白地说,对大存在馈赠过程的欢呼腾空了各种礼物的意义。对于海德格尔来说,为礼物赋予意义,或者尼采所言的价值,相当于物化和遗忘大存在。

我怀疑海德格尔的实证论(我的用语),是因为他无法摆脱胡塞尔的知觉先导的影响。① 青年海德格尔在求学和任教道路上花了大量时间阅读《逻辑研究》。胡塞尔在其中提出了意向性概念,认为意向性不是取决于预见(anticipation),而是充实(fulfillment)(40)。② "在充实中,我们可谓是经验到(erleben)那个本身",或多或少通过直接的感知(65)。也就是说,充实是知觉内容直接把自己给予我的直观(Veranschaulichung),无论该内容是一个感性对象,还是诸感性对象中建立的抽象范畴(73)。知觉内容必须站在每一个灵魂之眼前(81)。一切意向活动的终极基础即 Vorstellung 或 Repräsentation,即完全给出的知觉内容的纯直观(94—95,98)。总之,充实最终就是"对象本身,处于自身中的对象",这又通向了 adaequatio rei et intellectus 或真(118)。胡塞尔还把对象的完全给出称为"迹象"(Evidenz)(121f)。在迹象中,我们把真经验(erleben)为所意向的和所给出的完全相符。

用一个海氏最终会用于康德的词来表达就是,胡塞尔认为,大存在即那个被知觉,也可以说,那个出场;但是强调知觉对象的意义,就需要远离该知觉,将其内容放在一个概念和范畴等级中。简单地说,说"这是有意义的"或"那是好的"并不同于把知觉的那个的完整迹象摆在我们面前。胡塞尔认为,价值都是知觉结构,即诸感官知觉到的对象中建立的纯直观的诸对象。然而,对一个知觉对象中建立的一种价值的知觉,却不同于对知觉对象的评估。胡塞尔和科学启蒙中的其他代表人物一样,是以感知觉为基础来定义真的,不可避免地把价值和意义与真正的本质之间的区别还原为了两类直观之间的区别。

他后期的著作《欧洲科学的危机》证明了这一点,这也显示了胡塞尔的生活世界和我们在第二、三章分析的柏拉图对日常生活

---

① 进一步的讨论,可参见 Ernst tugendhat, op. cit, pp. 255ff.。
② 除非另有说明,括号中的数字指的是 *Untersuchung* (op. cit)卷六中的页码。

的理解之间的差别。对于胡塞尔而言,生活世界是"自然科学之意义被遗忘的基础"(48)。① 那个实践和审度的世界被现代伽利略式的数理物理学设计的"符号外衣"掩盖了(注51)。胡塞尔走的很远,把生活世界等同于古希腊的 doksa;但是他很快就脱离了希腊队伍,强调自己是把 doksa 变成 epistēmē 的基础的第一人(158)。也就是说,胡塞尔想提出一种有关生活世界的科学,超越主观-相对的 doksa 的层面,进入客观描述生活世界的科学层面(135,142)。这相当于分析主体间性的结构(170,175)。实践与文化的生活世界的根据在于主体性,主体性是相对性的不断变化(胡塞尔先前曾称这种变化为赫拉克里特之流,想触及这种风格:159);尽管变化万千,生活世界却"包含着自己的基本调节模式,一切生命和科学都与之相连,它是它们的'基础',所以生活世界也拥有一种将从纯迹象种生产出来的本体论"(176)。

为了获得一种未曾数学化的主体间性的结构,到达意向性的最终层面,从中产生科学的意义,我们经历了与生活世界先验的 epochē 或疏离,除非它是给予纯粹或非个人的直观的知觉对象:"我站在世界之上,世界现在于我已经变成了一种意义十分特殊的现象"(154)。尽管生活世界以自我为轴心,主体性也只是在主体间性中才是主体性,即在我-你-我们主体间相同的生活世界中(174—175)。这种对生活世界诸结构的非个人的主观知觉,其主要特征是疏离或中立:"在目前的语意领域,我们自然没有参与任何人类实践激起的功利(159)。我们从目的功利的生活世界的参与者的自然态度,转变为'无功利的观察者'"(178),并且从生活世界上升到哲学层面,后者是一种普遍客观的科学,无视大存在和生

---

① *Die Krisis der europäische Wissenschaften und die transzendentale phänomenologie*, The Hague: Martinus Nijhoff, 1954. 除非另有说明,括号中的数字指的是 the *Krisis* 中的页码。

活"完全的具体性"(179)。

在生活世界中，我们生活、活动并且存在，但是在现象学家看来，生活世界是纯知觉或直观对象。现象学描述的关键不在于区分好坏，而是把让生活世界的居民充实自己意向的各种结构彻底带到"灵魂之眼"(亚里士多德语)前。而且，现象学家虽然不断提到意义的确定，却是主要按照感知觉对象来理解"意向性"的。这源于 Geltungsepochē，或者把一切效度和评估加上括号(239)，这样我们完全摆脱了功利地参与生活世界，"不参与"其中发生的任何东西(241—243)。这种与生活世界的疏离如果可能的话，只会让生活现象成功脱离意向的充实。我认为，这根本不可能，而且会导致现象学家无意识地把科学客观性理想生产的各种偏见强加于日常生活的领域。只有参与了渗透于人类意指中的审度、权衡和评估过程，我们才能"觉察"意指的谱系。没有这种参与，就无法内在地触及生活世界，它就变成了一系列图像。

现象学终究还是以知觉范式为基础的实证论，但它也是历史主义，海德格尔所谓源-生的源生(the eventing of the E-vent)的内涵。思想家海德格尔面对大存在的源-生(e-vent)，就像现象学家胡塞尔面对着纯化的本质流。不过，两者之间有一个本质的区别。海德格尔无法触及源-生的起源，只能接受它带来的一切。胡塞尔则相反，始终觉察着自己的意识流的内容，然后自欺欺人地把其定义为非个人的主体间性领域。消除历史的沉淀，或者让生活世界的诸结构摆脱其符号外衣，其实是纯化记忆，这里的记忆是主观化的柏拉图的"回忆"(anamnēsis)。

胡塞尔想规避历史主义，强调尽管"历史是本意(Sinn)之构形和沉淀相互作用的积极活动"，Sinn 构形完成后就构成了一种客观的理想性。历史或意义构形拥有一种"主导的先天结构"(380)。在阐述这一重要观点时，胡塞尔认为每一历史阶段都有一种一般的先天结构。不过，此结构也是意义的历史建构；不同系列的建构

第八章　大存在史

最终来自 Urevidenz,胡塞尔在一个十分关键的脚注中提到,Urevidenz 是有教养的人确立的,他们"提出新问题,新的历史问题",这些问题既属于外部的社会历史世界,也属于内部世界,"深度之维"。

总之,胡塞尔认为历史具有一种先天且绝对的 Evidenz(381 及以下),所以生活世界中有一种绝对本质,会让几何学者(=伽利略)感兴趣。对几何学真理的起源进行历史分析,可以让我们回到一切历史数据都会预设的"不变或绝对先天"(382—385);但这是一种几何学的结构,它是几何学史和数理物理学史的基础,却不是判断好坏、贵贱的基础,也不是胡塞尔要寻找的科学的意义或重要性。然而,即便我们坚信可以用现象学的方法分析生活世界的全部结构,包括道德的和胡塞尔所谓"文化"的结构,也无法推翻这一点。对结构的知觉或直观并非对文化的审度,它是与后者分离的,因为后者需要功利地参与文化。也许最重要的是,整个描述过程并未指向生活,而是指向了个体现象学家对生活的内在知觉。其结果不是主体间性,而是现象,或者唯我论者理解的主体间性之象。①

现象学开始于知觉,对物质体的基本把握,②然后转向直观,对符合知觉真实内容的意识模态的静观。把直观延申到被知觉物的非感性属性和关系,也不会通向等级排序,或者帮助确定不同意识模式领域对于我生命总体的意义,以及对人类生命总体的意义,而只是描述出场的一切,它是一个意向性意识活动的充实。这种

---

① 关于整个话题的进一步讨论,参见这一十分有价值的研究:David Carr, *Phenomenology and the Problem of History*, Evanston, Ill. : Northwestern University Press, 1974。关于 the *Krisis* 和 *Erfahrung und Urteil*,作者指出,为了从历史中重新把握生活世界,我们必须已经在一个具体历史时代中,并且由它决定(230,232)。换言之,"如果自然态度是意识的基础,现象学又如何能克服该态度?"(268)。

② 参见 *Ideen zu einer reinen Phänomenologie* I, The Hague: Martinus Nijhoff, 1950, pp. 57ff. ,关于自然态度,我们发现自己身处一个广泛的被感知物的世界里,我们用它来指导其后所有的现象学过程。

先验唯我论的另一个特征就是激进的时间性；没有对对象的终极知觉，只有变化无穷的呈现；胡塞尔甚至认为实在世界是可能世界的一个特例。① 甚至体验(Erlebnisse)流中建构的理想事物也"以必然的时间'形式'"出场。② 这又通向了作为时间成因的先验主体说，进而作为预见或者通过相互影响，通向了海德格尔的时间说，时间性是认识大存在的小孔（我的用语），无论它是 Dasein 的投射，还是一个看不见的捐赠者的馈赠。

总之，和《存在与时间》中的实存物一样，先验主体各种看似先天的结构也无法摆脱时间性。现象学就是描述主体间时间的时间组织，现象学家个人的主体性可以触及这种主体间的时间。大存在，非存在，以及它们的模态变化(＝谓词)指的不是所谓外在对象，而是被意向的东西，"客观意义"，以及我思主体(cogito)。③ 一切为纯自我而实存的东西都是在其中建构的。认为本真大存在的世界在可能的意识世界之外是无稽的。存在物都是一种具体统一，"在先验主体单一且绝对的具体化中"。④ 而主体性就是无尽的时间流的自我组织活动。现象学想完整描述完全呈现给意向性的知觉对象的结构，是意向性生产了知觉对象。所以，现象学是一种历史实证论，假装在寻找绝对确定性。

诚然，胡塞尔和海德格尔都认为世界之概念即现象及其意义的领域。然而，单说海德格尔，他还认为，世界逐渐变成了大存在的林中地中集结的东西，他用这种东西替代了胡塞尔的现象。大存在之真揭示了遮蔽和祛蔽的相互作用，取代了现象的自我显现；这意味着揭示取代了自我显现。

---

① *Ideen* Ⅰ, p. 111.
② 同上，第 367 页。
③ *Cartesianische Meditationen und Pariser Vortrag*, The Hague: Martinus Nijhoff, 1963, p. 91.
④ 同上，第 117 页。

揭示的内部结构远比自我显现复杂,但是海德格尔追问揭示(Entbergung)的方式,与胡塞尔追问认知知觉的意向内容的方式却是一致的。现象学家胡塞尔是从静观自己意向性的意识活动之本质开始的,海德格尔是从尝试静观大存在开始的。胡塞尔以物为导向(他凝视着意识的"什么"),海德格尔则避免这样做(他沉思或回忆的是大存在,而非存在物)。然而,海德格尔主义却是颠倒的胡塞尔主义:思维始终指向敞开、可见的东西,听觉的东西都是衍生。这种思维依然是理论的,忽视一切与对大存在的沉思无关的想法,或者给其加上括号。这显然是进行本体论区分的后果。海氏强调大存在需要人类才能显现自身,也削弱了胡塞尔的主体性与海氏这一主张之别的分量:他认为敞开是存在物的一种属性,也是大存在的一种结果。

前　瞻

这就是我总的看法,用来代替本书对海德格尔解读的形而上学的批判的总结。在结尾处,我准备分析海德格尔的一个关键段落,进而扬弃先前的研究,进入一个开放的领域。本章开头已经表明,哲学无定论。现在来分析一下《尼采》卷二中的一章,标题是《作为形而上学的存在史概论》(Entwürfe zur Geschichte des Seins als Metaphysik),完成于1941年。此篇既是回顾,也是前瞻,因为海德格尔想把作为形而上学的大存在史变成人类历史无休止的流动中的新开端的序曲。我要讨论的部分题为《形而上学的完结》。

开头仍然是海氏一贯的看法,形而上学的完结抛弃了大存在(Seinsverlassenheit),建立了实存(das Seiende)。① 这是老生常谈,但是它究竟说了什么?实存即所有实存之物的总体:Seienden

---

① *N* Ⅱ, p. 471.

或古希腊的 onta。"实存"在此并不具有 Dasein 的大存在方式这种专门的意义,但是我们可以利用这一词源实现我们的目的,我们发现一种 on 从浮现过程中"冒出来了",不是如花朵从土地中冒出来,而是花朵和土地通过一种表显或自我呈现相互对立,这种表显让我们的注意力偏离了背后的出场过程。在其后的一段话中,海德格尔说道:"实存(Existenz):开始显现(或'被揭示'),把自己带给了自己,因为成为自己而是自己,与基础既相关,也对立。"①

其中还夹杂着一段有关谢林的评价:"形成与(谢林)'矛盾'";但是它表达的思想本身却是有用的。让我来说说这两段有关存在离异(Seinsverlassenheit)和实存(Existenz)的评论背后的经验。显然,尽管用语清奇,海德格尔的总体方法始终是与现象相关的,现象即表显的东西;"表显"的意思是"显示"或"显现"自己,先于表象或幻象与现实或真实之分。现在,我们能否抵达这种最基本的把握层面,还是个问题。无需专门研究胡塞尔现象学的方法细节,我们也知道这种方法取决于观察者能否清晰明确或者准确无误地把握显现的东西。

换言之,现象学家认为,通过一系列"还原"或者纯化,可以抵达赤裸的现象,裸象不仅表显,还把自己显现为表显物本身。此假设又来自另一假设,也就是说,尽管一种现象是自显给观察者我的,我却可以通过排除我意识内各种扭曲的视角,那些会干扰我直接触及现象的扭曲,通达现象。这种假设很有问题,甚至根本靠不住,因为:按照康德的说法,我们只能思想我们可以思想的,那么就胡塞尔现象学而言,必须指出我们只能看见我们能看见的。这些老生常谈,常常被鼓吹者用来确立意识的核心地位,即所谓康德的哥白尼革命,同时也限定了我们看见的东西,或者我们通过内在或自反地凝视所见而静观到的一切。在观察的每个阶段,我们都受

---

① 同上,第 473 页。

制于自显给我们的东西,但这意味着,除非初显是确定无疑的,可以成为后续所有纯化的标准,否则根本无法执行各种现象学的还原。为了获得纯化的现象,我们必须以一种对纯化的现象最初把握为指导。

让我们将此问题与柏拉图在面对原相和象时遇到的问题对比一下。在胡塞尔的问题上,必须强调我不可能弄错自己意识行为的意向性的充实。如果我认为自己正看着一朵玫瑰,它就不可能是别的,但这是有问题的,因为胡塞尔还谈到了对意识内容的现象学纯化,即对这种转变的纯化:从最初给出的直观(暂且这样说)转向直观的 Wesen 或本真存在。纯化过程完全发生在意识内部,因为显然不可能通过跨出我的意识,看着"物自体",来核实我的直观的正确性。因此纯化过程是通过直观完成的。而且,最初给出的玫瑰也并非无疑就是它好像要显现的。果真如此的话,就无需纯化了。"好像"和"显现"之间必定有个鸿沟,但是我们无法弥合此鸿沟,除非用其他的好像,每个好像都和最初的好像状态相同。

这就是柏拉图那里的原相和象的问题。柏拉图区分了正确和不正确的象,有点复杂的是,正确的象提供的却是对原相的错误观察,而某些错误的象,却可以提供正确的观察,即那些提供给人类视角的象。鉴于本书的目的,我们可以彻底简化柏拉图的问题。如果我们是通过象触及原相的,那我们如何区分正确和不正确的象,所谓正确的象就是给出对原相正确观察的象,除非我们可以拿它们与第三种有关原相的视像对比。有了这第三种视像,我们还需要象吗?然而,如果没有这种独立的视像,也就没有了象,一切观察都是原相,也就没有了"正确"和"不正确"之分。只有视觉的差异。

回到现象学的问题,可以这样说:在所有环节显现给我们的都是我们唯一能把握的原相。对初显的每次纯化,都以此初显及其后的显现为基础,但其后的显现却是后继的,不同于初显的,包括那些我们认为与初显内容相同的。我们如何确定自己正确地记住了初显（现在变成了原相），足以确定其后继者与其内容相同？而且，如果它们相同，也就无需或不可能进行现象学还原了。如果它们不同，我们怎么能说它们是初显的"纯化"？我们如何确定它们没有扭曲？没有呈现新内容？

显然，我们无法跨出意识，把我们的视像或观察与物自体进行对比确认；无法从外部进入物，只能通过某物获得的对自显之物的观察。因此，既然我们只能停留在意识之内，我们别无他法，只有（1）假设我们记得最初的显现，（2）不仅将其后的显现与最初的进行比较，还按照它们呈现的秩序安排或者思考其后的显现，从而按照一致性、完全性等标准，确定初显的本质。换言之，我们采用逻辑或范畴的标准，对现象或显现进行现象学还原。这意味着显现并未把自己显现为自己本身，"为自己"的意思是"为我们准确确定其所是"，而"准确"的意思是"基于对于我们而言自明的范畴"。还要加上一点，抵达本质显像的过程中包含着想象力改变初显内容的技能。就此而言，"本质"即想象力的产物，海德格尔在解读《国家篇》卷十中的床型时，错误地把这一观点归给了柏拉图。

这种改变是这样发生的。比如一朵玫瑰最初的"好像"本身不是正确无疑的，我们就无法通过检查后继的好像或直观，抵达此好像的纯化本质，当然，除非我们已经触及了独立于诸直观的玫瑰之"型"。"独立"在此的意思不是在意识之外，而是脱离了诸直观。必然是这样的：对好像一朵玫瑰的最初视像被一系列后继的好像篡改了，不是基于这些好像，因为它们和第一个好像一样可疑，而是通过触及一种可以独立触及的范例，即那个好像必然好像是的东西的范例。换言之，对意识意向性貌似充实的直观或观察，必然会激起一个类似于柏拉图所言的回忆型的过程，这个型是我们观察生成实例得来的。然而，在胡塞尔这里，我们最接近回忆的是想象力。也就是说，在某种意义上，是想象力对真实的知觉或现象内容的篡改,生产了一种原相,独立于诸碎片或不纯的初显之象,而且是从中推导出来的。

范畴的引入有它自己的问题,这些问题表明胡塞尔认为自己晚期的著作超越了《逻辑研究》是错误的。不过,还是让我们在这个问题上多停留一会儿:现象即显现,显现一个 on 或实存(Seiendes)的一种确定内容,胡塞尔对此现象的职能的描述是矛盾的。因为胡塞尔并非柏拉图主义者,不敢说我们可以用一种独立获得的型,去纠正我们意向性的直观或者充实;相反,他认为我们是通过纯化意识内容(或直观)通达型的。一方面,他认为最初给出的需要纯化,这样我们才能在其内部建立它,无需任何扭曲的视角。另一方面,初显必须成为后继所有显现的标准,包括那些所谓纯化操作中的步骤。这样我们可以跟着谢林说,形成自相矛盾。不单是现象或者自显的 Seiendes 遮蔽了大存在的出场过程;更糟的是,现象遮蔽了自身,而且恰恰是在自显活动中。

用感知觉做个简单的类比。我们永远无法百分之百肯定我们对某对象的最初知觉是正确无疑的。无论如何,哪怕再明显,只要我们的标准是感知觉,我们就不得不获得其他知觉;这本身极不充分,因为我们必须使用各种排序和联系范畴,它们的使用并不会从诸知觉中生产原相,也不会指向某种我们可以通过知觉或者认知强加在诸知觉上的东西触及的原相。前者是柏拉图的方法,后者是康德的。海德格尔在关注大存在的遮蔽时,是否遗忘或者忽视了作为现象的 on 的自我遮蔽?

尽管海氏从未按照我的方法讨论过此问题,去蔽(Entbergung)中揭示和遮蔽的"辩证关系"(我的用语)却隐含着这一点。而且,在《存在与时间》中,海德格尔虽然口中说着现象学的方法,实则超越了意识和胡塞尔的观察本质(Wesensschau),提出了一个关键概念,"在世中的大存在"。此概念取代了胡塞尔的意向性概念,首先强调的不是知觉对象,而是在此(Dasein)日常活动中散发的关系网,这张网把诸现象(工具或物)联结成一个世界。《存在与时间》之后,海德格尔的思想转向(Kehre)也未影响这一核心观点。在本书前文所研究的著作中,很明显,世界的概念始终起着关键作用;只是到了现在,世界不再是 Dasein 的散发,而成了大存在的馈赠或投射。这种转向符合海氏对尼采的意志说的批判,以及对意志在现代哲学中核心作用的批判。①

海氏十分强调世界的投射,因而偏离了胡塞尔现象学,及其对知觉对象的关注;他还解决了唯我论的问题,胡塞尔从未摆脱这一点。《存在与时间》时代的 Dasein 及其之后的"思想者"始终是一个存在者,对其而言,思维以及对自显之物的观察的"敞开",同时也是一个世界的敞开。而且,海氏用以指导自己的不是自显的现象;相反,他以存在问题(Seinfrage)为指导,即以大存在和存在物之分,以及自显的东西和被显现遮蔽的东西之分为指导。

因此,站在他的立场,我们可以说,存在物和大存在之分吸收了现象的矛盾本质,现象既显现自身,又遮蔽自己的显现。用我"柏拉图的"术语说,本源是根据或出场过程;现象是象,具有双重含义,首先,它是一种浮现物,是浮现过程或根据的象;其次,它是一种现象,比如,一朵花或一棵树,同时还是一个世界过程的象,即是给予在世中的现象确切意思的范畴联系和排序过程的象。请注意,无论我们采取科学或理性的方式分析世界结构,还是通过尼采的方式,即通过评估或等级排序建立一个世界,这一点都是对的。

我在此的兴趣不在语文学上,而是想揭示海氏方法背后的思维经验,这样,偷一个熟悉的用语,我就可以思考未曾思考的了,如果海德格尔真的未曾思考过这个问题。这样一来,海德格尔的问题就是胡塞尔的问题的颠倒。此问题就是确立对大存在的触及的

---

① N Ⅱ, pp. 44ff; N Ⅱ, p. 467:"意志在现实中才显示本质,在现实中,一个实存的实体被驱使成为思想,此思即我思。"

第八章 大存在史

本真性或可靠性,大存在规定了我们对存在物的思考。换言之,在海德格尔看来,自显的不是花朵本身,而是世界本身,在这个世界中,花朵被知觉为一朵花,经历了各种确定后,它们最终得到了一种意义或真理给出过程的具体显现的界定或塑造,我将此过程称为世界的"世界化"。所以,海德格尔必须解释我们是如何触及大存在的,在其思想中,大存在扮演着纯化现象在胡塞尔和型在柏拉图思想中的角色。我们不能通过存在物把握大存在,因为它们遮蔽或者让我们的视线偏离了大存在。这样,我们就必须"先"拥有这种把握。但是,先于什么,什么意义上的先?我们如何能够先于诸存在物,既然它们是给出世界的"被抛性"或(海氏后期术语)敞开或林中地给出的?而且显然不可能说两者是同时分别给出的,尽管我们会用后期的综合把它们归在一起,这种综合维持着有关分开出场的大存在的记忆。

胡塞尔没有说我们拥有对一个对象——比如一朵玫瑰——先给出的知觉,可以指导把在对着玫瑰的意识中的给出性带入完全的现象学明晰性的过程。比如,如果它先于让给出内容得以思考的范畴结构的话语或谓词言说的关联,那么提到"前谓词的"意识,就会不断涉及被给出或出场在意识中并对着其出场的东西。不过,海德格尔肯定是认为,我们拥有对大存在的前意识,这让我们可以区分大存在和存在物;而且无论海氏说了什么,他的思想都需要以此为条件,才能避免类似于我在谈到柏拉图和胡塞尔时提到的问题。

显现为一朵玫瑰、一棵树或一个人的,都不是独立显现的,仿佛漆黑的背景中闪现出一幅画,有如胡塞尔那里的情形,而是发生在一个世界打开或提供的场域中。是世界把玫瑰呈现给了我们,无论这玫瑰是在手的,用来欣赏的,被拿来闻的,献给爱人的,用作装点的,还是以供园艺学检验的,或者被神经生理学家或心理学家视为知觉内容。海德格尔在《存在与时间》中提到的工具(Zuhandenheit)和物(Vorhandenheit),都是在世中存在的方式。世界不必是从我们对作为对象的现象的反思中推导或建构而来的;相反,世界所呈现的现象客观性必然是从更广泛的、甚至更全面的呈现中推导出来的。

换言之,必须承认起初我们并未聚焦在世界上,而是聚焦于它呈现给我们的东西上,无论是单个实体,还是一个在世中的存在连续统。世界的直接出场有如胡塞尔的前谓词经验。我在某个闲暇的下午望出窗外,不是为了看见某个具体之物,只是因为我的脸转向了窗外,看见一个四维连续统(因为时间出场在此场景经历的变化中),无疑我不是把它看成一个四维连续统,而是看成一个人、物和事件构成的无缝之网,而此时我尚未建立起各种联系和排序,把此网关联成可识别而且常常已经识别的各种物的呈现。

其实,我望出窗外让我的认知反思,不是聚焦在世界也即存在物在一种隐蔽的关系和感觉秩序中的出场中,而是在对风景的知觉中,无论有没有轮廓,都含有各种树木、灌木、花朵、路灯、电话线、几眼天空、云彩等。这不是重复胡塞尔那里的情形,即孤立的现象出现在意识的凝视中。我确实在世界中,但是我在世中的存在无需反思;我反思的是此场景;我通过把握其中的诸因素思考此场景。这是从知觉的角度说的,此外还可以加上这些因素:愉悦、无聊、美、丑,预见所见物比如那朵玫瑰的用处,或者预见一个灌木丛即将枯萎因而产生的伤春悲秋等。

总之,那张无缝的网本身不是世界,而是世界的再现,它证明了世界的出场,却并非那种出场或者向我的显现。从对一朵玫瑰的知觉到意识到这朵玫瑰在世中只是一小步,但这并不能改变这一事实:恰恰是这一小步把两者区分开来了。世界在通过诸因素呈现给我时,自我离场或遮蔽了。我必须找到它。一旦我开始寻找这个世界,让我走上此路的这一步的渺小就消解成了复杂性、模糊性,甚至神秘性。这与柏拉图和胡塞尔遇到的那个问题是一样的。我如何从世中之物的直接显现中找到那个给予我的世界？另一方面，我意识到是世界把玫瑰显现给了我，而不是相反；我也没有把玫瑰显现给我自己。另一方面，我的这种意识的根据在于那朵玫瑰，在于自显为这或那的东西，而不是显现或出场。

阐明此问题时，我已经抽离了世界与大存在或世界呈现之分，这样可以简化我的阐述。至少我们可以说，背后无所不包的"世界化"过程也是世界被建构或呈现的过程。换言之，我们可以区分这两者：一是规定这个世界的世界性的诸具体价值、等级排序，或真理划时代的馈赠；一是从这样或那样的价值表、等级排序或者一套范畴等中建构一个世界的一般操作。作为世界，此世界与彼世界基本类似，无论各自包含的真理多么不同。无论如何，能否把握世界的问题充分再现了能否把握大存在的问题，两者几乎是同一个问题。

就是如此，各种知觉案例以及对知觉的心理反应表明，世界是通过世中之物呈现给我们的；但是反过来，世中之物也是通过世界呈现给我们的。"形成自相矛盾"意思是，无论我们选择从哪里开始，都会直接与其对立面矛盾。另一种说法是，形成是循环的。一旦我们离开日常的知觉和反思层面，去界定日常生活的意义或真，就需要把玫瑰和世界、存在物和大存在区分开来。不过，这种区分只能通过该区分本身来完成；我们必须已经认识了玫瑰与世界、存在物与大存在的差异。我们关联此差异的过程，类似于柏拉图对话集中提到的回忆。

换言之，人类对现象的把握，不是把自显的东西把握为自显的东西，而是把自显的东西把握为其他的东西。玫瑰自显为玫瑰，是因为它自显为世中之物的能力，所以它显现给我们的不是它自己，不是那朵玫瑰，而是那个世界。这就是胡塞尔与海德格尔的不同。在胡塞尔那里，世界从未成功地显现自己；至少不会先于危机，甚至到那时也不是显现为世中之物，因为 Lebenswelt 本是现象学还原的结果。在海德格尔那里,世界一开始就显现了自己,但不直接显现为自显的东西本身,不是自我凸显,而是显现为一种预见或"回忆",让我们可以从现象的它性中推导出那个世界。如果知觉只是对比如玫瑰的把握,就无法从此开端抵达世界。而且,我刚刚已经指出,胡塞尔永远不会抵达那里,除非他摆脱型之现象学的方法。

我认为,胡塞尔的本质并不局限于玫瑰,还包含精神品质、社会和政治结构等。然而,在意识深处追寻一种人类甚至一座城邦或国家之"本质",这种做法就仿佛它们都是孤立地出现在一片漆黑的意识中,然后暴露给了理智之眼。即便意识可以把握,此世界"本质"也非一个世界,或者世中之物。海德格尔反对把"本质"一词冠给他的"世界"或"大存在",是对的。

关于胡塞尔要说的已经说完了。《形而上学的完结》的第二句话是:"放弃实存物(des Seienden)的大存在是对作为无蔽的遮蔽的大存在的最终反思,其中任何实存物都可以表显为如此。"换言之,对实存物之大存在(也即亚里士多德的作为存在的存在)的意识是一种对大存在无反思的预见;只要关心物之存在,我们至少都会提到 ti to on 的问题? 或者何为大存在,即便我们尚未正确或完全认识我们问的是什么? 但是在尼采那里,追寻物之存在的过程在意识层面已经被抛弃了;尼采认为,除了混沌或强力意志的永恒轮回,存在物再无其他存在。在强力意志建构的世界的永恒轮回的出场的永恒性中,我们最接近大存在。不过,尼采并不认为这种接近是重建物之存在,他并不认为(在海氏看来)他颠倒的柏拉图主义依然是柏拉图主义。他提到这种接近是为了表明他的颠倒已经抛弃了柏拉图主义。没有大存在,只有形成。

显然,海德格尔认为这一说法中隐含着柏拉图主义。但是,尼采有意识地抛弃了实存的大存在,这与柏拉图为了实存物的存

第八章 大存在史

而抛弃大存在最终是一致的。柏拉图抛弃大存在,选择了型;尼采抛弃型,选择了解读。但是,尼采的解读是强力意志的投射。因为强力意志不断轮回,所以把轮回过程重建为实存物之存在,继而成为对大存在的抛弃。尼采的学说是柏拉图主义的镜像,但是请记住,在镜像中,原相被颠倒了。对作为无蔽的遮蔽的大存在的最终反思是颠倒的柏拉图主义,它也是一种柏拉图主义,其中形成取代了大存在。大存在被形成遮蔽了。

为何海德格尔用了"抛弃大存在"一说?并非为了指出人类或者柏拉图、尼采等思想家的忘恩负义或粗心大意;相反,是大存在抛弃了人类。不是出于愤怒或报复,而是内在于大存在给出自己的方式。大存在**只能以遮蔽的方式**给出自己,即通过存在物给出。在本书中,我一再强调,只要理智的生灵依然存在,这种基本必然性就永远不会变,因为一个不呈现给我们任何东西的纯出场过程的馈赠,就是一种理智根本无法接收的馈赠。不是对大存在的遗忘强加了这种必然性,而是思维的本质。

我们只能通过思想某物来思想;思想一个过程,比如大存在的出场,也是思想某物:这一特殊过程,与该过程呈现的东西对立。我们通过现象跨越了"对立"的障碍,如上所述,这种对立即现象的"它性"。我们到达现象,跨越障碍之旅的起点,通过那个让诸现象相互分离和对立的过程,因为这种分离和对立,现象可以被知觉或观察,又相互联系,且与我们的思维或意识相联系,通过一种可谓是流动且易变或总是在变的范畴结构,这种结构必须随着现象的变化而变化,才能确保这些变化为真。海德格尔在《存在与时间》中称这些范畴为 Existentialen,晚期思想中又用了其他的词,比如 das Geviert 和 das Gestell。这一范畴结构即作为世界的大存在的意义、真理、敞开性或安置。在《尼采》中,相关段落出现在卷一 173f.,海氏说到,真之本质(Wessen)会变化,尽管已经变化的也依然是同一案例范围的本质。本质依然是本质;不变或者 west

（海氏的术语，wesen 的第三人称单数）的，是两种不同内容扮演的本质的职能。

海德格尔在《形而上学的完结》[①]中继续说到，对大存在的抛弃包含"未确定的"，即"这种遮蔽的祛蔽，以及更本源的本源（der anfänglichere Anfang），是否在其中把自己照亮为大存在极端的遮蔽"。海氏在别处称更本源的本源为"新的开端"，意思是回到大存在在 phusis 和 alētheia 中的最初显现，但不是古希腊思想家提出的显现，而是开始一种沉思或回忆性的思考，从其的遮蔽中抢夺大存在。遮蔽的祛蔽是一种极端的遮蔽形式。换言之，完全的无蔽是根本不可能的。根本没有作为无蔽的大存在的"自我凸显"，因为自我凸显的是现象，存在物；而且不是把自己凸显为其所是的东西，而是凸显为那些"什么"或本质的所是；本真意义上的"是"，世界出场呈现的"是"；所以现象在自己的它性中把自己显现为其本真的所是，即通过自显为其所不是。

因此，海德格尔对形而上学史的回望也是前瞻，预见新开端的可能性。现在，我们来看看这种回望和前瞻的关系，可以参考《尼采》第二卷的结尾，题目是《追忆形而上学》（Die Erinnerung in die Metaphysik）。有人把"Erinnerung"翻译为"纪念（remembrance）"，以区别于柏拉图的"回忆"，但是两者的作用是一样的。在柏拉图那里，我们"回忆"型。尼采把型变成了视角，其中最基本的是有限几种生产世界的评估，正是这种有限性让强力意志不断轮回。在海德格尔那里，我们"追忆"有限的大存在史中的各个时代，大存在史即"形而上学"，其中每个时代都是一种大存在的馈赠，海氏用"馈赠"替换了尼采的生产世界的视角或评估。所以，海氏和柏拉图的回忆有相似之处，虽不完全相似，却十分重要。柏拉图回忆型，是为了认识诸存在，或者海氏所言的实存物的大存在，

---

① *N*, p. 471.

海德格尔追忆形而上学史的不同时代,是想通过对那些馈赠纪念性的解构与重构而接近(不是"认识")大存在。通过追忆接近也是接近另一种开端。

海德格尔与柏拉图的相通之处十分有限,因为没有人能够预料接下来会发生什么,尤其是在海氏所谓新的开端之后。不过,我们仍然可以说,形而上学的诸阶段就是海氏的型。如果大存在能说话,它必然会说:"你应该通过我的馈赠认识我。"海氏是这样表达的:"回忆大存在史,期待历史的人类意识到这一点;在人类完全依赖强力和力,或天道和秩序之前,人之本质进入了大存在之真。"①我们必须回忆或追忆大存在之真,也即大存在,但不是通过观察自显的现象,而是通过回顾,即对构成该大存在史的诸时代或馈赠的抢夺回忆;我们关注的这段历史,即从前苏格拉底到尼采的这段历史,就是形而上学史。

我们如何知道形而上学史即大存在史?是什么让海德格尔转向对此历史的研究?很显然,我们必须把他的传统研究阶段和他在基本把握大存在和存在物之分后的阶段区分开来。即便这样做也很肤浅。海氏没有进入高级中学或大学去学习大存在,也没有哪门课程、著作或对话来指导他。弗兰兹·布伦塔诺等人的著作,研究了亚里士多德著作中存在的意义,无疑激起了海氏对此的兴趣,但是这些著作没有给出答案;如果有答案,海氏早就成了布伦塔诺等人的门徒。在《尼采》中,海氏用秘教语言解释到,他受大存在的指引,即受大存在史的指引,这得感谢他在历史的人类中的实存(des geschichlichen Menschentum)。

海德格尔用自己要求的严谨和正确说到,他被引向大存在史,是因为活在形而上学的终极阶段,或者直接受了这种终极阶段的影响,并且是个德国人,这是一个形而上学的民族,被赐予

---

① 同上,第 482 页。

了两种真正的哲学语言中的一种。先别忙着嘲笑这种天真的爱国情结(我也常常如此),我们应该想到柏拉图对他的希腊性无疑也有这种情结,只是就他而言,海氏的那种历史无关紧要,而且还不存在;但是,如果活在我们的世纪,柏拉图无疑也会同意海氏的说法:尼采之后,人类陷入了虚无主义的泥潭,尼采在其中起了关键作用,他希望这种虚无主义能够纯化和集中能量,去创造一个全新而高贵的生产世界的评估,但在海德格尔看来,这种虚无主义强化了对大存在的抛弃或遗忘。如果人类不再记得大存在被遮蔽了,就会跌出其人性,变成机器。我们进入了控制论的时代。

弄清楚控制论是否是形而上学的最终表达,这并不重要,重要的是要认识到,一旦人类无法把自己与机器区分开来,哲学就会终结。原因如下:机器的所为和所思并无差别,除非它们被人类用来满足人类的目的。把机器人格化,让它们拥有情绪、情感和评估,滑稽而造作。在这种行为中,我们的超控制论者把人类变成了其儿时的尼采超人之梦。机器具有了人性,哲学会重新开始,也许不是"新的开端",但至少是一种完全出场的开端,不是出场为现象,而是出场为人类不断为了最好而行动的努力。

本书希望能进入海德格尔通向大存在之旅背后的经验,现在可以得出如下结论。我们也许会赞同海氏鼓舞人心的成就,知觉到了大存在在存在物中被遮蔽的呈现;也可能会赞同他用在世中的大存在替代了胡塞尔的意向性;但是我们不能被他的渴望所左右,把人类的凝视从存在物转向大存在。海德格尔自己明确解释了这为何不可能:"大存在史中发生了什么? 我们不能这样问问题,因为这样一来,就会产生一种发生(过程),还有发生的一切。但是,发生本身是唯一的事件(event, Geschehnis)。只有大存在存在。发生了什么? 什么都没发生,如果我们追问的是发生中发生了什么。什么都没发生,源-生的源生(das

Ereigniser-eignet）。"①

我在上文提到海德格尔从未提到高贵性。在此再重申一遍，读一读后面的几句话："源生（eventing）的本源即荣耀（或'尊严'：die Würde），它是真理本身，因为缺席超越一切。荣耀是源-生的高贵（das Edle），无需产生结果（ohne des Wirkenszubedürfen）。"② 大存在的源-生的诸结果或事件，缺乏荣耀或者是最低贱的，缺乏最佳的优点。尽管海氏不断强调或者暗示，追问大存在将会照亮我们对存在物的经验，我却认为恰恰相反。越是沉思大存在，越无法看见存在物。

另一方面，越是详细审视存在物，越能获得有关大存在的明晰性。这种明细性也许是分析性的，也可能是神话的，但它是关于大存在的，而非某种低级构造即"实存物的大存在"或物之存在。因为物之大存在（为了与作为存在的存在区分开来）和大存在并无差别。用海德格尔自己的证词说，大存在的事件（event）是一种什么都没有发生的源-生。即便站在海德格尔的立场上，事件（或源生）就是一个世界的世界化；而且大存在是世界形成的过程，而非其附带过程，其中什么都未形成。那么，什么是形而上学？形而上学超越 ta phusika 或 onta 思考总体，但是这种思考，基础在柏拉图那里，不是一种有关作为存在的存在的科学，而是想认识这一点的涵义：我们按照自己认为最好的行动。涵义之一也许就是我们必须思考作为存在的存在。但是，更重要的是，这类研究在人类实存总体中的位置，以及在我的实存中的位置，因为"人类实存"本身并无实存，只能作为你我实存的衍生物而实存。也没有形而上学家渴望的另一世界，只有此世的更好版本。和开头一样，我们的结尾也不会落入诠释学的圈套中，而是要进入日常生活的圈子，它反对任

---

① 同上，第 485 页。
② 同上。

何将其变成衍生物的努力,不是来自强力意志,而是来自一种解放了的意志的颓废。欧洲历史的最终阶段,依然持续着,因为它就是我们所处的时代,不是对意志的意志,而是自发的想象力的幻象。要澄清这种幻象是大存在问题提出的下一个任务。

附　　录

　　本书即将出版之时,我收到了一本海德格尔 1924—1925 年的讲演录,是关于柏拉图的《智者篇》的,①新近才首度公诸于世。全书共有 610 页,还有多个附录。书的主干是前 226 页,概观解释了亚里士多德有关各种 alētheuein 的看法,alētheuein 即(海德格尔会译为)"祛蔽",通常的译法是"讨论真理"。余下的 374 页详细(但未全总)分析了《智者篇》中的对话。在海氏迄今为止现世的著作中,这是对柏拉图最浩繁的研究,用以佐证海氏早期的柏拉图研究再好不过了。

　　我可以毫不犹豫地说,此处对《智者篇》的研究远远高过海氏后期对柏拉图的解读。在某些关键地方,海德格尔的方式依然乖张,限制了却未消除其评论的力度和细致。最大的影响直接体现在这一点上(11):海氏不断强调我们应该经由亚里士多德进入柏拉图。此立场最彻底地表现在第 189 页。他先是提到详细介绍亚里士多德是为理解柏拉图科学的(wissenschaftlichen)对话做好

---

① *Platon: Sophistes*, Herausg. Ingrid Schüssler, Bd. 19, *Gesamtausgabe*, Frankfurt: Klostermann, 1992. 关于手稿的细节及其来源的学生速记笔记,参见编者的 *Nachwort*,第 654 页及以下。出版的书稿前后非常通畅。

"准备",进而说到"不经过亚里士多德,就无法科学理解柏拉图,或者历史地回归柏拉图"。

总之,海德格尔始终认为毋庸讳言,我们总是通过后来的思想家去认识先前的;尤其是他认为"亚里士多德看到了(柏拉图)辨证法的内在界限,因为他的哲学认识更彻底"(189)。也就是说,亚氏的哲学更透彻地阐述了柏拉图思想的各种内在预设,也是对柏拉图学说的高级修正,包括柏拉图的辨证法和对非存在的解释。亚里士多德让我们理解了柏拉图未提到甚至未充分理解的东西。

海德格尔本人对前苏格拉底的解读显示了此观点的缺陷,他(尽管乖张)一直强调需要重新挪用先前思想家的语言再造他们的思想,而不是通过亚里士多德(和柏拉图)的解释去理解他们。要听从海氏的上述劝导,我们也许就要回到德里达去理解海德格尔。就这段公案而言,海氏只是认为柏拉图想提出一种"科学的"大存在说,他失败了,亚里士多德(在希腊本体论的范围内)对此进行了修正。

我们也可以指出海德格尔本人的缺陷,认为他忽视了柏拉图的对话和亚里士多德的论述之间的区别。这无疑部分是因为误读了柏拉图那里辨证法与修辞学的关系。海德格尔努力想肯定《裴德罗篇》中的修辞学(308—352),却得出结论说修辞学是灵魂的心理学(psychagogia),完全从属于辨证法,后者是"唯一的基础科学(wissenschaft)"(338),是"自我表达、明晰、交流和发表"的 logos 的基础(337)。辨证法是"实存者的首要技艺"(同上)。

换言之,海德格尔想把柏拉图对话中的修辞性纳入辨证法,认为柏拉图想提出一种本体论,却因为忽视了本体论和本体的区别失败了(449,453)。在我看来,海氏太过强调柏拉图的修辞学如何为辨证法背书,却无法领会到对话形式也无形地限制了这种背书。海德格尔似乎认为《智者篇》实则完成了《国家篇》有关辨证法的范导理想(借用康德的一个词)的陈述,从而漫不经心地忽视了这两者的区别：一是《国家篇》等对话集中苏格拉底的型说，一是《智者篇》中爱利亚客提到的最好的种类。比如，海氏认为爱利亚客使用的 eidos 和 genos 完全可以互换。

后一缺陷明显是前一缺陷导致的。尽管他知道《智者篇》讨论的是两种不同的人类生活，智者的和哲人的，而且此处的对话尽管看似带有"科学的"性质，却不是为了练习经院哲学（尤其是573及以下），海德格尔是按照自己的"此在(Dasein)现象学"(62,396及以下)理解其基本主题的。我只想简单提提，有关亚里士多德的详细介绍非常有意思，因为它显示了《存在与时间》中的此在分析(Daseinanalyse)如何受了海氏有关《尼各马可伦理学》和《修辞学》研究的影响。

对智者这个人种的解释和对哲人本性的研究是并行的，都被海德格尔巧妙地带入了本体论，就如海氏对 Dasein 日常生活的分析也是追寻大存在意义的敲门砖。有一段话非常重要，海德格尔用了斜体，说道："对于古希腊人，反思人类实存完全是为了大存在的意义"，而不是现代的"伦理学"(178)。此看法具有相当的正确性，但是在海氏自己的解读中，它妨碍了我们认识柏拉图所作的区分：人类生活和海氏所谓"本体论"以及多数学者所谓"型理论"的区别。

无疑，柏拉图认为哲学是最高形式的人类实存；但是我们有理由怀疑柏拉图会认为有型"理论"。确切地说，海德格尔掩盖了许多证据，可以证明柏拉图对哲人生命的各种描绘是为了排除海氏所谓的本体论和本体之分的可能性和必要性，本书对此已经说得够多了。柏拉图不是无视这种区分，而是否定了它，我对此也作了充分的论证。从这个角度看去，即便是后面的对话，也更接近悲喜剧或喜悲剧，而不是海氏所谓的 Wissenschaft 或辨证法。①

---

① 同时参见我的论文"The Golden Apple", in *Arion* (Winter, 1990): 187—207。

海德格尔费尽心力，想按照爱利亚客的原话思考，对许多段落也作了精彩的分析，尤其是对话前部分有关智者的七个定义，却是通过十足本体论者的镜头研读这些段落的。他思路清晰，紧扣细节，却很快就忘了，而且也想让我们忘了，我们在读一部戏剧，剧中人既不是苏格拉底，也不是柏拉图，他提出的技艺说也无法直接归于柏拉图。海氏认为对话形式是对"通过闲聊（Gerede）的 logos 通达真正的 logos 的内在需求"的反应（195），显示他无法欣赏柏拉图的修辞学。

现象学的方法在这里却走不通：在爱利亚客人向泰阿泰德提问时，苏格拉底的沉默颇有意味。遗憾的是，海德格尔没有如他所说解读《斐勒布篇》，否则会注意到客人和苏格拉底对话的后期，主要发言人变了。海氏对《斐勒布篇》51c6f 有一个评论（544 及以下），让我推测他会认为苏格拉底后来令人遗憾的本体论与客人的一致。不过，这个评论很好地证明了这一点：两段对话的焦点都在"关于什么"（pros ti）上，pros ti 是可知性结构的基本成分，但是两处都未得到充分解释。

在技术细节的层面，我们从这些讲演录中看到海氏对柏拉图主义和希腊哲学的典型解读，但是早期版本中远没有后期著作中昭然的固执，海氏会不时加以限定深化解读。比如，海氏认为希腊人尤其是柏拉图提出了关于作为出场（Anwesenheit）的大存在意义说，还有关于 ousia 的学说，ousia 是被制作存在（Hergestelltsein）"准备好被处理"（见 269 及以下，尤其是 398）。他尤为强调制作（poiein）在《智者篇》中的作用（比如 271 及以下），尽管不时警觉客人关于永远存在（aei on）即"最好的种类"的看法，海德格尔强调柏拉图的大存在即 parousia 说的时间源头（参见比如第 225 页有关 Anwesenheit 的讨论，以及附录［Zusatz］中有关古希腊人理解的大存在意义的讨论。"时间源头"［aus der Zeit］：632；关于 parousia，见 486）。

还是让我再专心谈谈海氏对《智者篇》最有意思的解读。他不断强调这段对话的基本主题是作为辨证法的 logos,或者"有关非存在的正确话语解释"(orthologia tou me ontos;419)的问题,以及一个相关问题:"当我们说'存在'(on)时我们想指明(sēmainein)的是什么?"(446 及以下;这里指的是《智者篇》244a4 及以下)。他还指出有关最好的种类的讨论——他将其描述为辨证法的(即柏拉图的初级本体论)——并非活跃在 logos 的领域,所以必须得到有关真假命题(海氏的翻译更有效:揭示与欺骗)的讨论的补充(575)。海德格尔明智地认识到辨证法的部分是分析 logos 的基础,却与这一观点自相矛盾:辨证法的基础在 logos。他的另一个观点(我认为这一点是正确的)可以缓解(虽然无法根除)这一矛盾:辨证法的基础话语是视觉,即对纯本质形式的理智直观(349,410;另见 504 及以下)。不过,这一(正确的)观点似乎指向了这一点:《智者篇》中的基本问题不是话语问题,即当我们说"存在"或"非存在"时我们在说什么的问题,而是视觉与话语、noēsis 与 logos 之间的不一致。在我看来,对此的思考会把我们带入苏格拉底的"第二航程",本书第二章已经分析过这段航程了。

总之,海德格尔认为化身为爱利亚客的柏拉图将大存在定义为"交流力量的出场"(parousia dunameōs koinōnias;486),从而把两种大存在的定义结合起来:一是 dunamis,《智者篇》247d8 及以下中客人把它归于一种改良的唯物论,一是客人自己的学说,认为交流是可知性最好的种类或者基本因素。这站得住脚,却不是对那段对话的解读,而且严重影响了客人对爱利亚学派的修正的融贯性。①

此问题对于理解《智者篇》和柏拉图十分重要,遗憾的是它并

---

① 参见我的 *Plato's Sophist*, New Haven and London: Yale University Press, 1983, pp. 217ff., 281ff.。

未影响《存在与时间》后海氏对柏拉图主义的解释,后者是本书的主题。海德格尔尽管遭到了我的多方批驳,但在 1924 年的著作中却罕见地极为接近柏拉图。我们完全可以祈祷至少在这方面,早期海德格尔的卓越成就不会被《存在与时间》遗留的残骸遮蔽。最后,我想引用《智者篇》讲演录中的一句话,表达我对海氏的敬意:"在历史中(geschichtlich)才能认识历史;认识了历史,才能彻底(ēo ipso)克服历史"(257)。

索　引

（索引中页码为原书页码）

A

Anaxagoras 阿那克萨哥拉,61—63
Anaximander 阿那克西曼德,235
Andronicus 安多尼克斯,30
Apollo：and Dionysus 阿波罗/日神：以及狄奥尼索斯/酒神,138,276—279
　　　　and the Hyperborean 以及极北乐土之人,142,144,147,154
Aristophanes 阿里斯托芬,60
Aristotle：andpraksis,亚里士多德：以及实践 xi,14,65,319；
　　　　and the eye of the soul 以及灵魂之眼,7；
　　　　and being 以及存在,8,22—45,75—78,89,317；
　　　　and categories 以及诸范畴,48—51,68,118,194；
　　　　and physics 以及物理学,64；
　　　　and abstraction 以及抽象,91；
　　　　and the division of the sciences 以及科学分类 124；
　　　　and politics 以及政治学 125—127；
　　　　and philosophers 以及哲人,281
Athenian Stranger 雅典客人,146

B

Beyle, H.（Stendhal）司汤达,150,232

Boutot, A. 包拓, 3
Brentano, F. 布伦塔诺, 313
Buoaparte, N. 拿破仑, 281, 290

C

Cantor, G. 康托, 92
Cebes, 赛贝思 52—53, 63, 87
Cohen, H. 柯恩, 171, 267
Colli, G. 科利 142

D

Darwin, C. 达尔文, 106—107
Data, Commander 数据指挥官, 104, 115
Derrida, J. 德里达, 276—279
Dilthey, W. 狄尔泰, 293
Dionysus: and Apollo 狄奥尼索斯/酒神：以及阿波罗/日神, 138, 276—279
and creation 以及创造, 147, 154
Dostoyevsky, F. 陀思妥耶夫斯基, 150

E

Eleatic Stranger 爱利亚客 41, 128, 211, 319
Empedocles 恩培多克勒, 150
Epicurus 伊比鸠鲁, 150

F

Fichte, G. 费希特, 39, 169
Frege, G. 弗雷格, 92, 193
Fuchs, G. 福克斯, 167, 220

G

Gersdorff, C. 格斯多夫, 167

Glaocon 格劳孔,87,132,144

Gödel, K. 哥德尔,92

Goethe, J. W. 歌德,150

H

Hegel, G. W. F.：and logic 黑格尔：以及逻辑学,xxii, 41, 71—71, 118, 167, 226, 231;
 and Eros 以及爱欲,35;
 and Spirit 以及精神,75,140;
 and Christ 以及基督,174;
 and the master-slave dialect,以及主奴辩证法,257—259;
 and freedom 以及自由,271;
 and history 以及历时,292

Heraclitus：andphusis：赫拉克利特：以及浮现 xiv,xxi;
 and Nietzsche 以及尼采,150;
 and Chaos 以及混沌,220—221;
 and Gerechtigkeit 以及公正,234

Hesiod 赫西奥德,221,234

Hölderlin, F. , and politics 霍尔德琳 以及政治,xix

Holms, S. 福尔摩斯,115,117—20

Husserl. E.：and the lifeworld 胡塞尔：以及生活世界,99,295—298;
 and Being 以及大存在,193,202—209,299,304;
 and intentionality 以及意向性,294—295,301,304—309;
 and imagination 以及想象力,303

I

Ibsen, H. 易卜生,236

K

Kant, I：andBeing 康德：以及大存在,9,33—34,92—93,193—208,211;
 and rules 以及法则 83—86,266;

and unity 以及统一性 90—91,112—113;

and practice 以及实践,160;

and Platonism 以及柏拉图主义,170;

and the supersensible 以及超感性世界,171

Kojève, A. 科耶夫,284

L

Lukács, G. 卢卡契,xxiii,284

M

Machiavelli, N. 马基雅维利,280

Marx K.：and the reversal of metaphysics, 马克思：以及形而上学的颠倒,xxii;

and Hegel 以及黑格尔,259

Montaigne, M. 蒙恬,142

N

Natorp, P. 纳托尔普 171,267

Newton, I. 牛顿 62

O

Overbeck, Franz 奥伟贝克,149

P

Parmenides 巴门尼德,291

Pascal B. 帕斯卡,150

Phaedrus 斐德罗,87

Pindar 品达,139,141—142

Protagoras 普罗塔哥拉,291

Q

Quixote, Don 唐吉柯德,211

R

Rousseau, J.-J. 卢梭, 150

S

Schelling, F. W. J. 谢林, 300
Schopenhauer, A. 叔本华, 150
Simmias 西米亚斯, 52
Socrates: in *the Republic* 苏格拉底:《理想国》中, 12—21, 126—127, 132, 145, 166, 179, 187—191, 256, 275;
 in the *Phaedo*《裴多篇》中, 44, 46—95, 99, 123, 177;
 in the*Philebus*《斐莱布篇》中, 68, 127—131, 159;
 in the*Phaedrus*《斐德罗篇》中, 148, 229—230;
 in the*Theaetetus*《泰阿泰德篇》中, 256, 291;
 in the *Sophist*《智者篇》中, 320—321
Spinoza, B. 斯宾诺莎, 150, 152, 161, 217, 257—258, 283
Strauson, P. F. 史韬生, 115

T

Thucydides 修昔底德, 280

V

Vattimo, G. 瓦提摩, 276—279

W

Wagner, F. 瓦格纳, 149

Z

Zarathustra: and creation 查拉斯图拉:以及创造, 152, 170;
 and world history 以及世界历史, 173;
 and freedom 以及自由, 225, 252;

and nihilism 以及虚无主义, 261;
and the philosophers 以及哲人 280;
and the superman 以及超人, 281

图书在版编目(CIP)数据

存在之问:颠转海德格尔/(美)斯坦利·罗森著;李昀译. --上海:华东师范大学出版社,2019

ISBN 978-7-5675-9638-2

Ⅰ.①存… Ⅱ.①斯… ②李… Ⅲ.①海德格尔(Heidegger, Martin 1889—1976)—哲学思想—研究 Ⅳ.①B516.54

中国版本图书馆 CIP 数据核字(2019)第 261306 号

华东师范大学出版社六点分社
企划人 倪为国

THE QUESTION OF BEING: A REVERSAL OF HEIDEGGER
by Stanley Rosen
Copyright © 1993 by Yale University
Originally published by Yale University Press
Published by arrangement with Yale University Press
Simplified Chinese Translation Copyright © 2020 by East China Normal University Press Ltd.
ALL RIGHTS RESERVED.
上海市版权局著作权合同登记 图字:09-2016-505 号

存在之问:颠转海德格尔

著　者　(美)斯坦利·罗森
译　者　李　昀
责任编辑　徐海晴
封面设计　夏艺堂

出版发行　华东师范大学出版社
社　　址　上海市中山北路 3663 号　邮编　200062
网　　址　www.ecnupress.com.cn
电　　话　021-60821666　行政传真　021-62572105
客服电话　021-62865537
门市(邮购)电话　021-62869887
地　　址　上海市中山北路 3663 号华东师范大学校内先锋路口
网　　店　http://hdsdcbs.tmall.com/

印 刷 者　上海盛隆印务有限公司
开　　本　890×1240　1/32
印　　张　11.25
字　　数　240 千字
版　　次　2020 年 1 月第 1 版
印　　次　2020 年 1 月第 1 次
书　　号　ISBN 978-7-5675-9638-2
定　　价　78.00 元

出 版 人　王　焰

(如发现本版图书有印订质量问题,请寄回本社客服中心调换或电话 021-62865537 联系)